低碳经济背景下的珠三角制造业转型升级的方向与路径选择研究

——以东莞市为例

李翠丹 著

WUHAN UNIVERSITY PRESS
武汉大学出版社

图书在版编目(CIP)数据

低碳经济背景下的珠三角制造业转型升级的方向与路径选择研究：以东莞市为例/李翠丹著．—武汉：武汉大学出版社，2021.11

ISBN 978-7-307-22206-9

Ⅰ.低…　Ⅱ.李…　Ⅲ.制造工业—产业结构升级—研究—东莞　Ⅳ.F426.4

中国版本图书馆 CIP 数据核字(2021)第 062110 号

责任编辑:沈继侠　　责任校对:李孟潇　　版式设计:马　佳

出版发行：**武汉大学出版社**　（430072　武昌　珞珈山）

（电子邮箱：cbs22@ whu.edu.cn　网址：www.wdp.whu.edu.cn）

印刷：武汉邮科印务有限公司

开本:720×1000　1/16　印张:18　字数:323 千字　插页:1

版次:2021 年 11 月第 1 版　2021 年 11 月第 1 次印刷

ISBN 978-7-307-22206-9　定价:58.00 元

前　　言

积极应对全球气候变化已成国际社会共识。习近平主席在巴黎协议中承诺中国将于2030年前后使二氧化碳排放达到峰值并争取尽早实现，2030年单位国内生产总值二氧化碳排放比2005年下降60%—65%。2016年10月27日，国务院发布《“十三五”控制温室气体排放工作方案》，指出到2020年单位工业增加值二氧化碳排放量比2015年下降22%，并且明确了各地区的碳减排具体职责和任务。

广东省是全国低碳经济试点省份之一，国家规定到2020年广东省碳排放强度比2015年下降20.5%，降幅为全国各省市最大。同时《广东省“十三五”控制温室气体排放工作实施方案》要求东莞等5市到2020年碳排放强度比2015年下降23%。广东省是全国的制造业大省，东莞市更是全国乃至全世界知名的制造业名城，产业结构门类齐全，行业类别涵盖34个行业，占行业大类的82.9%。以外向型经济为主的东莞在2008年经历金融危机创伤后迫使谋划新的经济发展模式，进行产业突破。虽然产业升级转型初见成效，但在省下达的节能减排和淘汰落后产能任务下，东莞市未来经济增长面临着多重的压力。在此背景下，本书以东莞市为例，聚焦制造业，以寻找低碳道路为发展落脚点，借鉴低碳经济、可持续发展等研究理论，运用多种定量和定性分析方法，从行业层面分析东莞市碳排放驱动因素，并通过情景预测模拟到2030年的制造业的经济和碳排放趋势，提出东莞市制造业升级转型的方向和保障措施。

本文共分为六章。

第一章，首先从全球的低碳研究背景、我国当前对低碳发展的态度和东莞市的减碳压力三个方面来阐述本书研究的目的和意义。然后界定了本书制造业行业的分类范畴，以2011年的《国民经济行业分类》为主要参考共选择31个制造业大类。其次阐述了借鉴相关理论以及对本书研究的启示。再次对国内外应对气候变化的政策进行梳理分析，总结政策走向，最后提出本书的研究框架。

第二章，以2010—2016年规上企业数据为基础，回顾珠三角制造业的发展历程。首先，从地区生产总值、工业增加值、从业人员、主要经济效益指标对珠三角及其九市的经济发展基本情况进行分析。研究结果表明：（1）在生产总值和工业增加值方面，珠三角的生产总值和工业增加值呈增长态势但增速呈下降趋势。珠三角各市历年排名前四的城市分别为深圳、佛山、广州、东莞。珠三角工业增加值占比排名前六的行业分别是计算机、通信和其他电子设备制造业、电气机械和器材制造业、交通运输设备制造业、化学原料和化学制品制造业、金属制品业、橡胶和塑胶制品业；而珠三角8市（除深圳外）工业增加值各行业比重排名前六的行业虽有差别，但计算机、通信和其他电子设备制造业占首位。（2）在从业人员方面，受“机械换人”等政策影响，珠三角及各市规上制造业从业人员数逐年减少，除惠州因劳动成本低吸引劳动密集型行业迁进导致增加人数。从分行业看，31个行业的从业人员数有增有减，其中饮料制造业等7个行业递减，而专用设备制造业等11个行业增加。2016年从业人员数排名前六行业依次是：计算机、通信和其他电子设备制造业、电气机械和器材制造业、橡胶和塑料制品业、金属制品业、纺织服装、鞋、帽制造业和皮革、毛皮、羽毛及其制品业。（3）从主要经济指标看，珠三角各市的工业企业总资产贡献率在持续下降表明获利能力在持续下降，其中东莞市的获利能力最差；珠三角各市的工业企业资产负债率在逐年下降但仍基本保持在50%的适合范围内，除了珠海市资产负债率超60%在适宜范围外。东莞市工业企业成本费用利润率是珠三角其他城市的一半，这表明其工业企业利润低、盈利能力差。珠三角各市的全员劳动生产率在逐年增长，但是东莞市排名最后，表明其工业企业人均产品价值量低。

其次，核算珠三角各市分行业的碳排放情况并进行现状分析。2010—2016年珠三角碳排放量总量基本保持不变，但各市碳排放量趋势各异，其中深圳、广州、佛山、江门呈递减趋势，东莞、珠海、肇庆、惠州呈增长态势。2016年各市碳排放强度由高到低的排名分别是：惠州、肇庆、东莞、江门、珠海、佛山、广州；在分行业中，珠三角碳排放量排名前六的行业依次是：石油加工炼焦及核燃料加工业、造纸及纸制品业、非金属矿物制品业、化学原料及化学制品制造业、交通运输设备制造业和纺织业；而碳排放强度排名前六的行业依次是造纸及纸制品业、石油加工、炼焦和核燃料加工业、非金属矿物制品业、黑色金属冶炼及压延加工业、化学原料及化学制品制造业和橡胶和塑料制品业。

最后，回顾分析2005—2016年东莞市制造业发展历程。2005—2016年，东莞制造业工业增加值一直保持着增长态势，且一直在加速产业结构调整。一方面是引导“两高一低”行业退出：酒、饮料和精制茶制造业、纺织业经济规模不断萎缩；纺织业、皮革、毛皮、羽毛及其制品和制鞋业等行业的从业人员数不断减少；化学纤维制造业等行业的企业单位数不断减少。另一方面是加快发展低碳产业、高技术产业：计算机、通信和其他电子设备制造业、电气机械和器材制造业医药制造业、交通运输设备制造业等行业的经济指标在不断增加。行业间能源消耗过量和能源强度差异巨大，这与行业的能源结构和技术水平有很大的关系。

第三章，分析东莞市制造业碳排放变化特征和驱动因素。首先，2008—2016年，东莞市制造业碳排放量总体变化趋势呈现波动上升趋势，而碳排放强度呈现波动下降趋势。各行业间的碳排放量和碳排放强度差异巨大，并以2030年的碳排放强度0.90 tCO_2/万元为基准作为低碳行业评定标准，得出造纸和纸制品业、纺织业、非金属矿物制品业、农副食品加工业等为高碳行业，而计算机、通信和其他电子设备制造业等为低碳行业。其次，从工业增加值和规上企业数两个不同角度构建碳排放驱动因素评价模型。从LMDI模型计算结果看，经济规模因素是导致制造业碳排放增长的主导因素，能源结构因素也导致碳排放量增加，但影响力较弱；能源强度下降是抑制碳排放量增加的主导因素，而产业结构对碳排放也起到抑制作用，但影响力小于能源强度。各因素对不同行业的作用效果有所差异，其中经济规模、能源结构、产业结构等因素对造纸和纸制品业影响最大，能源结构对非金属矿物制品业的影响最大。

第四章，设定了路径依赖、路径优化、路径突破模式三种情景，分阶段模拟2017—2030年东莞市和珠三角制造业经济发展与碳排放变化趋势。路径依赖模式采用自上而下的方式根据制造业经济规模和能源消耗历史数据的变化规律进行预测；路径优化模式采用自下而上的方式参考相关规划设定优化目标进行预测。而路径突破模式是在路径优化模式的基础上，加大对能源密集型行业和先进制造业进行的调控力度。以东莞市为例，预测结果显示：虽然制造业经济模式和碳排放总量趋势的预测结果通过统计检验，但是农副食品加工业、纺织业、造纸和纸制品业、非金属矿物制品业等能源密集型行业发展趋势与前文的研究结果相违背。其他两种模式能够保持经济规模在中速发展的前提下，降低碳排放量的增长速度，同时推动产业结构调整，加速淘汰“两高一低”行业，加快先进制造业崛起，进一步提升制造业产业结构调整与碳排放的协调度。从短期来看，路径优化模式的产业结构调整力度和能源强度下降力度会比较温和，从实现的可能性上，更加符合东莞市制造业的发展趋势。路径突破模式可看作优化模式的延续，未来 10 年甚至是 15 年的相对较长期的规划期内，东莞市制造业产业结构调整和能源强度可达到的目标。

第五章，结合前文的研究，首先提出了东莞市制造业以低碳为向导的转型升级总体思路：一是控制碳排放总量增速；二是降强度和调结构双管齐下。其次就造纸和纸制品、纺织业、非金属制造业、计算机、通信和其他电子设备制造业、交通运输设备制造业等重点行业的产业转型升级进行了路径规划。

第六章，结合情景模拟分析结果和制造业产业转型升级总体思路，从多角度提出保障措施。首先从政府部门和企业两个方面强化节能减排目标和职责。其次完善碳排放核算体系，为建立合理可行的低碳工作考核体系提供数据支撑。三是提出优化产业结构方向助推产业升级；四是从科技创新、财税政策等方面提出推动产业升级方面的保障措施。

本书所使用的数据来源于中国统计出版社出版的各类统计年鉴以及珠三角各市的相关部门调研数据。关于东莞市制造业经济发展和综合能耗使用研究时间跨度集中在 2005—2016 年，数据来源于《东莞市统计年鉴》；而关于东莞市制造业碳排放研究时间跨度集中在 2008—2016 年，数据通过东莞市统计局提供的分行业分能源品种使用量核算得到。关于汽车保有量和充电桩的数据来源于东莞市交通局。关于广东省及深圳等 8 市的经济发展和能源使用研究时间跨度集中在 2010—2016 年，数据来源于《广东省统计年鉴》《深圳市统计年鉴》《中山市统计年鉴》《惠州市统计年鉴》《江门市统计年鉴》《佛山市统计年鉴》《广州市统计年鉴》《肇庆市统计年鉴》《珠海市统计年鉴》和广东省统计局。珠三角经济发展数据来源于《东莞市统计年鉴》，而能源使用量则来源于珠三角 9 市分行业分能源品种的加和，碳排放量则通过能源使用量核算得到。由于珠三角各市统计年鉴中分行业的能源品种数量不一，如东莞市公布 21 种能源，而肇庆市仅公布 2 种能源，因此在进行综合能耗、碳排放量、碳排放强度对比时会存在一定的误差。

本书在写作过程中，李俏雅及李静等人参与了相关的撰稿及资料收集等工作。其中，李俏雅负责了书稿第二章的撰写，李静负责了第一章的撰写，杨国军负责碳排放驱动因素模型和不同情景预测模型的建立，纪传伟、焦元启、李阳苹、张科慰等都不同程度地参与了资料收集等相关工作，在此表示感谢。

本书在编写过程中参阅了大量的经典著作和参考文献，苦于数量众多，无法一一致谢，在此一并感谢。

目　　录

第一章　研究背景

第一节　研究的目的和意义

19 世纪初以来，以全球气候变暖为主要特征的气候变化问题已成为当前全世界共同关注的话题。温室气体的排放是影响着全球气候和环境变化的主要因素，出于对环境变化影响的忧虑，低碳发展的研究成为 20 世纪以来国内外学术界研究的热点问题。作为世界上最大的碳排放国，中国的碳排放变化引起了世界各国的重视，无论从国际上的气候谈判还是国内的生态保护上都面临着巨大的压力。

2016 年 10 月，国务院以国发〔2016〕61 号印发《“十三五”控制温室气体排放工作方案》，该《方案》综合考虑我国当前的工作基础和国情，提出“十三五”时期低碳发展的核心目标是到 2020 年碳强度比 2015 年下降 18%，将秉承以 CO_2 排放控制为主、兼顾非二氧化碳温室气体排放控制及增强碳汇能力和以碳强度下降目标为主、兼顾碳排放总量控制的思路，深化推动低碳发展。

同时，广东省作为国家低碳试点省，在《“十三五”控制温室气体排放工作方案》明确分解给广东的控制温室气体排放目标任务是，“十三五”期间的碳强度要下降 20. 5%，为全国各省（区、市）中减排最高层次。

东莞市作为广东省及珠三角工业制造业重点城市，目前拥有工业企业近 8 万家，其碳排放量大且减排任务重，广东省 21 个市在“十三五”期间的碳强度下降指标中，以广州、深圳、佛山、东莞、中山 5 个市最高（23%）。在这种情况下，对于以加工制造业为主体经济的东莞市来说，如何完成温室气体减排目标，如何在低碳经济发展中抓住机遇，迎头赶上，发展低碳产业，推动社会经济与自然生态的和谐，实现科学发展，是摆在东莞市面前的一个课题，也是本书研究的主要对象。

本书的研究目的在于通过全面梳理国内外应对气候变化政策措施，判断政策走向，分析评估低碳发展政策对珠三角，尤其是东莞市制造业的影响；预算分析东莞市碳排放驱动因素，通过类比等方式预测其碳排放发展趋势；分析以低碳为目标的制造业转型升级模式和路径；提出制造业以低碳为导向的转型升级的思路、任务和保障措施，为东莞市制造业的转型及低碳发展提供参考。

第二节 基本概念与理论基础

一、制造业及其行业分类

（一）制造业行业分类标准

根据最新的三次行业划分规定，制造业属于第二产业，但是不含金属制品、机械和设备修理业。中国自1984年发布《国民经济行业分类》以来，经历了1994年、2002年和2011年三次修订。制造业大类基本相似，但是中类和小类差异较大。本书仅将制造业大类变化进行对比。从表2-1中可以看出，制造业大类变化主要体现在以下几个方面：一是名称变动，如将“及”改为“和”；二是行业增减，如去除“武器弹药制造业”，增加“金属制品、机械和设备修理业”；三是行业重分类，如将“橡胶制品业”与“塑料制品业”合并为“橡胶和塑料制品业”；将“交通运输设备制造业”拆分为“汽车制造业”与“铁路、船舶、航空航天和其他运输设备制造业”；“文教体育用品制造业”与“工艺品及其他制造业”部分合并，成为“文教、工美、体育和娱乐用品制造业”。

表1-1 **1994年、2002年、2011年制造业大类分类变化**

2011年	2002年	1994年
农副食品加工业	农副食品加工业	/
食品制造业	食品制造业	食品加工业
酒、饮料和精制茶制造业	饮料制造业	饮料制造业
烟草制品业	烟草制品业	烟草加工业
纺织业	纺织业	/
纺织服装、服饰业	纺织服装、鞋、帽制造业	服装及其他纤维制品制造业

续表

2011 年	2002 年	1994 年
皮革、毛皮、羽毛及其制品和制鞋业	皮革、毛皮、羽毛（绒）及其制品业	皮革、毛皮、羽绒及其制品业
木材加工和木、竹、藤、棕、草制品业	木材加工及木、竹、藤棕、草制品业	木材加工及木、竹、藤、棕、草制品业
家具制造业	家具制造业	/
造纸和纸制品业	造纸及纸制品业	/
印刷和记录媒介复制业	印刷业、记录媒介的复制	印刷业、记录媒介的复制
文教、工美、体育和娱乐用品制造业	文教体育用品制造业	文教体育用品制造业
石油加工、炼焦和核燃料加工业	石油加工炼焦及核燃料加工业	石油加工及炼焦业
化学原料和化学制品制造业	化学原料及化学制品制造	化学原料及化学制品制造
医药制造业	医药制造业	/
化学纤维制造业	化学纤维制造业	/
橡胶和塑料制品业	橡胶制品业	橡胶制品业
	塑料制品业	塑料制品业
非金属矿物制品业	非金属矿物制品业	/
黑色金属冶炼和压延加工业	黑色金属冶炼及压延	黑色金属冶炼和压延加工业
有色金属冶炼和压延加工业	有色金属冶炼及压延	有色金属冶炼和压延加工业
金属制品业	金属制品业	/
通用设备制造业	通用设备制造业	普通机械制造业
专用设备制造业	专用设备制造业	
汽车制造业	交通运输设备制造业	交通运输设备制造业
铁路、船舶、航空航天和其他运输设备制造业		
电气机械和器材制造业	电气机械及器材制造业	武器弹药制造业
计算机、通信和其他电子设备制造业	通信设备、计算机及其他	电子及通信设备制造业

续表

2011 年	2002 年	1994 年
仪器仪表制造业	仪器仪表及文化、办公用机械制造业	仪器仪表及文化、办公用机械制造业
其他制造业	工艺品及其他制造业	其他制造业
废弃资源综合利用业	废弃资源和废旧材料回收	/
金属制品、机械和设备修理业	/	/

（二）本书关于制造业行业的选择

为了保证数据连续可比性，本书以2011年的《国民经济行业分类》为主要参考，共选择了31个制造业大类进行了相关的研究。其中，将2008—2011年的“橡胶制品业”和“塑料制品业”合并，变成了“橡胶和塑料制品业”；将2011—2016年的“汽车制造业”和“铁路、船舶、航空航天和其他运输设备制造业”合并，变成了“交通运输设备制造业”。所以本书所提到的这个制造业的指标数据为这31个行业对应的指标数据的总和。并且为了便于阅读和比较，本书对制造业行业的名称在作说明和图表时，使用行业代码来表示。

表 1-2 **本书制造业行业指标**

行业名称	行业代码	行业名称	行业代码
工业总和	01	木材加工和木、竹、藤、棕、草制品业	20
制造业总和	02	家具制造业	21
农副食品加工业	13	造纸和纸制品业	22
食品制造业	14	印刷和记录媒介复制业	23
酒、饮料和精制茶制造业	15	文教、工美、体育和娱乐用品制造业	24
烟草制品业	16	石油加工、炼焦和核燃料加工业	25
纺织业	17	化学原料和化学制品制造业	26
纺织服装、服饰业	18	医药制造业	27
皮革、毛皮、羽毛及其制品和制鞋业	19	化学纤维制造业	28

续表

行业名称	行业代码	行业名称	行业代码
橡胶和塑料制品业	29	交通运输设备制造业	36
非金属矿物制品业	30	电气机械和器材制造业	37
黑色金属冶炼和压延加工业	31	计算机、通信和其他电子设备制造业	38
有色金属冶炼和压延加工业	32	仪器仪表制造业	39
金属制品业	33	其他制造业	40
通用设备制造业	34	废弃资源综合利用业	41
专用设备制造业	35	金属制品、机械和设备修理业	42

二、低碳经济概念

所谓低碳经济，是指在可持续发展理念指导下，通过技术创新、制度创新、产业转型、新能源开发等多种手段，尽可能地减少煤炭石油等高碳能源消耗，减少温室气体排放，达到经济社会发展与生态环境保护双赢的一种经济发展形态。

低碳经济是以低能耗、低污染、低排放为基础的经济模式，是应对气候变化的最具现实性和最有效的发展模式，是人类社会继农业文明、工业文明之后的又一次重大进步，是迈向生态文明的重要步骤。低碳经济实质是能源高效利用、清洁能源开发、追求绿色 GDP 的问题，核心是能源技术和减排技术创新、产业结构和制度创新以及人类生存发展观念的根本性转变。

狭义的“低碳经济”是以减少碳排放为主要目标，构筑以低碳技术、低碳产品为竞争对手的新型低碳市场及其贸易规则与财税体系。

广义的“低碳经济”是通过建立经济高效、能源节约、低碳排放的生产方式和消费方式，形成可持续的低碳能源系统、技术体系和产业结构，实现经济增长、能源安全、节能、环保与温室气体减排等多重目标，其核心是把减少碳排放的理念整合到社会经济的各项活动中。

本书中的低碳经济，是指在可持续发展理念指导下，依据国家节能低碳制度和政策，通过政策创新、技术创新和管理创新等手段，提高能源利用效率，增加可再生能源比例，增加碳汇能力，以减少温室气体的排放，促进传统产业低碳化发展，并培育低碳支撑服务相关产业，以达到经济社会发展与生态环境保护双赢的一种经济发展形态。

三、低碳经济理论

传统能源战略在供给导向的前提下，往往采取能源消费与经济增长同向发展的政策。但在20世纪80年代以来，特别是在可持续发展战略的推动下，发达国家的能源战略已经转向经济增长与能源消耗的分离，以实现脱钩式发展（Decoupling Development）。这种思想的发展经过了四个阶段：20世纪70年代末期的能源节省战略是在能源消费继续伴随经济增长上升的同时，强调减少能源的使用量以遏制能源消耗量急剧上升的势头；80年代后期的能源守恒战略提出在总能源消耗量不断增长的情况下实现经济增长；到90年代则是能源效率战略，即提高能源利用效率或能源生产效率，以实现能源消耗与经济增长分离发展；21世纪由于对气候变化问题的关注，在能源领域形成了新的趋势，就是通过能源技术和能源结构调整实现能源与碳排放的脱钩。

"低碳经济"概念是在应对全球气候变化、提倡减少人类生存活动中的温室气体排放的背景下提出的。2003年英国首相布莱尔在能源白皮书《我们能源的未来：创建低碳经济》中首次提出了"低碳经济"概念，即在发展中向生物圈排放最少的温室气体，同时获得整个社会最大的产出，①并宣布到2050年英国能源发展的总体目标是从根本上把英国变成一个低碳经济的国家。此后英国的低碳经济理念引起了国际社会广泛的关注。

而真正将低碳经济概念由一个国家范畴扩充到全球范围是在2007年"巴厘岛路线图"制定之后。强调在经济发展的同时促进减排义务实现的"低碳经济"概念，成为这次国际气候问题谈判的热点话题。低碳经济为发达国家和发展中国家各自进一步承担"共同但有区别的责任"寻找到了较为有效的方式和途径。

在全球低碳热的背景下，"低碳城市""低碳技术""低碳发展""碳足迹""低碳社会""低碳世界""低碳生活""低碳交通""低碳建筑"等与低碳经济相关的系列概念和新政策也应运而生。虽然目前没有关于"低碳经济"的统一定义，但都一致认为建立在清洁利用和开发可再生能源基础之上的低碳经济是未来社会发展的基本走向。

低碳经济是指经济增长与二氧化碳排放趋于脱钩的发展模式，其目标有两

① 郭茹，曹晓静，李凤亭．上海市能源碳排放2050［M］．上海：同济大学出版社，2011：31.

个：一是保持经济增长；二是减少能源消耗和二氧化碳排放。因此低碳经济既不是有经济、无低碳的传统褐色经济，也不是有低碳、无经济的纯粹的节能减排。①

由于各国社会经济技术条件的差异，实现低碳经济或走低碳发展道路所选择的路径、优先顺序和时间表也应有所不同。我国面临着来自低碳经济发展的机遇和挑战，一方面，低碳发展道路可以理解为我国正在建设“资源节约型、环境友好型社会”的应有之义，我们希望利用国际上低碳转型的机遇，跟上可能出现的以低碳技术为重要内容的新革命技术的步伐；另一方面，发展低碳经济需要相当的额外成本和大规模地采用低碳相关技术，这将有可能延缓我们的现代化进程。所以正确判断形势，采取适时的应对策略和慎重地选择适合我国国情的低碳发展道路将决定我国未来可持续发展的目标能否实现。

四、可持续发展理论

1981 年，美国世界观察研究所所长莱斯特·布朗率先出版了《建设一个持续发展的社会》一书，其在书中提出了可持续的概念。1983 年 12 月，由挪威前首相布伦特兰夫人发起，21 个国家的环境与发展问题专家组成了联合国世界环境与发展委员会（WCED）。1987 年该委员会向联合国大会提交了具有轰动效应的报告——《我们共同的未来》，报告中明确了可持续发展的定义：“可持续发展是既满足当代人的需要，又不对后代人满足其需要的能力构成危害的发展”，即如何为当代人们谋取更好的生活，同时又给后代人留下一个具有未来发展能力的世界。这一表述成为人们普遍接受的定义。“可持续发展包括两个主要概念，一个是需求的概念，尤其是世界上贫穷人民的基本需要，应将此放在特别优先的地位来考虑；另一个是限制的概念，即技术状况和社会组织对环境满足当代和后代需要的能力是有限的。”同时，该报告以可持续发展为基本纲领，提出了一系列政策和建议，可持续发展的观念逐渐为世人接受。

1992 年，联合国在巴西里约热内卢召开环境与发展大会，183 个国家和联合国及其所属机构等 70 个国际组织的代表出席了会议，以可持续发展为指导方针制定并通过了《21 世纪行动议程》和《里约环境与发展宣言》等 5 个重要文件，建立了以环境与发展为对话平台的新的国际关系，确定了“要以公平的原则，通过全球伙伴关系促进全球可持续发展，以解决全球生态危机”

① 陈飞．低碳城市发展与对策措施研究——上海实政分析［M］．北京：中国建筑工业出版社，2010：47.

这一核心原则。其主要含义是：发达国家必须改变目前造成不可持续发展的消费方式；发达国家必须通过经济与技术援助帮助发展中国家，使其有能力在环境方面得到改善；发展中国家在有限解决并满足人民基本需要的同时，积极把发展与改善环境和保护资源结合起来；积极帮助发展中国家取得经济贸易发展的公平性，等等。会后，许多国家相继开始制定和实施各自的可持续发展战略，在宏观和微观的层面上建构可持续发展的制度或政策体系。1992 年，我国国家计委等部门联合编制了《中国 21 世纪议程》，可持续发展理念正式成为我国经济发展重要指导思想，并在“九五”“十五”“十一五”计划得到充分体现。

可持续发展与低碳经济一脉相承。从可持续发展理论出发，低碳经济的目的就是在保障当代人的生活质量的同时，也要为后代的发展保留良好的生态环境和合适的能源供给，因此需要从“低碳—经济—环境”一体化的角度出发，做到统一安排，统一部署，三者兼顾，通过发展的思路解决环境和发展问题，同时通过低碳经济促进更好的发展。

第三节 国内外文献综述

一、国内研究综述

（一）国内应对气候变化政策体系

中国政府正积极推进减缓气候变化的政策和行动，从 1998—2018 年的 15 年期间，我国先后颁布了系列应对气候变化的政策性文件和采取了系列减缓温室气体排放的政策措施（见附表 1）。我国应对气候变化的演变过程：从气象资源政策到气候变化政策；从节能政策到节能减排、应对气候变化综合政策；从能源、环保、气象部门政策到国家发展战略。

总的来说，在 2009 年哥本哈根大会以前，我国对温室气体的控制更多是处于引导鼓励层面，没有对温室气体控制目标进行量化。直到 2009 年 11 月 25 日，温家宝总理主持召开的国务院常务会议中，才明确了温室气体控制的可量化目标：到 2020 年我国单位 GDP 二氧化碳排放比 2005 年下降 40%—45%，并将此作为约束性指标纳入国民经济和社会发展中长期规划，同时制定相应的国内统计、监测、考核办法。并在最近两年，积极推动温室气体控制工作：一是开启了省级温室气体清单编制的工作；二是启动了低碳省区和低碳城市建设的工作；三是启动了全国碳排放权交易市场的工作。

梳理近几年的政策，可将我国应对气候变化的路径归纳为以下五点。

一是以产业结构调整作为应对气候变化的重点领域。强制高、耗能高、排放低效率的产业 2016 年区位商小于 1 的行业的调整措施有：酒、饮料技术升级改造、鼓励新兴产业的大力发展，以优化产业结构；支持因地制宜加快水能、风能、太阳能、地热能、生物质能等可再生能源开发，以改善能源结构和提高能源效率。同时，通过倡导低碳技术研发和产品推广，推进工业、建筑、交通等重点领域和重点行业节能，提高能源利用效率，试点探索以低碳为特征的能源、工业、交通、建筑体系。

二是鼓励试点先行先试以探索低碳发展模式。通过局部区域和行业的先行先试，积累经验，探索发展途径。如低碳城市建设试点、碳排放权交易试点建设、温室气体清单编制试点、低碳交通体系的建设试点等。

三是引入市场机制，探寻温室气体控制的最优路径。即碳排放权交易的试点建设，通过借鉴国际碳排放交易市场建设经验，结合中国国情，逐步推进碳排放交易市场建设。通过规范自愿减排交易和排放权交易试点，完善碳排放交易价格形成机制，逐步建立跨省区的碳排放权交易体系，充分发挥市场机制在优化资源配置上的基础性作用，以最小化成本实现温室气体排放控制目标。

四是以各级地方政府和重点行业作为落实应对气候变化的主体。不管是节能减排的责任还是温室气体减排的责任，中央都采取了将减排指标分配到各省和重点行业。

五是加强制度建设，做好制度保障。主要包括加强法制建设和战略规划、加强统计监测能力建设、加强政府的引导支持。明确我国低碳发展战略规划，布局我国应对气候变化及控制温室气体排放的技术发展路线图。同时，根据应对气候变化工作的需要，对相关法律、法规、条例、标准等作出修订，并研究制定专门的应对气候变化法。探索建立温室气体排放基础统计制度，加强对可再生能源、能源供应和消费的统计。加强政府的引导支持，营造“低碳”氛围。通过政策鼓励、资金扶持、贴息补助、技术支持等多种措施推进产业结构调整，引导低碳经济稳步前行，如节能减排专项资金、循环经济促进法、节能减排重点工程等。

（二）广东省推行低碳经济情况

2011 年，国家发展与改革委员会将包括广东在内的五省八市列为低碳省区和低碳城市试点，随后又确定了包括广东省和深圳市在内的7个碳排放权交易试点。

作为全国经济和能耗大省，广东省充分利用国家低碳试点省的机遇，推出系列低碳发展措施，具体如下。

2011年1月，省十一届四次人大会议通过“十二五”规划纲要，明确完善控制温室气体排放的体制机制，加快形成以低碳产业为核心，以低碳技术为支撑，以低碳能源、低碳交通、低碳建筑和低碳生活为基础的低碳发展新格局。6月，广东省发展和改革委员会印发了《2011广东省国家低碳试点工作要点》的通知，明确2011年试点工作的五大重点：探索低碳发展体制机制；编制低碳发展“十二五”规划，建设示范单位；促进低碳产业发展，加强低碳技术研究；实施重点行动，包括产业结构升级、节能降耗重点工程建设，能源结构优化等推动对外交流合作。

2012年1月，《广东省低碳试点工作实施方案》（以下简称“《实施方案》”）正式获得国家发改委批复同意。这意味着广东省低碳试点进入全面组织实施阶段。《实施方案》把广东省“十二五”碳强度下降指标（19.5%）分解到21个地级以上市。

2014年1月广东省人民政府出台《广东省碳排放管理试行办法》(粤府令第197号)，自3月起施行。该《办法》明确规定，全省实行碳排放信息报告和核查制度、配额管理制度和配额交易制度。控排企业和单位的配额，实行部分免费发放和部分有偿发放，并逐步降低免费配额比例。

2014年8月，广东省政府出台《广东省人民政府办公厅关于促进节能环保产业发展的意见》(粤府办〔2014〕41号)，从积极推广节能环保产品、大力发展节能环保技术和加快培育节能环保市场等方面提出了意见，明确了广东省节能环保产业发展的目标。

除了以上出台的政策引导外，广东省还通过一些节能减排具体实践促进低碳发展，如通过加大低碳经济节能减排的宣传力度，对企业加强监督管理，推动高能耗企业转型等。在宏观上有步骤有计划地推进低碳经济的发展和深入。在碳排放量降低上也取得一定成绩，广东省从2008年至今碳排放增长率明显低于经济总量的增长，且成为一种发展趋势。①

① 肖萍．广东省低碳经济发展现状及长期发展规划研究［J］．区域经济，2016(21)：116-117.

二、国外研究综述

（一）国际气候变化问题的发展演化

20世纪60年代以来，世界范围内频繁发生的异常气候现象给许多国家造成了严重损失，促使人类更加深刻地意识到气候变化问题带来的严峻挑战。

1962年，标志着人类首次关注环境问题的著作《寂静的春天》一书在美国问世时，它那惊世骇俗的关于农药危害人类环境的预言，不仅受到与之利害攸关的生产与经济部门的猛烈抨击，而且也强烈震撼了社会广大民众。

1972年，罗马俱乐部《增长的极限》报告的发表在全球范围内掀起了对高能耗、高污染的传统工业文明和高碳经济发展方式的深思。

1992年5月的联合国会议通过《联合国气候变化框架公约》，1994年3月正式生效。该公约确定了国际社会公认的应对气候变化的最终目标，即“将大气中温室气体的浓度稳定在防止气候系统受到危险的人为干涉的水平上”。

1997年12月，在日本召开的国际气候变化缔约国大会通过了《京都议定书》，为发达国家明确规定了第一承诺期减、限排的定量目标和时间表。其中指出，在2008—2012年，《公约》附件一国家（发达国家）的二氧化碳、甲烷、氧化亚氮、氢氟碳化物、全氟化碳和六氟化硫六种温室气体的人为排放量应该在其1990年的基础上平均减少5.2%（IPCC，1997）。

2003年，英国颁布的《能源白皮书——构建一个低碳经济》报告中，首先提出“低碳经济”的概念，引发了世界范围内对低碳发展的关注。

2005年，《京都议定书》正式生效，它是人类历史上第一个为发达国家单方面规定减少温室气体排放具体义务的法律文件。

2006年，世界银行前首席经济学家尼古拉斯·斯特恩撰写了关于气候变化经济学的《斯特恩报告》，呼吁全球向低碳经济转型。

2008年，在波兰波兹南召开第14次会议（COP14）通过了巴厘岛路线图，启动了新的谈判。同时，金融危机催生了全球经济结构的调整，以低碳经济为代表的新技术革命，成为推动经济复苏的新增长点和动力。

2009年年底，在丹麦哥本哈根召开的第15次会议（COP15）受到了世界的高度关注，这是为了兑现两年前巴厘岛的承诺，在此之前三轮谈判的预热让“低碳经济”再次成为瞩目的话题。但这次会议并没有形成具有法律约束力的减排协议。

2010年年底，墨西哥坎昆缔约方第16次会议（COP16）达成了“坎昆共识”。此次会议的重要意义在于其恢复了联合国多边气候变化的谈判机制。

2016年4月22日，195个国家齐聚联合国，共同签署了全球性的气候新协议《巴黎协定》，为2020年后全球应对气候变化采取的行动作出了安排，这将在人类可持续发展的进程中谱写重要的一页。《巴黎协定》是继1992年《联合国气候变化框架公约》、1997年《京都议定书》之后，人类历史上应对气候变化的第三个里程碑式的国际法律文本，促使2020年后的全球气候治理格局形成。

（二）各国低碳经济发展现状

纵观国际低碳发展，以《京都议定书》为分界线，世界各国低碳经济发展可分为三大类。

第一类是气候变化和能源政策的先行者，在《京都议定书》正式执行前，在大部分国家还没意识到"低碳"发展时，欧盟各国早已萌生了"低碳"的种子。英国早在1994年，在欧盟规定的最后提交期限中公布了《英国气候变化纲领》。随之，英国在低碳发展中创造了多个"第一"。2003年，英国首先提出"低碳经济"的概念，引发了世界范围内对低碳发展的关注；2008年，英国通过了《气候变化法案》，成为世界上第一个针对减少温室气体排放、适应气候变化问题立法确立长远减排目标的国家；2009年，布朗政府宣布将"碳预算"纳入政府预算框架，成为世界上第一个公布"碳预算"的国家；同年，英国发布了《可再生能源战略》《低碳工业战略》《低碳交通计划》三个配套文件，要求能源、产业、居民生活等所有方面都向低碳化方向发展，这标志着英国成为世界上第一个在政府预算框架内特别设立碳排放管理规划的国家。可见，英国是世界上控制气候变化最积极的倡导者和实施者，也是先行者。

表1-3 英国低碳发展的相关政策

序号	发布年份	政策名称	相关内容
1	2003年	《我们能源的未来：创建低碳经济》	首先提出"低碳经济"的概念，引发了世界范围内对低碳发展的关注。明确宣布到2050年从根本上把英国变成一个低碳经济国家。
2	2006年10月	《气候变化的经济学：斯特恩报告》	认为"气候变化的经济代价堪比一场世界大战的经济损失"，呼吁"全球向低碳经济转型"。

续表

序号	发布年份	政策名称	相关内容
3	2007年	《气候变化战略框架》	详述了解决气候变化问题的机遇和障碍，对全球低碳经济进行展望，在此基础上提出英国气候变化的战略框架。
4	2008年	《气候变化法案》	成为世界上第一个针对减少温室气体排放、适应气候变化问题立法确立长远减排目标的国家，该立法开创了处理和应对气候变化的全新途径。法案明确规定，以1990年为基准，到2002年温室气体排放量减排8%。在2010年将二氧化碳减排20%。到2020年，使CO_2排放量至少减少34%。到2050年，通过在英国国内及国外的行动，使温室气体排放至少减少60%。
5	2009年7月	《英国低碳转型计划》	从2010年到2020年英国低碳转型的路线图：2020年，二氧化碳排放量要在2008年的基础上削减18%，或者在1990年排放水平上降低34%。该计划也是全球首次将二氧化碳量化减排指标进行预算式控制和管理，确定了"碳预算"指标，并分解落实到各领域，标志着英国政府正主导经济向低碳经济转型。
6	2011年	《谈计划：实现低碳未来》	把发展低碳经济上升为国家层面的全局性重大战略，而不仅仅是能源发展战略，并明确了政府各部门和有关行业的减排责任。
7	2012年	《绿色能源法案》	调整国内能源消费结构，发展低碳经济。明确提出要大力发展可再生能源，对英国电力市场进行彻底改革。

同样，作为欧盟国之一的德国，早在1991年就出台了《可再生能源发电并网法》，规定了可再生能源发电的并网办法和足以为发电企业带来利润的收购价格。为了促进低碳经济发展，德国政府提出了生态税、修改机动车税等激励措施，同时政府通过财政补贴支持低碳经济，推行排放权交易措施。

第二类是低碳经济发展从工业过渡到非工业。这类国家主要是发达国家，它们早在《京都议定书》实施期间完成工业低碳改革，发展至今，它们低碳发展的重点已经从工业过渡到非工业。其中最典型的是日本。

2009年，日本执政两党提交《推进低碳社会建设基本法案》，法案规定，政府须将2050年的温室气体排放量在2005年的基础上减少60%—80%。该法案制定了日本打造温室气体低排放量的低碳社会的国家战略。同年4月，日本重启了太阳能鼓励政策，日本政府正式提出一项总金额为1540亿美元的经济刺激计划，其中包括太阳能在内的环境保护项目总支出计划为160亿美元，日本将推广太阳能发电、电动汽车及节能电器实现"低碳革命"。日本环境省公布了名为《绿色经济与社会变革》的政策草案，目的就是通过实行减少温室气体排放等措施，强化日本的低碳经济。

2012年10月1日，日本开始对石油、天然气等化石燃料征收"地球温暖化对策税"。同时，日本政府在2011年颁布的《电力运营商开展可再生能源电力调度的特别措施法案》基础上开始实施固定价格收购制度。该制度指出，为了促进可再生能源的开发利用，日本政府规定电力公司有义务全量购买可再生能源（光伏、风力、地热、中小水力、生物质能）所发电的电力。固定价格收购制度实施三年来收到了一定的效果，有利于推进电力产业的技术创新及发展。①

2013年4月1日，日本政府在2012年颁布的《促进城市低碳化相关法律》基础上启动了低碳建筑物认证制度，推广绿色低碳建筑。

2014年7月，日本国土交通省以《促进城市低碳化相关法律》（2012年9月颁布）为指南，制定了住宅建筑物碳足迹测算标准。

在发达国家中，日本是低碳经济立法最为完善的国家，不但专门制定了《环境保护法》《循环型社会形成推进基本法》《促进建立循环社会基本法》《促进资源有效利用法》，并根据各种产品的性质分类别制定了《绿色采购法》《家用电器回收法》等。

除了日本，欧盟各国也有一系列政策。例如：为减少碳排放，德国大力推进低碳发电技术的研究和应用，并计划制定关于二氧化碳分离、运输和埋藏的法律框架，建设示范低碳发电站。为减少交通工具的二氧化碳排放，德国政府计划通过修改机动车税来推动碳减排目标的实现，规定新车要标注能源效率信息，将二氧化碳排量纳入标注范围。德国自2005年开始在联邦高速公路和几条重要的联邦公路上对12吨以上的卡车征收载重汽车费。德国政府还极力主张将空运列入欧洲二氧化碳排放量交易系统中，支持"欧洲航空一体化"建议，希望通过一体化将航空领域产生的二氧化碳减少10%。

丹麦的低碳城市的发展也是一个典型的代表。丹麦的低碳社区遵守10项原则：零碳、零废弃物、可持续性交通、可持续性和当地材料、本地食品、水

① 施锦芳．日本的低碳经济实践及其对我国的启示［J］．经济社会体制比较，2015（6）：136-146.

低耗、动物和植物保护、文化遗产保护、公平贸易以及快乐健康的生活方式。在丹麦哥本哈根，电力供应大部分依靠零碳模式，大力推行风能和生物质能发电，随处可见通体白色的现代风车，有世界上最大的海上风力发电厂。2008年，哥本哈根被英国生活杂志 *Monocle* 选为世界上 20 个最佳城市之一。2009年，丹麦的哥本哈根宣布到2025年，有望成为世界上第一个碳中性城市。

第三类是新能源推动低碳经济发展。这类国家主要是出于经济高速发展的发展中国家，其低碳发展主要萌芽于《京都议定书》。最具代表性的国家是印度。印度是仅次于中国、美国和日本的温室气体排放大国，在排放量不断增大，人口多，农业比重大的情况下，印度将应对气候变化作为可持续发展的伴生结果。从 20 世纪 90 年代初开始，印度开始向低碳化方向发展。1994—2007年，印度的温室气体排放强度降低了 30%。其间印度颁布的政策均是能源相关的政策，有 2001 年的《节约能源法案》、2005 年的《新能源和可再生能源政策》和 2006 年《综合能源政策》。

发达国家特别是欧盟各国低碳政策出台的时间较早，政策出台后经不断改进、完善，取得的效果显著，政策内容具体细致，导向性强，政策辐射面广。发达国家的低碳政策经验值得我国借鉴，我们应结合自身的实际出台相应政策，在促使经济发展的同时减少对环境的破坏。

第四节　主要研究内容与方法

一、主要研究内容

（1）低碳发展政策的趋势研究。全面梳理国内外应对气候变化政策的措施，判断政策走向，分析评估低碳发展政策对珠三角，尤其是东莞市制造业的影响。

（2）碳排放驱动因素和情景预测分析。对东莞市制造业近 8 年的碳排放总量进行核算，通过情景分析预测不同模式下经济发展和碳排放趋势；在借鉴前人的研究基础上，通过数学模型对东莞碳排放驱动因素进行分析，找出主要影响因子，从而为推动制造业低碳发展提供研究基础；在东莞制造业研究的基础上，对珠三角以能源消耗排放为重点预测碳排放趋势。

（3）以低碳为目标的制造业转型升级模式和路径分析。以东莞市为例，全面收集和计算制造业主要参数与影响因素的数据资料，包括分行业的工业增加值、能源消耗、碳排放、从业人员、企业数量等，围绕经济发展和碳排放强度目标，提出制造业产业转型升级的总体思路和重点行业的规划路径，并从管理、科技创新、财税政策等多方面提出保障措施。

二、研究方法

本书借鉴低碳经济研究中的基础理论方法，对珠三角、重点对东莞市的经济发展和碳排放现状进行分析。以东莞市为例，对其碳排放驱动机制进行深入的剖析，使用情景分析方法预测 2017—2030 年的经济发展和碳排放情况，并有针对性地提出东莞市以低碳经济为导向的制造业产业转型升级调控路径。在研究过程中主要使用的分析方法包括：区位商计算方法、碳排放因素分解、LMDI 分析、马尔可夫链预测、灰色预测、情景模拟法、TOPSIS 法。

本书所使用的数据来源于中国统计出版社出版的各类统计年鉴以及珠三角各市的调研数据。关于东莞市制造业经济发展和综合能耗使用研究时间跨度集中在 2005—2016 年，数据来源于《东莞市统计年鉴》；而关于东莞市制造业碳排放研究时间跨度集中在 2008—2016 年，数据来源于东莞市统计局提供的分行业分能源品种使用量核算得到。关于广东省及深圳等 8 市的经济发展和能源使用研究时间跨度集中在 2010—2016 年，数据来源于《广东省统计年鉴》《深圳市统计年鉴》《中山市统计年鉴》《惠州市统计年鉴》《江门市统计年鉴》《佛山市统计年鉴》《广州市统计年鉴》《肇庆市统计年鉴》《珠海市统计年鉴》和广东省统计局。珠三角经济发展数据来源于《东莞统计年鉴》，而能源使用量则来源于珠三角 9 市分行业分能源品种的加和，碳排放量则通过能源使用量核算得到。由于珠三角各市统计年鉴中分行业的能源品种数量不一，如东莞市公布 21 种能源，而肇庆市仅公布 2 种能源，因此在进行综合能耗、碳排放量、碳排放强度对比时会存在一定的误差。

本书的总体思路是：首先，通过对基本概念的界定，以及对相关低碳经济和可持续发展理论、国内外应对气候变化研究综述的借鉴，做好前期的研究准备。其次，从与珠三角的对比中分析东莞市制造业的地位，通过横向和纵向的对比方式，分析东莞市和珠三角制造业经济、能源、碳排放、产业结构的变化规律，并制定了低碳产业的评价标准。然后，利用 LMDI 方法，从工业增加值和从业人员数两个不同角度构建碳排放驱动因素评价模型，对制造业碳排放量总体趋势，相邻年份变化和行业间差异进行驱动因素评价。再次，设定路径依赖、路径优化、路径突破三种模式，模拟 2017—2030 年东莞市和珠三角的经济发展和碳排放变化，并对产业结构与碳排放协调度进行了定量评价。最后，根据情景模拟分析结果，制定相对应的低碳经济背景下制造业转型升级的调控路径和保障措施。其技术路线图见图 1-1。

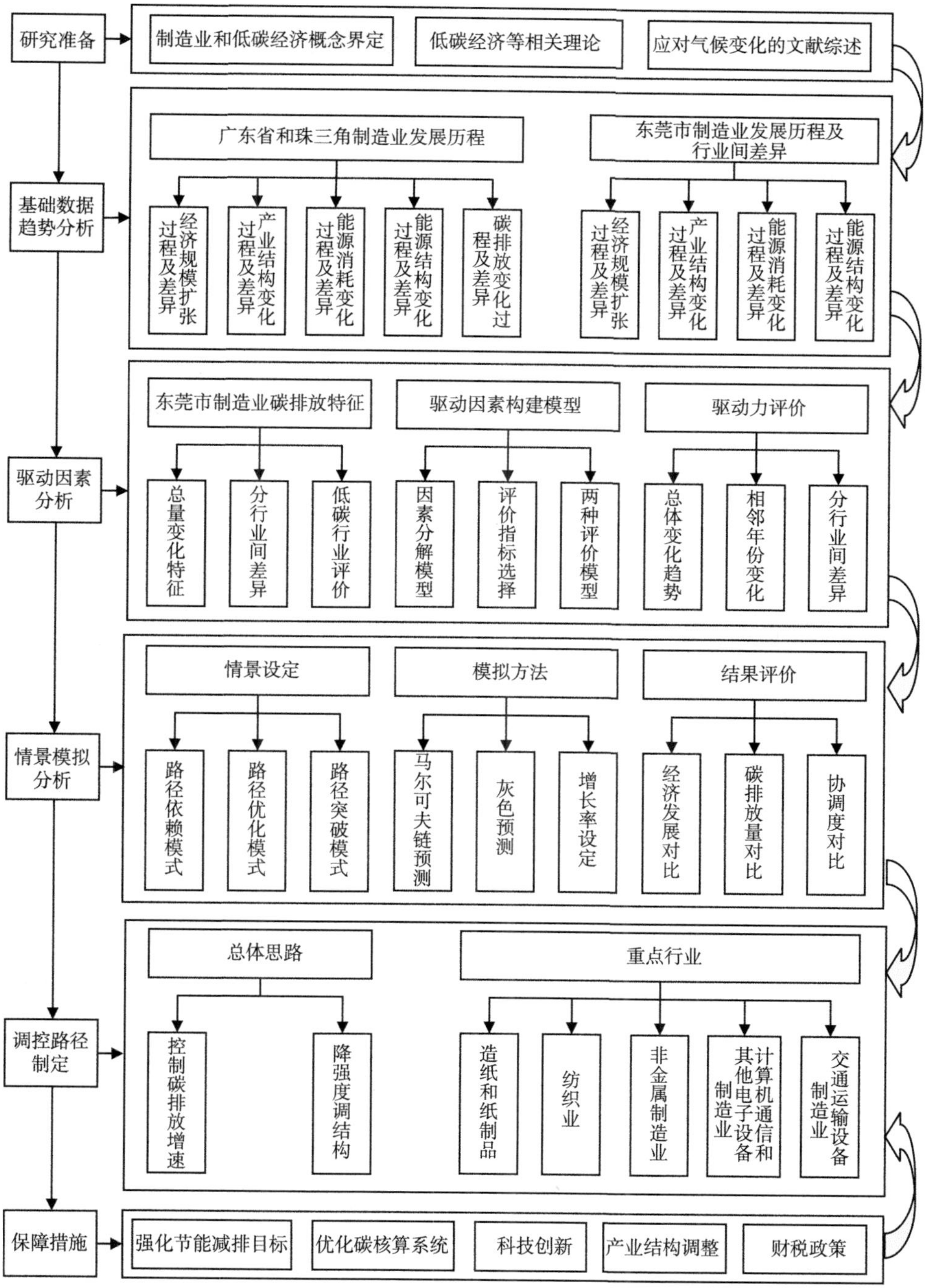
研究准备
制造业和低碳经济概念界定
低碳经济等相关理论
应对气候变化的文献综述
基础数据趋势分析
广东省和珠三角制造业发展历程
东莞市制造业发展历程及行业间差异
经济规模扩张过程及差异
产业结构变化过程及差异
能源消耗变化过程及差异
能源结构变化过程及差异
碳排放变化过程及差异
经济规模扩张过程及差异
产业结构变化过程及差异
能源消耗变化过程及差异
能源结构变化过程及差异
驱动因素分析
东莞市制造业碳排放特征
驱动因素构建模型
驱动力评价
总量变化特征
分行业间差异
低碳行业评价
因素分解模型
评价指标选择
两种评价模型
总体变化趋势
相邻年份变化
分行业间差异
情景模拟分析
情景设定
模拟方法
结果评价
路径依赖模式
路径优化模式
路径突破模式
马尔可夫链预测
灰色预测
增长率设定
经济发展对比
碳排放量对比
协调度对比
调控路径制定
总体思路
重点行业
控制碳排放增速
降强度调结构
造纸和纸制品
纺织业
非金属制造业
计算机通信和其他电子设备制造业
交通运输设备制造业
保障措施
强化节能减排目标
优化碳核算系统
科技创新
产业结构调整
财税政策
图 1-1　技术路线图

第五节 主要创新点

（1）首次对珠三角 9 市的经济发展和能源使用情况进行了系统的分析。从制造业整体能源结构特征、不同行业能源利用差异、不同行业经济规模发展等多个方面，揭示了制造业产业结构、能源结构、碳排放的演变规律和分行业间的经济发展、能源消耗、碳排放的差异，为珠三角低碳经济发展提供基础数据支持。

（2）首次以东莞市为例，从工业增加值和企业数两个角度构建制造业碳排放驱动模型，并从制造业整体态势、相邻年份变化和行业间差异三个层面进行分析。这为产业碳排放研究提供了新的思路，同时在一定程度上丰富了经济规模扩张、产业结构调整、能源强度、能源结构等因素变化与碳排放之间相互关系的内涵。

（3）对比东莞市制造业的经济发展和碳排放差异，结合情景模拟分析结果，提出制造业及不同行业以低碳经济为导向的制造业转型升级调控路径和保障措施，为珠三角制造业的产业转型升级提供了研究方法和研究思路。

（4）本书创新性地提出低碳产业评价分类方法，提出东莞低碳产业评价标准：以东莞市制造业碳排放强度来区分高碳行业和低碳行业。

第二章　珠三角制造业发展过程及结构变化

第一节　珠三角经济社会基本情况

一、自然地理基本情况

珠三角位于广东省，陆地面积 5. 49 万平方公里，占广东省陆地面积的 31. 60%，仅次于山区陆地面积（7. 71 万平方公里，占 42. 95%），在广东省内陆地面积排名第二。珠三角包含 8 个地级市和 1 个经济特区，分别是：广州、深圳、佛山、东莞、中山、珠海、江门、肇庆和惠州。广东省各区域陆地面积比例如图 2-1 所示。

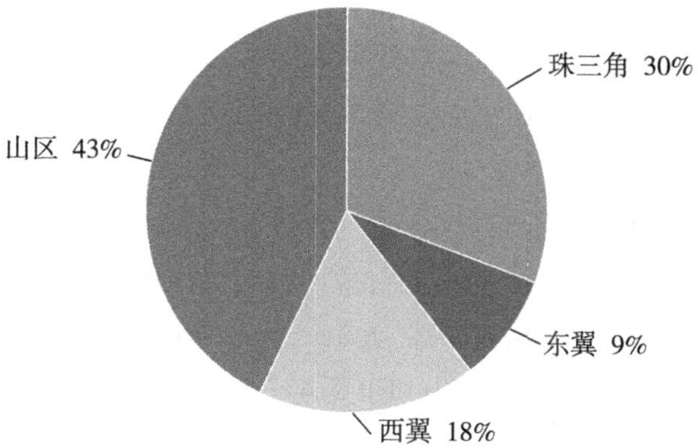

图 2-1　广东省各区域陆地面积比例图

二、经济发展基本情况

自中国开始实行改革开放政策开始，广东凭借优越的地理位置和低廉的劳动力成本等优势，抓住了改革开放的先机，从一个以农业经济为主、经济较为落后的边陲省份发展成为经济发达、人民生活总体上达到小康水平的经济大省，成为中国内地经济最发达、最具市场活力和投资吸引力的地区之一。

（一）整体经济发展情况

2010—2016年，珠三角GDP呈现线性增长趋势，从37875亿元增长到67842亿元，接近翻一番。虽然GDP总量呈线性增长趋势，但是其增速在不断下降，从17%下降到9%。珠三角GDP占广东省的比重逐渐增大，从82%上升到85%，占绝对主导地位。(图2-2)。

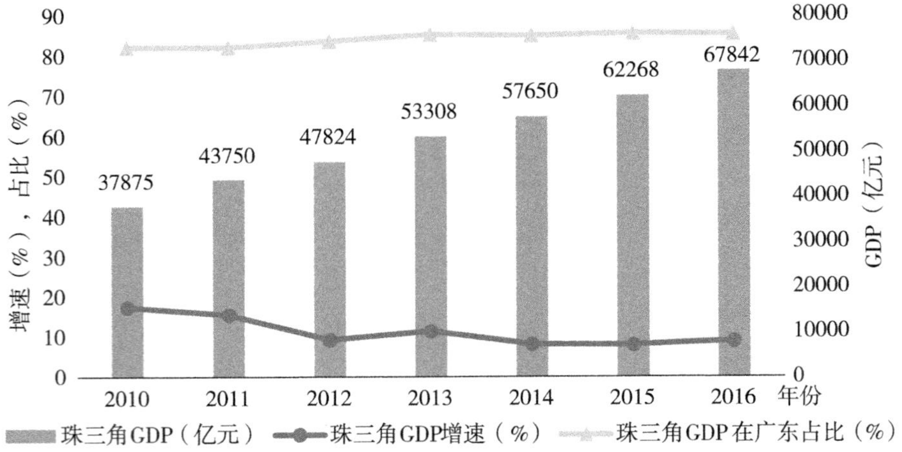

图2-2　2010—2016年珠三角地区生产总值及其增速

2016年，在生产总值方面，广州以19547.44亿元，占珠三角的28.81%，排列第一，同时也排广东省生产总值的首位。其后为深圳（19492.60亿元）、佛山（8630.00亿元）、东莞（6827.69亿元）。这4个城市生产总值占珠三角的80.33%。同时，广州、深圳、佛山和东莞4个城市的生产总值一直保持占有珠三角生产总值79%—80%的比例。虽然，广州的生产总值一直排在珠三角的首位，但是2010年至2016年，广州的生产总值占珠三角的比例持续保持在28%左右，同比略有下降。佛山、惠州、东莞、中山、江门和肇庆也有同样的趋势，只有深圳（从2010年的25.80%上升到2016年的28.73%）和珠海（从2010年的3.20%上升到2016年的3.28%）占珠三角的比例呈上升趋势。

珠三角各市生产总值均呈现逐年增长的态势，但“十二五”期间，珠三角各市生产总值增速明显放缓，发展至2016年，珠三角的整体生产总值增速为8.22%，只有深圳（10.21%）、珠海（9.03%）和东莞（8.09%）超过了8.00%的年增长率。从图2-5可知，珠三角自2011年起，各市的生产总值增速均呈“W”的趋势，两个折点分别是2012年和2014年，其原因主要是受金融危机和政策的影响。

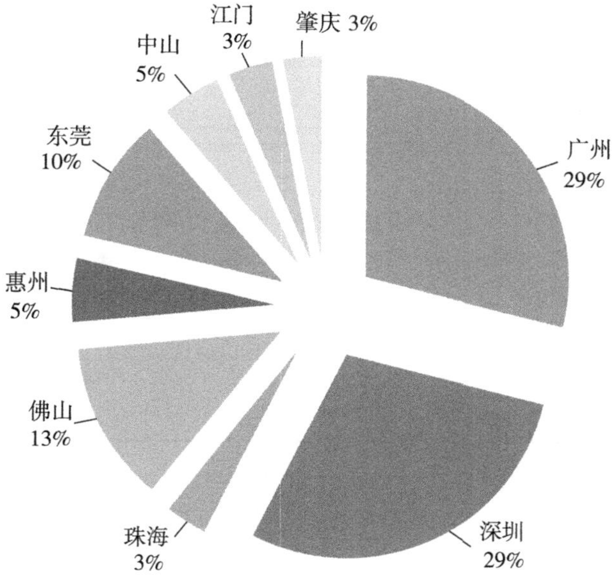

图2-3　2016年珠三角各市生产总值比例

（二）工业增加值

2010—2016年，珠三角制造业工业增加呈现波浪递增曲线，工业增加值从2010年的17483亿元增长到2016年的23326亿元。而其增速呈现下降，2016年增速为8%。制造业工业增加值占工业增加值的比重保持在90%以上，占广东省制造业工业增加的比重稍有下降，但仍保持在80%以上；占珠三角GDP比重则不断下降，从46%下降到34%。

2010—2016年，珠三角制造业分行业工业增加值差距巨大，多则上千亿元，少则几十亿元。增加值始终排名前6的行业依次是：计算机、通信和其他电子设备制造业、电气机械和器材制造业、交通运输设备制造业、化学原料和化学制品制造业、金属制品业和橡胶和塑胶制品业，该6个行业的工业增加值

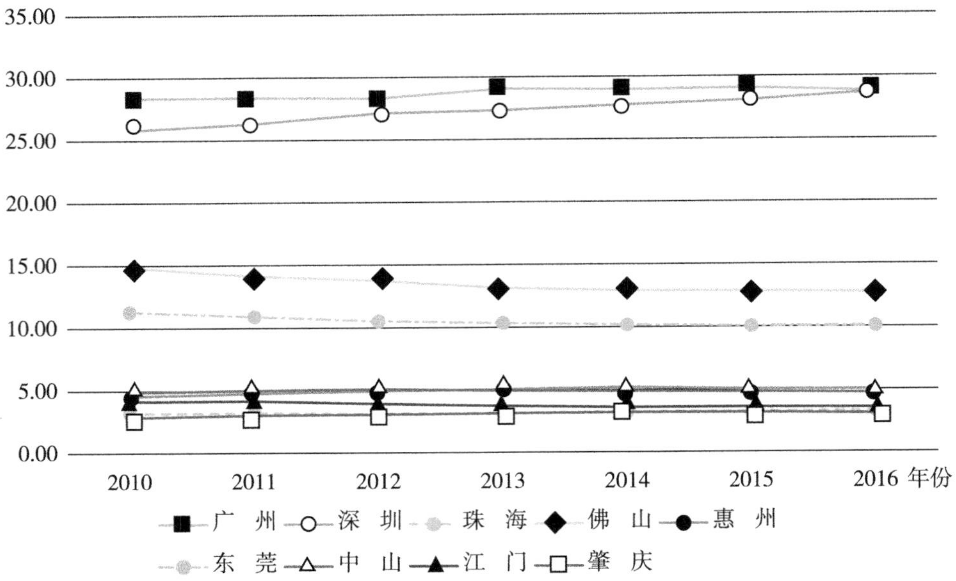

图 2-4　珠三角各市生产总值占比折线图

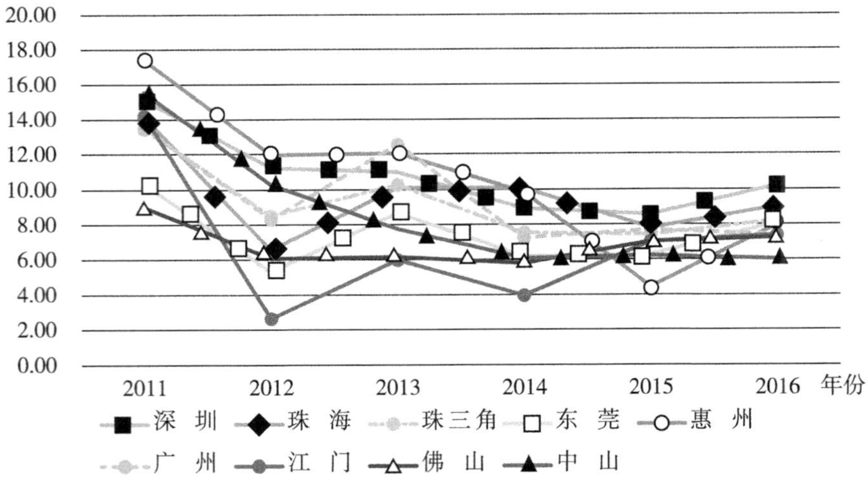

图 2-5　珠三角各市生产总值增速折线图

之和占珠三角比重平均在 62%。2016 年其增加值分别是 6924 亿元、2799 亿元、1851 亿元、1205 亿元、1098 亿元、953 亿元，占珠三角比重分别是：30%、12%、8%、5%、5%、4%，如表 2-1 所示。2010—2016 年，制造业产

表 2-1

珠三角制造业工业增加值及其占比

（单位：亿元/%）

行业名称	2010		2011		2012		2013		2014		2015		2016	
	增加值	占比	增加值	占比	增加值	占比	增加值	占比	增加值	占比	增加值	占比	增加值	占比
制造业总计	17483		16396		17055		19695		20601		21707		23326	
计算机、通信和其他电子设备制造业	4089	23	4072	25	4674	27	5532	28	5882	29	6236	29	6924	30
电气机械和器材制造业	2242	13	1927	12	1980	12	2218	11	2387	12	2508	12	2799	12
交通运输设备制造业	1473	8	1395	9	1297	8	1541	8	1590	8	1668	8	1851	8
化学原料和化学制品制造业	1133	6	1189	7	1056	6	1109	6	1184	6	1263	6	1205	5
金属制品业	884	5	812	5	770	5	891	5	947	5	1037	5	1098	5
橡胶和塑料制品业	772	4	635	4	651	4	778	4	827	4	881	4	953	4
六大行业之和	10593	61	10030	61	10429	61	12070	61	12817	62	13593	63	14829	64

数据来源：《广东省统计年鉴》。

业结构也进行了调整，工业增加值呈现递减趋势的有：纺织业、农副食品加工业、黑色金属冶炼和压延加工业。其他行业都不同程度递增，其中增幅最大的还是排行前六的行业。增幅较小（在100亿元以内）的有：废弃资源综合利用业，印刷和记录媒介复制业，造纸和纸制品业，皮革、毛皮、羽毛及其制品和制鞋业，石油加工、炼焦和核燃料加工业，木材加工和木、竹、藤、棕、草制品业，烟草制品业，金属制品、机械和设备修理业，其他制造业，化学原料和化学制品制造业，有色金属冶炼和压延加工业，纺织服装、服饰业，化学纤维制造业。

2010—2016年，珠三角各市制造业工业增加值的排序基本保持一致，从2013年始，惠州开始赶超中山排名第五，2014年始，佛山赶超广州排名第二，江门赶超肇庆和珠海排名第七，同时珠海从第七下滑至第九，在2016年再回升至第八。2016年珠三角各市制造业增加值由高到低排序分别是：深圳、佛山、广州、东莞、惠州、中山、江门、珠海、肇庆，其增加值分别是：7768.59亿元、4487.74亿元、3969.67亿元、2754.33亿元、1651.31亿元、1233.65亿元、976.01亿元、890.23亿元、828.09亿元，占珠三角比重分别为：33.30%、19.24%、17.02%、11.81%、7.08%、5.29%、4.18%、3.82%、3.55%。

由表2-2可知，珠三角制造业工业增加值增速在2011年呈负增长，主要是江门、中山、佛山和东莞均呈负增长，虽然其他城市增速大（如肇庆增速34.92%），但这四个城市其增加值占珠三角比重大，造成珠三角制造业降幅较大。2012—2016年，珠三角制造业工业增加值增速整体均呈正增长，但其增速呈波浪形，其中2013年及2016年为两个高峰，2016年珠三角增速达8.71%。2016年与2015年比，增速增加的城市有深圳、珠海和东莞，其中深圳从2015年的4.29%上升到2016年的17.68%，东莞从4.82%上升到13.81%，珠海从2.39%上升到14.71%；而广州、惠州、中山、江门和肇庆均较2015年增速有所下降，但惠州（9.47%）、中山（1.16%）、江门（12.42%）仍是正增长的趋势，而广州（-2.41%）和肇庆（-3.02%）为负增长，其中广州历年增速更是以正增长—负增长—正增长—负增长的形式发展。

表 2-2 **2011—2016 年珠三角各市制造业工业增加值增速** (单位:%)

地区	2011 年	2012 年	2013 年	2014 年	2015 年	2016 年
珠三角	-6.22	4.02	14.42	4.50	5.22	8.71
广州	10.43	-2.67	12.33	-2.58	2.82	-2.41
深圳	9.03	-4.60	8.44	10.85	4.29	17.68
佛山	-8.06	-7.06	17.46	6.38	5.59	7.07
东莞	-4.98	20.82	23.74	2.34	4.82	13.81
珠海	12.52	-12.42	19.24	6.09	2.39	14.71
肇庆	34.92	16.79	21.00	13.79	5.16	-3.02
惠州	28.08	15.83	22.35	2.92	10.42	9.47
江门	-62.59	34.60	20.72	23.17	17.21	12.42
中山	-67.10	102.88	5.38	-11.62	5.40	1.16

数据来源:《广东省统计年鉴》。

珠三角制造业分行业工业增加值排前 6 位的分别是:计算机、通信和其他电子设备制造业,电气机械和器材制造业,交通运输设备制造业,化学原料和化学制品制造业,金属制品业,橡胶和塑胶制品业。从珠三角各市制造业工业增加值排前 6 位的行业来看(表 2-3),珠三角 8 市中(深圳分行业工业增加值无公布),各市的工业增加值排名前 6 位的行业均有覆盖珠三角排前 6 位行业。各市的制造业工业增加值排前 6 位的行业与近几年排名的前 3 名基本保持一致,4—6 名略有变化。其中计算机、通信和其他电子设备制造业和电气机械和器材制造业均出现在各市排名中,属于珠三角经济发展的重点行业,其次是化学原料和化学制品制造业和金属制品业,分别出现在 5 个和 4 个城市的前 6 位排名中。

(三)从业人员数

2016 年,珠三角规模以上工业从业人员数为 1159.49 万人,其中制造业从业人员数为 1141.83 万人,虽然珠三角制造业从业人员数占工业的从业人员数的 98%以上,但制造业占工业从业人员数的比例从 2010 年的 98.56%下降到 2016 年的 98.48%。同时,珠三角工业从业人员数逐年下降,2016 年较 2010 年珠三角工业从业人员数 1321.96 万人下降了 14.01%,珠三角制造业的从业人员数 2016 年较 2010 年制造业工业从业人员数 1302.89 万人下降了 14.10%,

珠三角制造业工业从业人员自 2012 年起，其增速开始出现副负增长，同时制造业增速下降幅度均较工业大（图 2-10）。

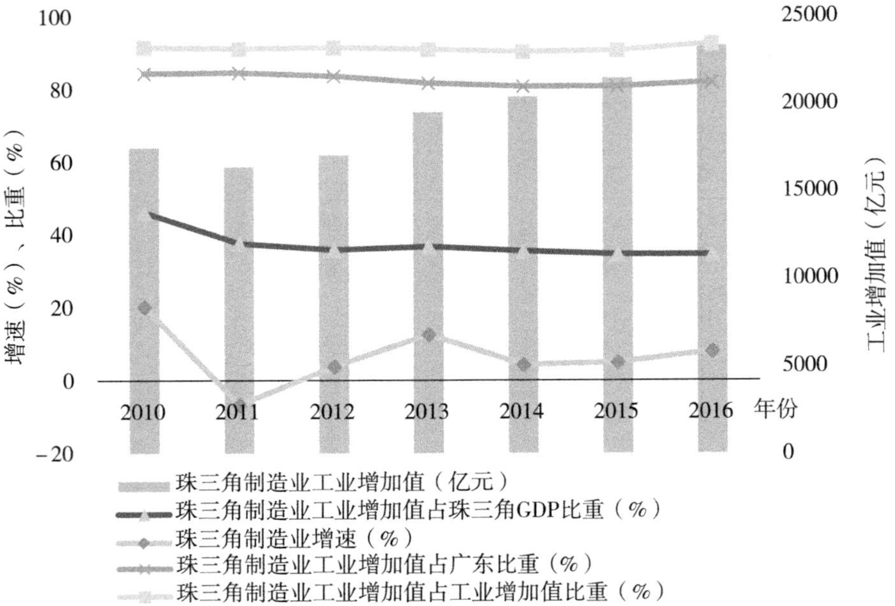

图 2-6　2010—2016 年珠三角制造业工业增加值及其比重增速

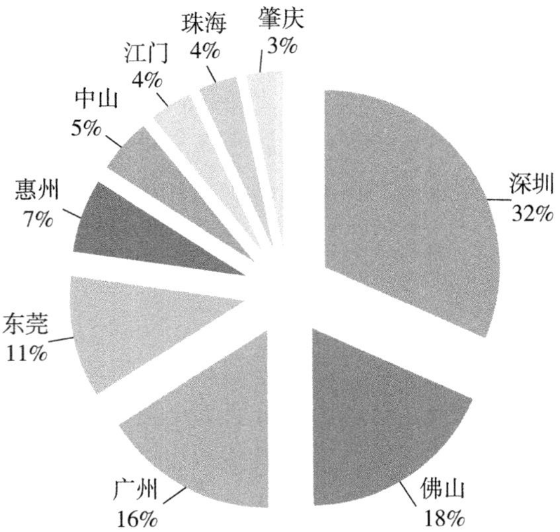

图 2-7　2016 年珠三角九市的制造业工业增加值比重分布图

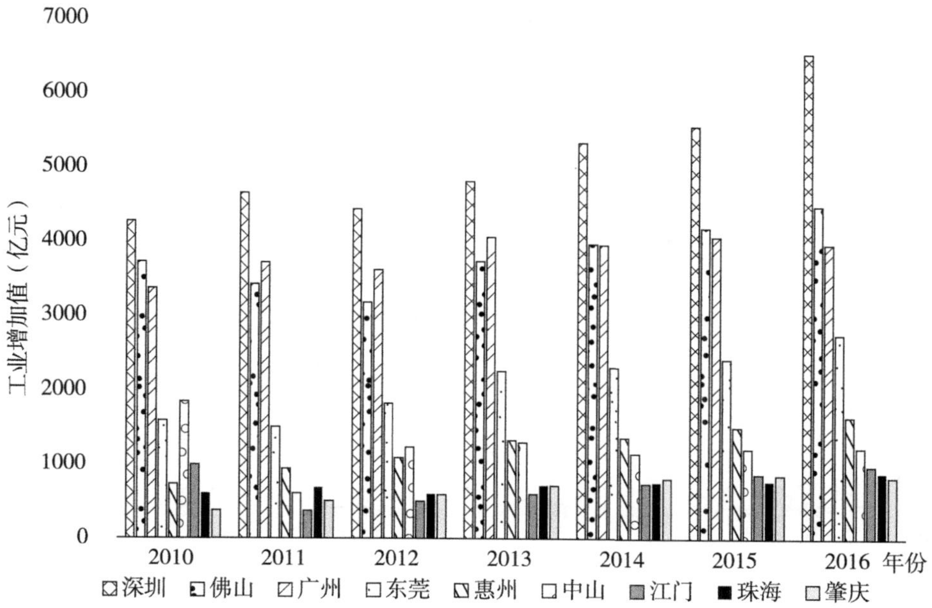

图 2-8 2010—2016 年珠三角九市制造业工业增加值柱状图

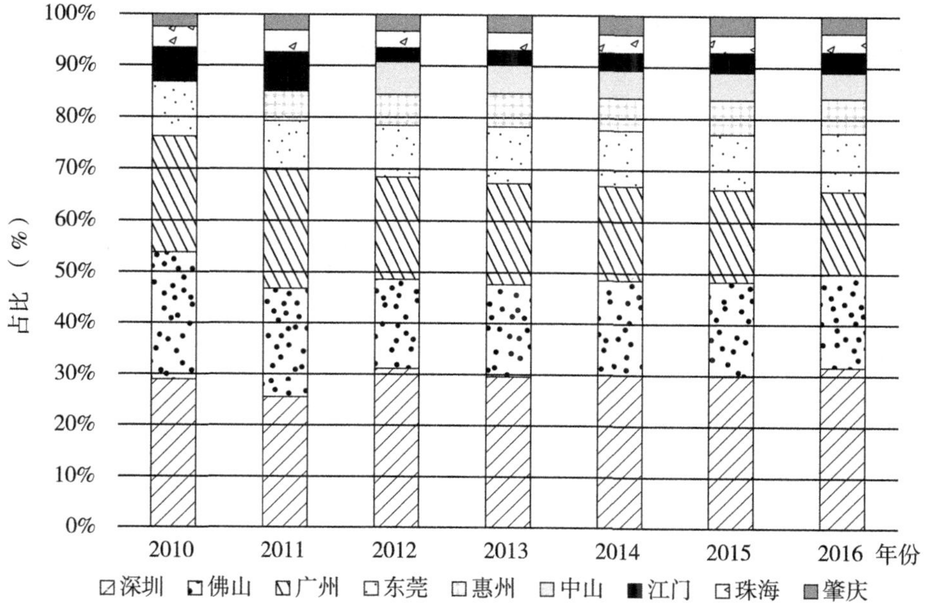

图 2-9 2010—2016 年珠三角各市制造业工业增加值占比图

表 2-3　　**珠三角各市制造业工业增加值排名前 6 的行业**

排名	珠三角	广州	东莞	珠海	佛山	江门	肇庆	中山	惠州
1	计算机、通信和其他电子设备制造业	交通运输设备制造业	计算机、通信和其他电子设备制造业	交通运输设备制造业	电气机械和器材制造业	化学原料和化学制品制造业	金属制品业	电气机械和器材制造业	计算机、通信和其他电子设备制造业
2	电气机械和器材制造业	化学原料和化学制品制造业	电气机械和器材制造业	电气机械和器材制造业	非金属矿物制品业	金属制品业	非金属矿物制品业	计算机、通信和其他电子设备制造业	化学原料和化学制品制造业
3	交通运输设备制造业	计算机、通信和其他电子设备制造业	橡胶和塑料制品业	化学原料和化学制品制造业	金属制品业	计算机、通信和其他电子设备制造业	化学原料和化学制品制造业	食品制造业	电气机械和器材制造业
4	化学原料和化学制品制造业	电气机械和器材制造业	金属制品业	通用设备制造业	计算机、通信和其他电子设备制造业	仪器仪表制造业	有色金属冶炼和压延加工业	通用设备制造业	石油加工、炼焦和核燃料加工业
5	金属制品业	石油加工、炼焦和核燃料加工业	造纸和纸制品业	石油加工、炼焦和核燃料加工业	橡胶和塑料制品业	电气机械和器材制造业	计算机、通信和其他电子设备制造业	金属制品业	皮革、毛皮、羽毛及其制品和制鞋业
6	橡胶和塑料制品业	通用设备制造业	纺织服装、服饰业	金属制品业	交通运输设备制造业	非金属矿物制品业	废弃资源综合利用业	纺织服装、服饰业	橡胶和塑料制品业

注：由于深圳 2016 年无法获得其制造业分行业的增加值，此处不作分析。

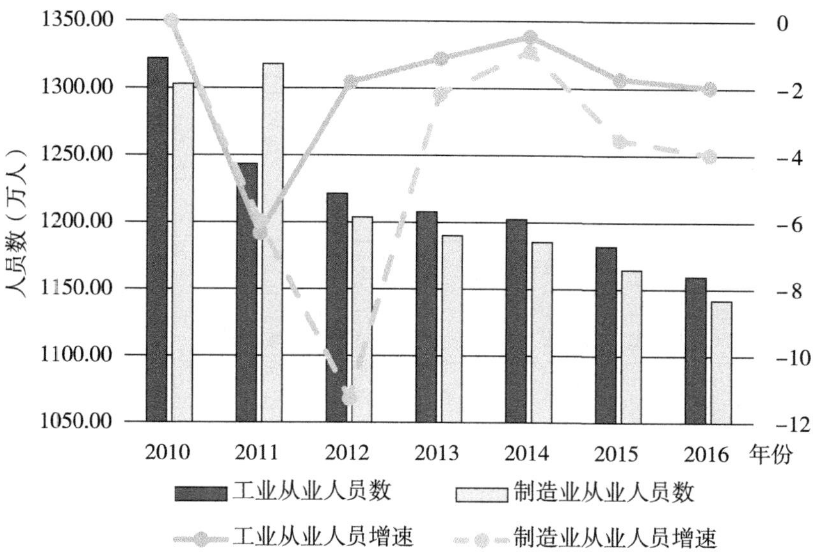

图 2-10　珠三角规模以上工业从业人员数及其增速

从分行业来看。珠三角制造业从业人员数排名前 6 位的行业分别是：计算机、通信和其他电子设备制造业（316.44 万人，占 29.02%），电气机械和器材制造业（158.85 万人，占 14.56%），橡胶和塑料制品业（67.22 万人，占 5.81%），金属制品业（65.31 万人，占 5.99%），纺织服装、鞋、帽制造业（59.32 万人，占 5.44%）和皮革、毛皮、羽毛及其制品业（50.17 万人，占 4.60%），合计共占珠三角制造业的 62.81%。从表 2-4 可知，2010—2016 年，珠三角制造业从业人员数排名前 6 位的基本为计算机、通信和其他电子设备制造业，电气机械和器材制造业，橡胶和塑料制品业，金属制品业，纺织服装、鞋、帽制造业和皮革、毛皮、羽毛及其制品业。2011 年非金属矿物制品业从业人员从 37.07 万人突增到 110.01 万人，造成较大波动主要原因是 2011 年行业分类的改变。其中计算机、通信和其他电子设备制造业一直排在首位，其占比也逐年增加，其他 5 个行业的占比在逐年递降。

珠三角制造业从业人员整体呈现下降趋势，其中下降幅度大的行业分别是：饮料制造业（-24.49%），皮革、毛皮、羽毛及其制造业（-13.88%），纺织服装、服饰业（-8.75%），化学纤维制造业（-7.50%），纺织业（-6.80%），文教、工美、体育和娱乐用品制造业（-6.69%）和黑色金属冶炼和压延加工业（-6.23%）。但仍有 11 个行业呈现增长的趋势，分别是：金属

表 2-4　**珠三角制造业从业人员数前 6 位行业及其占比**　（单位：%）

排名	2010 年		2011 年		2012 年		2013 年		2014 年		2015 年		2016 年	
	行业名称	占比（%）	行业名称	占比（%）	行业名称	占比（%）	行业名称	占比（%）	行业名称	占比（%）	行业名称	占比（%）	行业名称	占比（%）
1	计算机、通信和其他电子设备制造业	23.71	计算机、通信和其他电子设备制造业	23.95	计算机、通信和其他电子设备制造业	26.77	计算机、通信和其他电子设备制造业	26.40	计算机、通信和其他电子设备制造业	26.95	计算机、通信和其他电子设备制造业	27.39	计算机、通信和其他电子设备制造业	27.71
2	电气机械和器材制造业	14.01	电气机械和器材制造业	13.49	电气机械和器材制造业	14.67	电气机械和器材制造业	14.24	电气机械和器材制造业	14.25	电气机械和器材制造业	14.01	电气机械和器材制造业	13.91
3	橡胶和塑料制品业	6.88	非金属矿物制品业	8.35	纺织服装、服饰业	6.34	纺织服装、服饰业	6.17	纺织服装、服饰业	5.93	橡胶和塑料制品业	5.81	橡胶和塑料制品业	5.89
4	纺织服装、服饰业	6.24	纺织服装、服饰业	6.19	橡胶和塑料制品业	5.86	橡胶和塑料制品业	5.96	橡胶和塑料制品业	5.88	金属制品业	5.67	金属制品业	5.72

续表

排名	2010年		2011年		2012年		2013年		2014年		2015年		2016年	
	行业名称	占比（%）	行业名称	占比（%）	行业名称	占比（%）	行业名称	占比（%）	行业名称	占比（%）	行业名称	占比（%）	行业名称	占比（%）
5	皮革、毛皮、羽毛及其制品和制鞋业	6.21	皮革、毛皮、羽毛及其制品和制鞋业	5.70	皮革、毛皮、羽毛及其制品和制鞋业	5.69	皮革、毛皮、羽毛及其制品和制鞋业	5.66	金属制品业	5.40	纺织服装、服饰业	5.54	纺织服装、服饰业	5.19
6	金属制品业	5.66	橡胶和塑料制品业	5.54	金属制品业	5.13	金属制品业	5.27	皮革、毛皮、羽毛及其制品和制鞋业	5.20	皮革、毛皮、羽毛及其制品和制鞋业	4.90	皮革、毛皮、羽毛及其制品和制鞋业	4.39

数据来源：《广东省统计年鉴》。

制品、机械和设备修理业（5.83%），专用设备制造业（5.20%），农副食品加工业（4.73%），医药制造业（4.34%），通用设备制造业（3.27%），交通运输设备制造业（2.96%），食品制造业（1.86%），有色金属冶炼和压延加工业（1.27%），仪器仪表制造业（0.82%），家具制造业（0.68%），烟草制品业（0.19%）（见表2-5）。

表2-5　　**珠三角工业从业人员数分行业增长率**　　（单位：%）

行业代码	2011年	2012年	2013年	2014年	2015年	2016年
01	-6.32	-1.81	-1.11	-0.45	-1.71	-1.96
02	0.36	-9.47	-1.05	-0.45	-1.82	-2.01
13	-5.37	-0.49	1.45	-1.14	4.67	4.73
14	3.36	1.31	9.19	-7.54	-1.14	1.86
15	13.31	0.00	6.77	8.16	1.40	-24.49
16	2.33	-22.86	2.78	2.70	-2.78	0.19
17	-66.67	-20.56	-8.47	-8.86	-5.77	-6.80
18	0.20	-6.83	-3.98	-4.34	-9.04	-8.75
19	-7.70	-9.69	-1.77	-9.20	-7.93	-13.88
20	-11.98	-11.21	-1.72	0.00	0.85	-1.26
21	-12.53	-2.32	4.53	-1.32	-0.50	0.68
22	-14.49	-3.01	-10.16	-4.93	1.89	-4.72
23	-17.86	2.80	11.72	-0.62	-4.77	-1.46
24	18.58	-5.32	1.18	-4.12	-3.89	-6.69
25	1.31	-2.68	-4.93	8.39	-1.97	-3.42
26	-7.75	1.79	0.69	-3.54	-0.15	-1.08
27	-2.54	10.68	-0.92	3.75	3.72	4.34
28	-13.77	-15.97	-4.39	5.00	-8.11	-7.50
29	-22.82	-3.43	0.47	-1.77	-2.99	-0.59
30	66.30	-194.38	-0.05	0.53	-3.84	-2.25
31	56.44	-74.24	-13.26	-13.25	-9.06	-6.23
32	79.35	-374.36	0.08	-2.87	-6.44	1.27

续表

行业代码	2011 年	2012 年	2013 年	2014 年	2015 年	2016 年
33	−66. 48	28. 23	1. 44	2. 12	3. 07	−1. 15
34	−13. 18	28. 15	4. 90	2. 40	−3. 69	3. 27
35	−23. 14	6. 73	1. 99	7. 85	9. 23	5. 20
36	2. 16	1. 39	1. 22	6. 72	0. 12	2. 96
37	−2. 61	−0. 74	−4. 19	−0. 30	−3. 54	−2. 73
38	2. 12	2. 06	−2. 55	1. 62	−0. 12	−0. 81
39	−82. 02	5. 01	6. 24	−2. 85	0. 00	0. 92
40	−263. 15	−11. 22	−12. 64	7. 45	−9. 73	−2. 23
41	2. 13	5. 05	1. 49	2. 90	10. 00	−3. 26
42	100. 00	−30. 87	−75. 29	4. 49	47. 02	5. 83

从珠三角各市来看，2016 年，珠三角制造业从业人员数分别是：深圳 377. 30 万人、东莞 247. 94 万人、佛山 166. 85 万人、中山 134. 57 万人、广州 131. 66 万人、惠州 85. 10 万人、江门 46. 34 万人、珠海 41. 85 万人和肇庆 30. 47 万人，占珠三角工业从业人员数的比例分别是：29. 90%、19. 65%、13. 22%、10. 66%、10. 43%、3. 31%、6. 74%、3. 67% 和 2. 41%（图 2-11）。2010—2016 年，珠三角 9 市的从业人员数排名前 3 名的市基本不变，分别是：深圳、东莞、佛山，其中广州自 2016 年被中山赶超，从排名第 4 位下降至第 5 位。同时，自 2012 年起惠州从业人员数从第 7 位排名升至第 6 位，其后一直保持在第 6 位，珠海和肇庆一直排名第 8 位和第 9 位。

从珠三角各市制造业分行业从业人员数排名前 6 名的行业来看（表 2-6），2010—2016 年各市分行业的从业人员数排名在前 3 位的行业基本保持一致，后 3 位的行业略有变化。其中计算机、通信和其他电子设备制造业和电气机械和器材制造业均出现在各市前 6 位的排名中，属于珠三角制造业劳动力密集行业，其次是皮革、毛皮、羽毛及其制品和制鞋业，在广州、东莞、肇庆、惠州均有出现，最后是纺织服装、服饰业，橡胶和塑料制品业和金属制品业，均出现在 3 个城市的前 6 位排名中。

珠三角各市制造业从业人员数也呈递减的趋势，惠州除外，主要原因是惠州劳动成本较其他城市低，劳动密集型行业纷纷迁进惠州。与 2010 年相比，2016 年珠三角各市制造业从业人员数中，广州、东莞、珠海、佛山和江门的

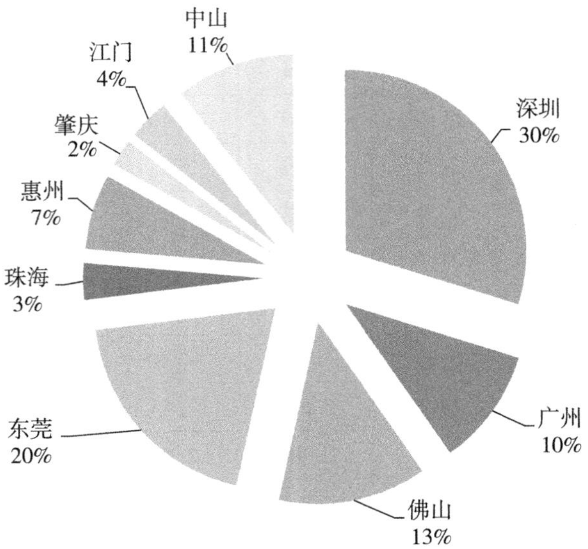

图 2-11 珠三角各市从业人员比例

从业人员数均有较大的下降，减少的从业人员数分别是：30.65 万人、30.03 万人、92.49 万人、10.50 万人和 20.78 万人，其占比见图 2-12。但是惠州及肇庆较 2010 年从业人员数有所增长，其增长的人数分别是：19.45 万人和 1.81 万人。在分行业中，与 2010 年相比，各市从业人员数下降最多的行业分别是：广州市（纺织服装、服饰业，−6.78 万人）、东莞（皮革、毛皮、羽毛及其制品和制鞋业，−15.10 万人）、佛山（纺织服装、服饰业，−3.19 万人）、珠海（纺织业，−1.16 万人）、江门（纺织服装、服饰业，−4.06 万人）、惠州（纺织业，−1.84 万人）和肇庆（纺织服装、服饰业，−0.80 万人）。可见，纺织服装、服饰业，纺织业和皮革、毛皮、羽毛及其制品和制鞋业虽然是珠三角制造业从业人员数的主要行业，但是珠三角各市也在积极响应政策，实施“机械换人”等措施降低人力需求。

表 2-6 **珠三角各市制造业从业人员数排名前 6 位的行业**

排名	珠三角	广州	东莞	珠海	佛山	江门	肇庆	惠州
1	38	38	38	38	37	33	30	38
2	37	36	37	37	33	37	33	37

续表

排名	珠三角	广州	东莞	珠海	佛山	江门	肇庆	惠州
3	18	18	29	35	30	38	38	19
4	29	37	19	34	38	36	19	29
5	33	19	24	29	29	18	32	36
6	19	26	18	33	34	17	26	21

注：各市排名数字均为行业代码，珠三角各市中，由于深圳及中山市无法获得其制造业分行业的从业人员数，此处不作分析。

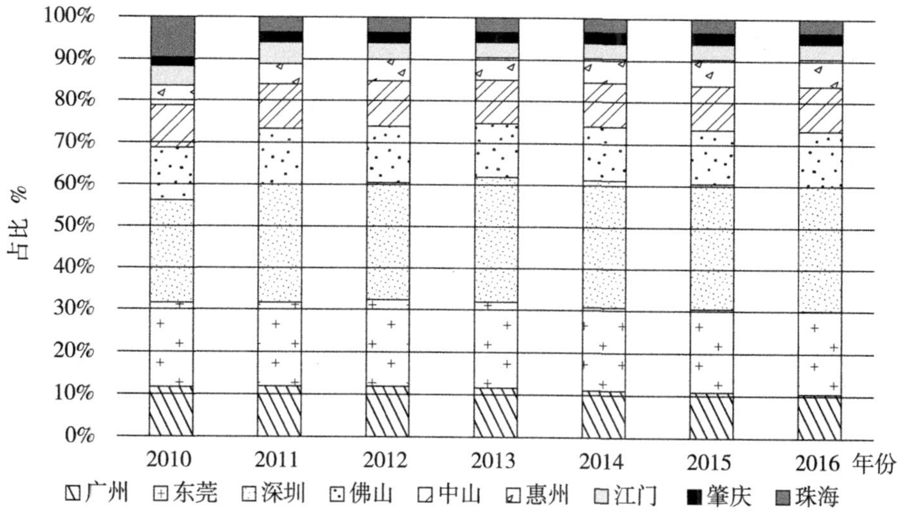

图 2-12　2010—2016 年珠三角各市制造业从业人员数占比图

（四）主要经济效益指标

本节将从总资产贡献率、资产负债率、成本费用利润率、全员劳动生产率和产品销售率分析珠三角各市工业企业的盈利能力、发展能力、营运能力、产出效率和产销衔接能力。

总资产贡献率是指企业在一定时期内全部资产获利能力，是企业经营业绩和管理水平的集中体现，是评价和考核企业盈利能力的核心指标。广东省工业获利能力自“十二五”以来，持续下降。肇庆、佛山、惠州、中山和广州的总资产贡献率高于广东省的平均水平，江门、珠海、深圳和东莞均低于广东省的平均水平。其中东莞市的总资产贡献率在珠三角 9 市中一直处在最低位，表明东莞市工业企业全部资产的获利能力较珠三角其他城市差，但东莞市的总资产贡献率“十二五”期间呈增长趋势，2016 年较 2008 年总资产贡献率增长 28.07%，东莞市工业企业获利能力虽然差于珠三角各市，但其获利能力在不停地提升。

表 2-7　　**珠三角各市规上工业企业总资产贡献率（以 2016 年排序）**（单位：%）

市　别	2008 年	2009 年	2010 年	2011 年	2012 年	2013 年	2014 年	2015 年	2016 年
肇　庆	13.59	16.39	17.39	19.23	22.09	22.01	20.03	20.10	19.11
佛　山	20.51	18.41	20.28	16.14	18.72	18.37	17.91	18.47	18.57
惠　州	6.84	11.04	14.63	15.87	17.30	17.50	15.22	16.20	14.04
中　山	13.73	13.48	16.09	17.44	15.57	14.77	14.63	14.90	13.58
广　州	16.10	15.60	16.96	15.50	13.89	15.35	14.81	14.29	13.47
广东省	**14.32**	**14.18**	**15.63**	**14.98**	**13.94**	**14.53**	**13.97**	**13.58**	**12.98**
江　门	17.72	15.83	19.13	19.46	10.65	10.83	11.50	12.93	12.76
珠　海	6.99	7.47	10.25	8.28	7.39	9.07	9.18	7.90	9.74
深　圳	14.09	12.26	12.32	13.46	11.02	11.24	10.79	10.75	9.61
东　莞	5.79	8.09	8.26	7.72	7.74	7.80	7.53	7.51	8.05

数据来源：《广东省统计年鉴》。

资产负债率是反映企业经营风险的大小，也反映企业利用债权人提供的资金从事经营活动的能力。2016 年，广东省工业企业资产负债率为 57.38%，经济学家普遍认为资产负债率的适宜水平是 40%—60%，珠三角各市资产负债率基本保持在 50% 左右，其中珠海资产负债率最高，达 62.32%，较去年下降 3.35%。除了东莞，珠三角其他城市资产负债率均在下降。

表 2-8　　**珠三角各市规上工业企业资产负债率（以 2016 年排序）**　（单位：%）

市　别	2008	2009	2010	2011	2012	2013	2014	2015	2016
肇　庆	55.08	54.04	48.71	47.45	47.72	50.13	48.45	47.34	45.25
广　州	54.22	55.21	56.21	56.15	53.02	54.29	53.68	52.50	51.50
江　门	57.11	55.88	54.13	56.45	59.57	58.44	57.09	56.23	53.90

续表

市　别	2008	2009	2010	2011	2012	2013	2014	2015	2016
佛　山	58.79	60.68	60.89	64.45	60.74	56.28	55.34	55.90	54.97
广东省	**57.44**	**58.03**	**56.00**	**59.00**	**58.18**	**58.10**	**58.42**	**57.38**	**56.17**
惠　州	60.77	63.55	62.91	62.26	60.99	58.94	60.29	58.20	57.41
中　山	60.31	59.52	58.67	59.47	58.49	60.26	58.75	58.72	57.83
深　圳	59.60	60.00	52.06	60.64	61.65	61.61	62.77	61.20	58.62
东　莞	57.47	57.57	58.74	58.63	58.14	59.53	59.07	58.79	60.28
珠　海	65.68	64.94	61.15	60.42	60.70	62.46	65.55	64.41	62.32

数据来源：《广东省统计年鉴》。

成本费用利润率是指工业企业投入的生产成本及费用的经济效益，同时也反映企业降低成本所取得的经济效益。2016 年，广东省成本费用利润率为 6.85%，与 2015 年基本持平。其中珠海、佛山、广州、惠州和深圳 5 市的工业企业的成本费用利润率高于广东省平均水平，江门、肇庆、中山和东莞低于广东省的平均水平，其中东莞市远远低于珠三角其他城市，虽然东莞市成本利润率从 2008 年的 2.23%上升到 3.44%，其中 2010 年最高达 4.77%，但其成本费用利润率一直只有广东省的一半，表明东莞市工业企业利润低，盈利能力差。

表 2-9　　**珠三角各市规上工业企业成本费用利润率（以 2016 年排序）**（单位：%）

市　别	2008	2009	2010	2011	2012	2013	2014	2015	2016
珠　海	4.29	5.84	6.58	4.89	4.82	6.51	7.15	7.18	10.28
佛　山	4.91	6.02	8.31	7.59	8.73	8.36	8.15	8.43	8.47
广　州	7.25	7.59	8.30	6.61	5.93	7.11	6.76	6.98	7.36
惠　州	1.54	4.08	5.40	4.84	4.14	4.45	4.69	5.63	6.96
深　圳	6.97	7.84	9.26	6.74	5.64	6.03	6.55	7.68	6.87
广东省	**5.54**	**6.88**	**8.05**	**6.65**	**6.13**	**6.46**	**6.42**	**6.85**	**6.85**
江　门	5.10	5.81	7.77	7.52	5.41	5.63	5.40	6.39	6.20
肇　庆	5.02	5.90	6.32	7.61	7.58	7.16	6.17	6.41	6.19

续表

市 别	2008	2009	2010	2011	2012	2013	2014	2015	2016
中 山	5.26	5.65	6.15	6.48	5.74	5.38	5.43	5.79	5.64
东 莞	2.23	5.23	4.77	3.72	3.10	2.96	3.13	3.33	3.44

数据来源：《广东省统计年鉴》。

全员劳动生产率是指反映企业的生产效率和劳动投入的经济效益，该数据表示平均每个从业人员在单位时间内的产品价值量。2016 年广东省全员劳动生产率为 220972 万元/人，广东省及珠三角各市全员劳动生产率呈增长态势。其中广州、肇庆、佛山、珠海、深圳和江门高于广东省平均水平，惠州、中山和东莞低于广东省平均水平，其中东莞市再一次远远低于珠三角其他城市，可见，东莞市工业企业人均产品价值量低。

表 2-10 **珠三角各市规上工业企业全员劳动生产率（以 2016 年排序）**

（单位：元/人）

市 别	2008	2009	2010	2011	2012	2013	2014	2015	2016
广 州	173713	200642	245054	259092	263027	295368	301779	327486	328067
肇 庆	95060	111971	144935	179151	206213	247658	265183	276892	286947
佛 山	168728	194410	215921	174468	195669	229533	244497	259779	275081
珠 海	111166	130093	140809	145624	146606	172805	199603	209138	239204
深 圳	131292	124609	142253	139818	148073	176264	187367	197971	229008
江 门	104688	125692	154037	163263	117443	144008	176727	202780	224063
广东省	**117940**	**126984**	**146609**	**147987**	**156463**	**182303**	**193633**	**204582**	**220972**
惠 州	96088	109771	131826	157402	175809	196550	189756	198485	206508
中 山	74732	85013	99183	106820	112121	126114	129650	143613	152162
东 莞	60622	56766	62696	65087	77666	91121	96964	102756	118291

数据来源：《广东省统计年鉴》。

产品销售率是反映工业产品已实现销售的程度，是分析产销衔接的情况，研究工业产品满足社会需求的指标。2016 年，广东省产品销售率为 97.06%，其产品销售率基本保持在 97%—98%。珠三角 9 市中，广州、肇庆、东莞、深圳和佛山的产品销售率高于广东省的平均水平，惠州、中山、江门和珠海低于广东省的平均水平。其中珠三角各市中，除东莞和珠海的产品销售额呈下降趋势，其他城市均呈上升的态势。

表 2-11　　珠三角各市规上工业企业产品销售率（以 2016 年排序）　（单位：%）

市别	2008	2009	2010	2011	2012	2013	2014	2015	2016
广州	98.08	98.06	98.38	97.56	98.55	98.39	97.25	96.85	97.87
肇庆	96.77	97.28	97.72	97.98	98.22	97.49	97.59	97.56	97.74
东莞	99.01	99.22	99.85	99.60	100.33	98.36	97.94	97.94	97.67
深圳	96.54	96.76	98.13	98.06	97.80	96.54	97.39	98.09	97.49
佛山	96.80	97.00	96.32	97.63	97.47	97.45	97.36	96.96	97.19
广东省	**97.13**	**97.09**	**97.46**	**97.63**	**98.07**	**97.43**	**97.18**	**97.11**	**97.06**
惠州	98.00	98.97	99.68	98.76	99.49	98.39	98.31	97.88	96.81
中山	95.73	95.16	95.65	96.23	95.31	96.31	95.66	94.71	95.21
江门	95.65	94.76	95.35	95.49	97.27	95.32	94.27	93.58	94.23
珠海	97.51	92.59	92.79	93.59	98.01	97.04	95.07	94.35	92.33

数据来源：《广东省统计年鉴》。

从总资产贡献率、资产负债率、成本费用利润率、全员劳动生产率和产品销售率这五个工业经济效益指标对比来看，东莞市除了产品销量率达到全省平均水平，其他指标均排在珠三角 9 市的末端，并与珠三角其他城市相距较大。可见，东莞市工业整体存在获利能力差、经营投资风险高、盈利能力差、劳动力需求大、生产成本高的问题。造成这种局面的主要原因是东莞市制造业仍处于“三来一补”的模式，整体产品附加值低，技术含量低。受劳动力成本上升、企业外迁、国际金融等因素的影响，东莞市经济发展仍以制造业为主，制造业的转型升级迫在眉睫。

第二节　珠三角制造业能源使用情况

在全国各省份中，广东省是一个常规能源资源短缺的省份，全省人均有用资源储量不足 30 吨，不到全国人均储量的 1/20，并且远离我国煤炭石油工业产地。同时，广东省作为制造业大省，存在大量的能源密集型产业，能源需求量大。

一、制造业能源消费情况

（一）广东省能源消费情况

2016 年，广东省终端能源消费量用于第一产业、第二产业、第三产业及生活消费，其占比为：1.70%，60.68%，22.07%及 15.55%。主要的能源消费单位为第二产业，其中又以工业为主要能耗消费单位。工业终端能源消费量为 18217.9 万吨标准煤，占第二产业终端能源消费的 96.10%，建筑业终端能源消费量 740.18 万吨标准煤，只占 3.90%，工业为第二产业终端能源的消费主体（具体见图 2-13）。

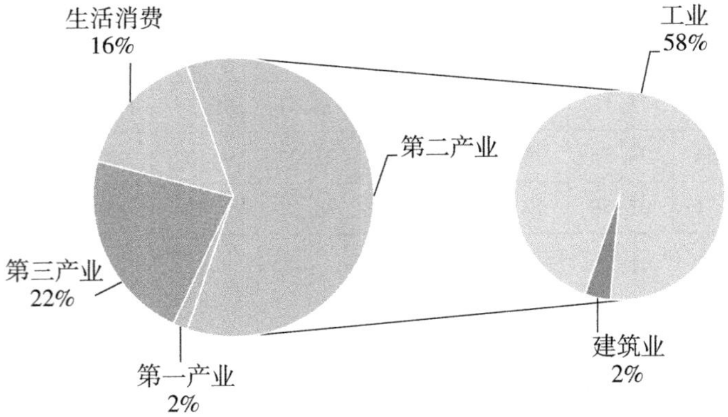

图 2-13　2016 年广东省终端能源消费量比例图

按行业类别分，2016 年，广东省能源消费总量按行业类别可分为：农、林、牧、渔业，采矿业，制造业，电力、燃气及水的生产和供应业，建筑业，交通运输、仓储及邮政业，批发和零售贸易餐饮业，其他行业，以及生活消费，占广东省能源消费总量的比例分别是：1.70%，0.69%，50.23%，7.39%，2.37%，11.24%，5.09%，5.74%，15.55%。制造业能源消费总量排在首位，所占比例超过一半。

广东省终端能源消费量虽然逐年增长，但在“十二五”节能减排的政策下，增速从 2011 年的 4.51%下降到 2016 年的 3.51%，其中 2014 年增速首次呈负增长（-1.98%）。从图 2-15 可知，“十二五”期间，广东省终端能源消费量中，第二产业虽然是终端能源消耗的主体（60.68%），但其增速已从2011年的3.06%下降到2016年的-0.43%，其中又以制造业的增速下降最多。

“十二五”期间，广东省单位GDP能耗和工业增加值能耗累计分别下降20.98%和34.94%，超额完成国家下达的“十二五”期间单位GDP能耗下降18%、工业增加值能耗下降21%的目标任务。在广东省经信委发布的节能目标考核报告①中指出：“深圳、惠州、东莞、茂名、广州、珠海、佛山7个市为超额完成等级；江门、阳江、梅州、清远、汕头、潮州、湛江、肇庆、韶关、揭阳、河源、中山、云浮13个市为完成等级；汕尾市为未完成等级。全省除汕尾市以外的20个市完成了2015年节能年度和“十二五”总目标，其中东莞、潮州、韶关3个市完成情况最好，分别完成“十二五”节能目标累计进度的133.87%、133.81%和130.95%。“十二五”期间，珠三角各市均完成广东省节能目标，其中东莞单位GDP能耗降幅居广东省首位，东莞单位GDP能耗增速下降7.9%，其次是惠州（-7.10%）和江门（-6.63%），这三个城市单位GDP能耗增速降幅远高于广东省平均水平（-5.71%）。发展至2016年，广东省及珠三角各市完成“十二五”节能目标后，其单位GDP能耗增速降幅明显减缓，广东省单位GDP能耗增速升至-3.62%，但珠三角增速降幅高于广东省平均水平的城市从2015年的3个增加至2016年的8个，分别是：佛山（-6.63%）、肇庆（-5.53%）、广州（-4.96%）、东莞（-4.65%）、江门（4.52%）、深圳（-4.21%）、珠海（-3.94%）及中山（-3.898%）。惠州增速为-1.52%。

2016年，广东省制造业能源消耗总量为15693.04万吨标准煤，同比下降0.88%。广东省制造业能源消耗总量占工业的比例呈下降的趋势，从2010年的56.12%下降至2016年的50.23%。由图2-14至图2-16可知，广东省工业及制造业能源消耗总量的增速均为“波浪形”，在“十二五”期间，制造业在2011年其能源消费总量增速达到最高值（3.71%），2012年增速为最低值（-1.53%），除了2014年工业能源消费总量增速下降幅度大于制造业，其他年份，制造业增速均较工业增速小。可见，广东省制造业在节能减排上取得了显著的成效。

广东省制造业6大耗能行业分别是非金属矿物制品业，黑色金属冶炼及压延加工业，通信设备、计算机及其他电子设备制造业，石油加工，炼焦及核燃

① 关于2015年年度各地级以上市政府节能考核结果的通告。

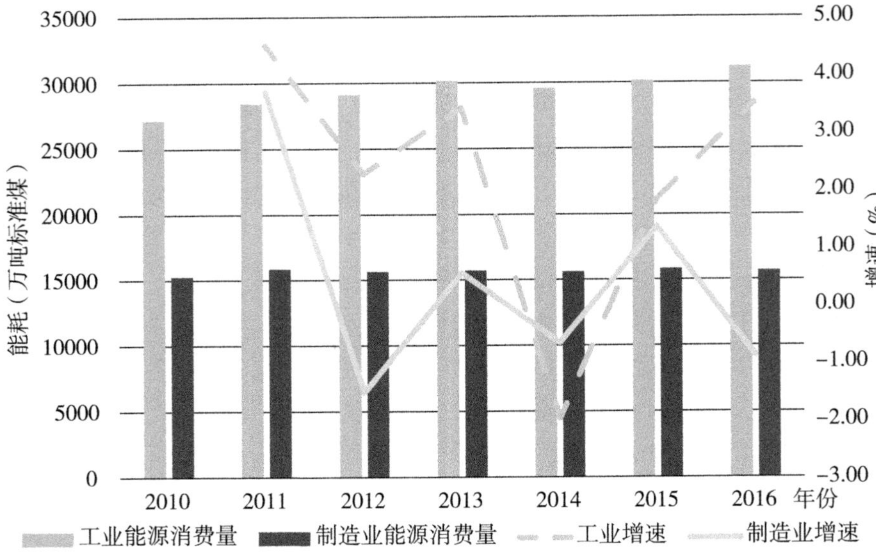

图 2-14　广东省工业能源消费量及其增速

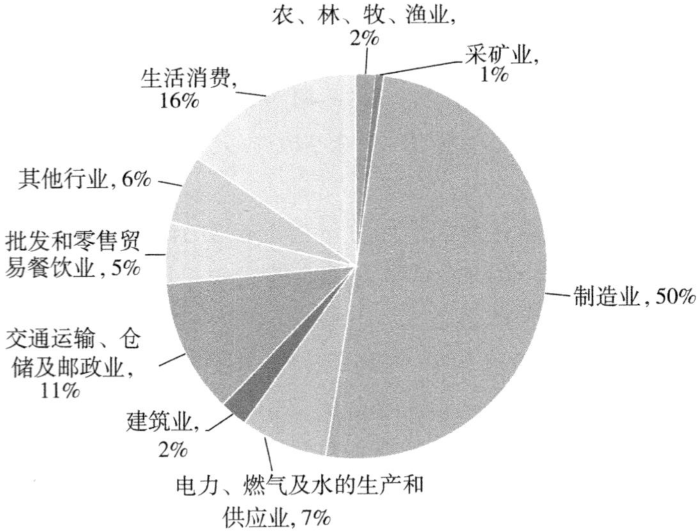

图 2-15　2016 年广东省分行业能源消费比例

料加工业，化学原料及化学制品制造业及造纸及纸制品业，其能源消耗总量占广东省制造业的 63. 19%。

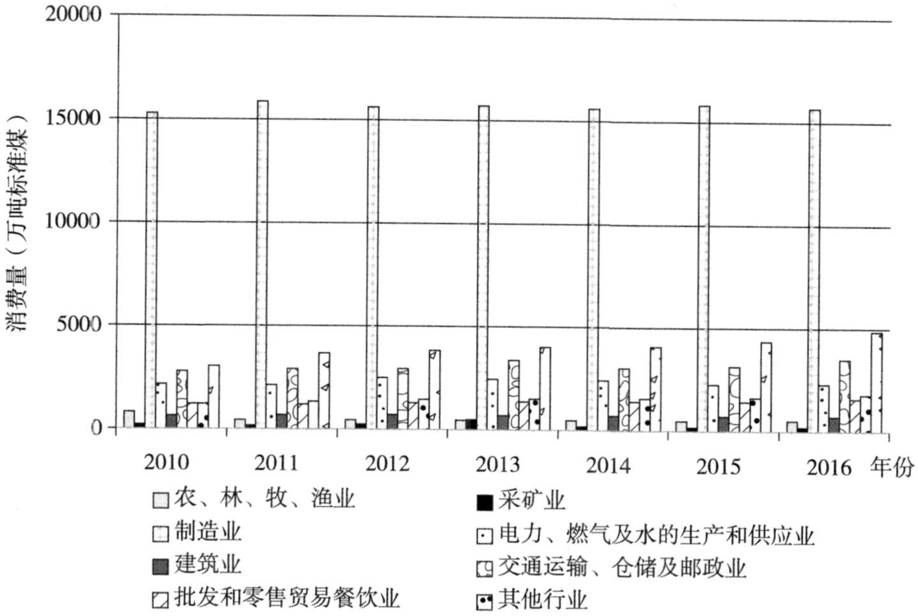

图 2-16　2010—2016 年广东省分行业能源消费总量

（二）珠三角制造业能源消耗情况

2010—2016 年，珠三角工业能源消费量呈现倒 U 形曲线。2016 年消耗量为 11831.38 万吨标准煤，占广东省工业能源消费量的 37.87%，同比下降 1.51%，较 2011 年减少 210.90 万吨标准煤。珠三角工业能源消费量增速自 2014 年起为负增长（见图 2-17）。

2016 年，珠三角各市制造业能源消费量①排名是：惠州、深圳、佛山、东莞、珠海、广州、肇庆、江门，其制造业能源消费量分别是：3113.93 万吨标准煤、1528.91 万吨标准煤、1219.28 万吨标准煤、890.44 万吨标准煤、405.07 万吨标准煤、354.17 万吨标准煤、341.25 万吨标准煤、190.54 万吨标准煤。由图 2-18 和图 2-19 可知，惠州的制造业能源消耗量占珠三角 8 市的制造业能源消耗量的 38.71%，在 2010 年至 2016 年间，广州能源消耗量占比持

① 由于中山市暂未公布能源消费量，无法获得相关数据，此处珠三角制造业能源消费量只统计深圳、广州、东莞、中山、珠海、肇庆、惠州和江门 8 市数据。

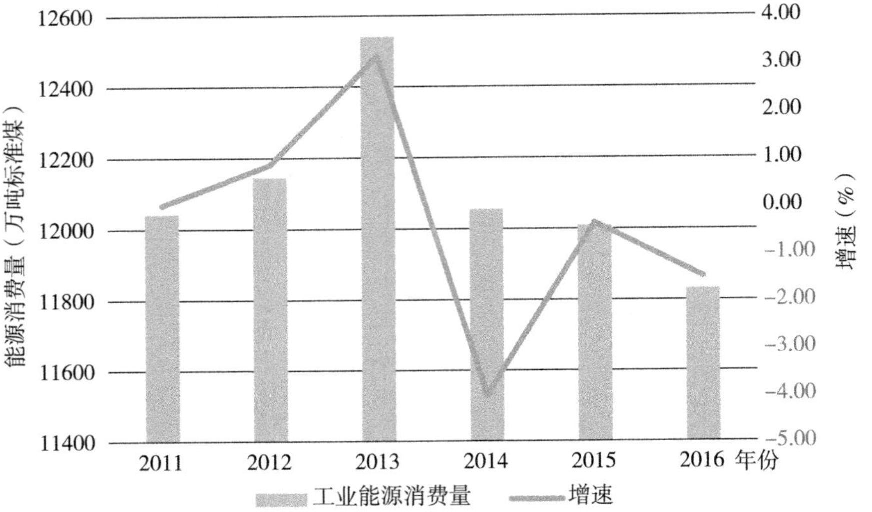

图 2-17　2010—2016 年珠三角工业能源消费量及其增速

续下降，从 2010 年的 9. 21%下降至 2016 年的 4. 40%，同时，肇庆市占比呈上升趋势，从 2010 年的 2. 25%上升至 2016 年的 4. 24%，剩余的珠三角 6 市能源消费量占比基本保持在一定的比值，变化不大。

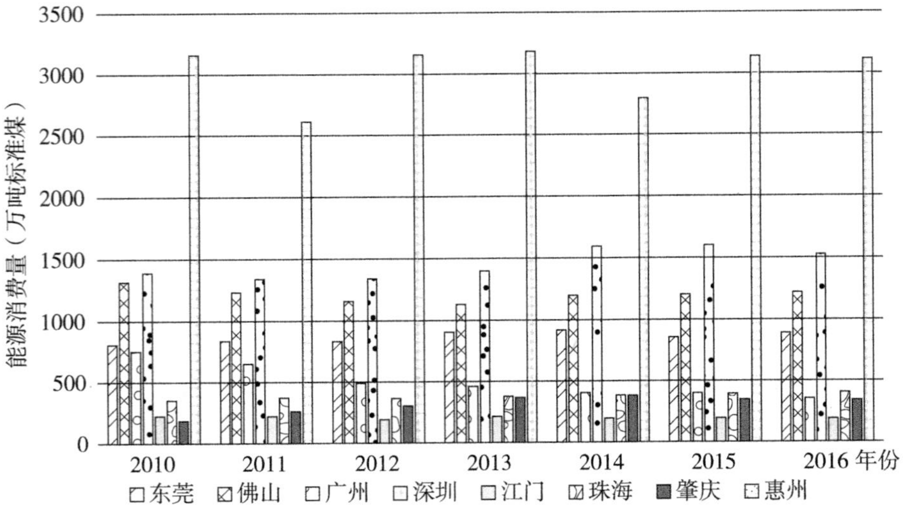

图 2-18　2010—2016 年珠三角各市制造业能源消耗量

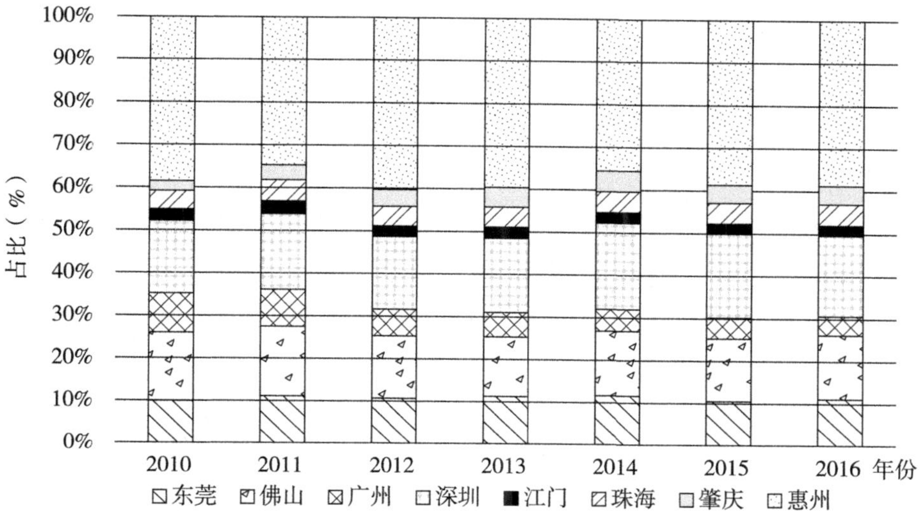

图 2-19　2010—2016 年珠三角各市能源消费量占比图

由图 2-20 和图 2-21 可知，“十二五”期间珠三角各市工业增加值能耗增速均呈现下降趋势。但以广东省单位 GDP 能耗为基线，仅广州、深圳和珠海低于广东省单位 GDP 能耗值。广东省工业增加值能耗累计下降 34.94%，深圳工业增加值能耗累计下降 51.11%，排在珠三角的首位，其次为广州（下降 49.02%）、惠州（下降 45.15%）、佛山（下降 41.68%）、江门（下降 41.43%）、肇庆（下降 40.69%）、东莞（下降 38.76%）、中山（下降 36.75%）、珠海（下降 36.49%）。东莞虽然单位 GDP 能耗降幅居广东省首位，但其工业增加值能耗降幅居珠三角各市的第 7 位，工业能耗仍有很大的节能空间。

二、基于能源消费的碳排放核算

温室气体清单编制是应对气候变化的一项基础性工作，通过清单编制可以识别出温室气体的主要排放源，了解各部门排放现状，预测未来减缓潜力，从而有助于制定国家和地区控制温室气体排放的政策和行动。为此，国家发展改革委应对气候变化司组织国家发展改革委能源研究所、清华大学、中科院大气所、中国农科院环发所、中国林科院森林环保所、中国环科院气候中心等单位的专家编写了《省级温室气体清单编制指南（试行）》，并于 2011 年 5 月对外公布。其的公布旨在加强省级清单编制的科学性、规范性和可操作性，为编

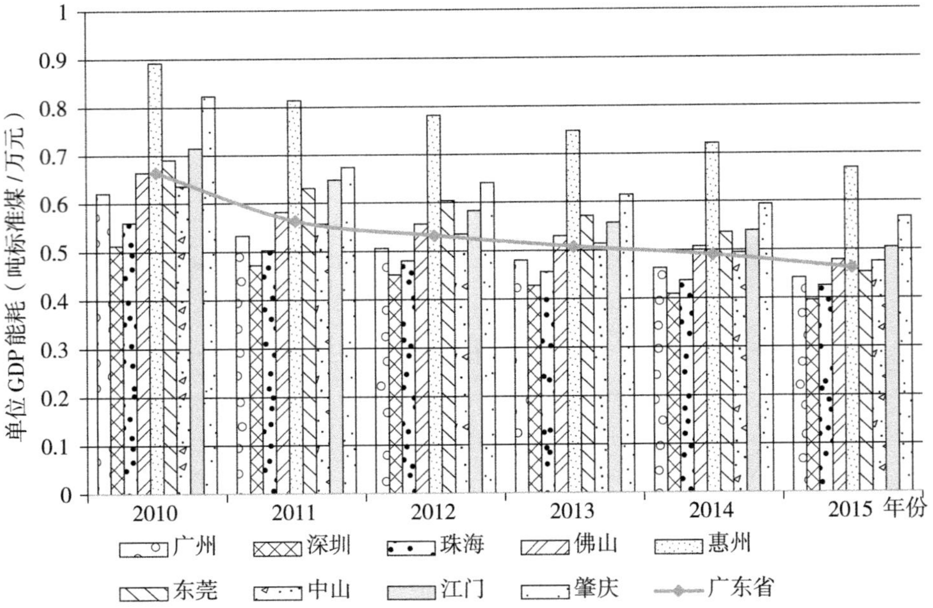

图 2-20　2010—2015 年珠三角各市单位 GDP 能耗

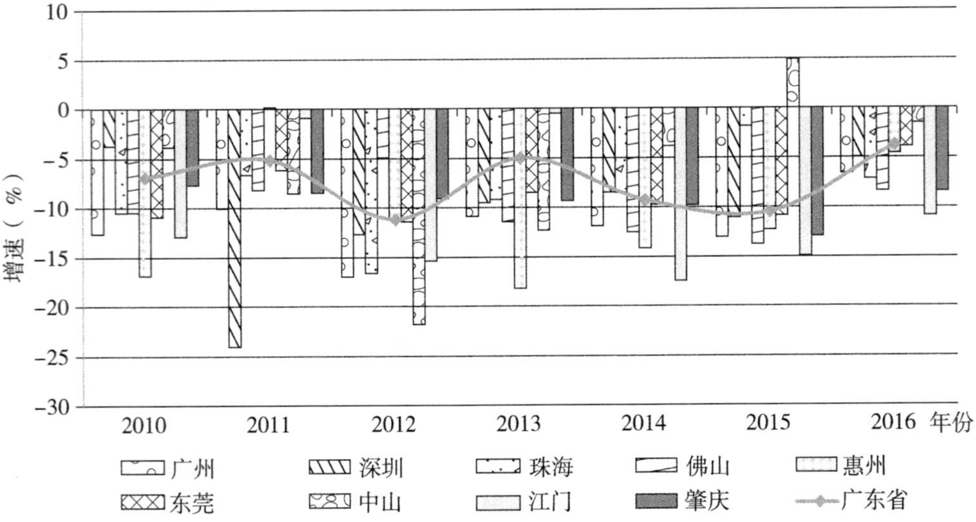

图 2-21　2010—2016 年珠三角各市工业增加值能耗增长速度

制方法科学、数据透明、格式一致、结果可比的省级温室气体清单提供有益指导。

因此，本书中关于碳排放的核算方法优先采用《省级温室气体清单编制指南（试行）》《IPCC 国家温室气体清单指南 2006》，在无法获得活动水平数据的情况下，采用其他参考方法。

关于制造业的碳排放，包括生产能源消费和在工业生产过程中的碳排放量。在工业生产过程碳排放，指的是工业生产中能源活动碳排放之外的其他化学反应过程或物理变化过程的温室气体排放。包括：水泥生产过程二氧化碳排放，石灰生产过程二氧化碳排放，钢铁生产过程二氧化碳排放，电石生产过程二氧化碳排放，己二酸生产过程氧化亚氮排放，硝酸生产过程氧化亚氮排放，一氯二氟甲烷（HCFC-22）生产过程三氟甲烷（HFC-23）排放，铝生产过程全氟化碳排放，镁生产过程六氟化硫排放，电力设备生产过程六氟化硫排放，半导体生产过程氢氟烃、全氟化碳和六氟化硫排放，以及氢氟烃生产过程的氢氟烃排放。而通过调研和查阅资料，珠三角在工业产品生产过程中并无温室气体直接排放，因此在这里不计算珠三角各市的工业产品生产过程中的二氧化碳排放。本书对于制造业的碳排放核算只基于能源消费。

制造业碳排放量的计算可以使用公式如下：

$$C^T = \sum_{ij} C_{ij}^T = \sum_{ij} E_{ij}^T * \mathrm{CEP}_j \tag{2-1}$$

其中，C^T 指 T 年的碳排放量；C_{ij}^T指 T 年 i 行业 j 种能源的碳排放量，E_{ij}^T指 T 年 i 行业 j 种能源的消费量；CEP_j 分别表示碳排放系数。

三、制造业碳排放量情况

（一）制造业能源使用类型

据广东省统计局提供的资料及珠三角 9 市在历年统计年鉴上的显示，广东省及珠三角 9 市制造业能源活动使用燃料主要分为以下几种：（1）煤：无烟煤、炼焦烟煤、一般烟煤、精洗煤、煤制品、焦炭、其他焦化产品等。（2）天然气：天然气和液化天然气。（3）石油：原油、汽油、煤油、柴油、燃料油、液化石油气、石脑油、润滑油、石蜡、石油焦、其他石油制品等。（4）其他燃料：城市垃圾、生物质废物、其他燃料、热力、余热余压、其他工业废料等。（5）电力（全省统一调度）。

（二）制造业碳排放量

2016 年，广东省工业碳排放量 90792 万 tCO_2，其中制造业碳排放量

61118.90 万 tCO_2，广东省制造业碳排量在逐年增加，制造业碳排放量占工业碳排放量的比例从 2010 年 62.34%上升至 2015 年的 67.32%。2012 年制造业碳排量有所下降，主要是广东省制造业受金融风暴的冲击，随后逐渐恢复（具体见图 2-22）。

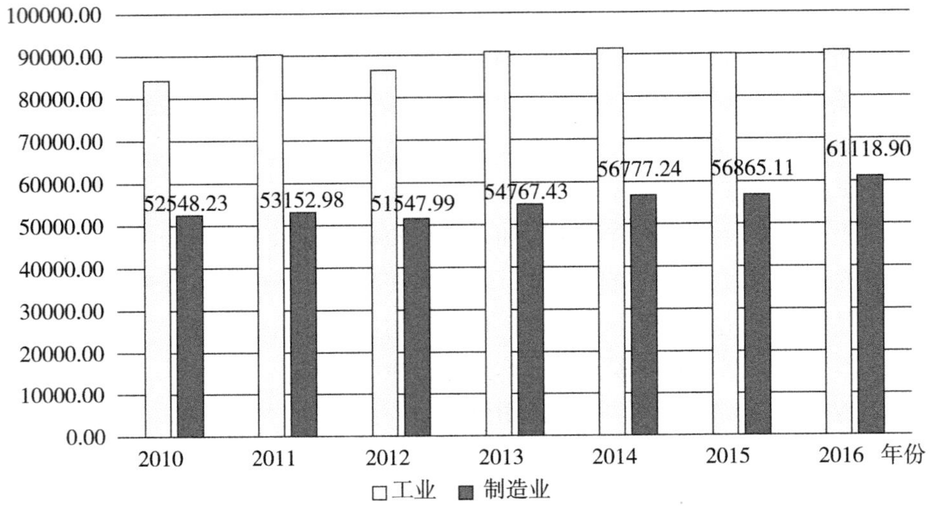

图 2-22　2010—2016 年广东省工业碳排放量（tCO_2）

从工业行业分类看，2016 年，二氧化碳排放量最高的六个行业由高到低的行业分别是：石油加工炼焦及核燃料加工业、非金属矿物制造业、黑色金属冶炼及压延加工业、造纸及纸制品业、化学原料及化学制品制造业和通信设备、计算机及其他，占制造业的 80.42%。由表 2-12 可见，二氧化碳排放量最高的六个行业所占比例呈“U”形，在 2014 年达到最高值，2015 年起逐渐降低。

按能源种类分析，广东省工业能源消耗中，主要以煤、天然气、石油、电力和其他燃料作为能源。2016 年，煤、天然气、石油、电力和其他在制造业生产中产生的碳排放量分别是：18086.97tCO_2、249.00tCO_2、24543.631tCO_2、16237.4tCO_2、2001.85tCO_2。占制造业碳排放量的比例分别为：29.59%、0.41%、40.16%、26.57%、3.28%（具体见图 2-23）。煤、石油和电力消耗产生的碳排放量合计超过 95%。各种能源消耗产生的碳排量逐年增加，但由表 2-23 和图 2-24 可知，除了其他能源产生的碳排放量所占比例保持 3%左右，煤、天然气、石油及电力的碳排放量呈“W”形。主要受国际原油和煤炭价

表 2-12 广东省制造业主要行业碳排放量及其比例

		2010		2011		2012		2013		2014		2015		2016	
		排放量（tCO_2）	占比（%）	排放量（tCO_2）	占比（%）	排放量（tCO_2）	占比（%）	排放量（tCO_2）	占比（%）	排放量（tCO_2）	占比（%）	排放量（tCO_2）	占比（%）	排放量（tCO_2）	占比（%）
制造业总量（万吨）		52548. 227		53152. 983		51547. 989		54767. 425		56777. 236		56865. 11		61118. 90	
分行业	石油加工炼焦及核燃料加工业	18346. 08	34. 91	18238. 26	34. 31	19145. 47	37. 14	20374. 59	37. 2	21161. 95	37. 27	21375. 97	37. 59	22700. 35	37. 14
	非金属矿物制品业	7868. 12	14. 97	8399. 5	15. 8	7564. 41	14. 67	8089. 41	14. 77	8423. 74	14. 84	8142. 99	14. 32	8472. 07	13. 86
	黑色金属冶炼及压延加工业	4342. 52	8. 26	5308. 5	9. 99	5524. 11	10. 72	5746. 51	10. 49	5509. 3	9. 7	5392. 75	9. 48	6174. 02	10. 10
	造纸及纸制品业	3533. 55	6. 72	3459. 54	6. 51	3541. 24	6. 87	4258. 4	7. 78	4314. 25	7. 6	4337. 17	7. 63	4883. 59	7. 99
	化学原料及化学制品制造业和纺织业	2210. 41	4. 21	3073. 52	5. 78	2953. 99	5. 73	2986. 11	5. 45	3672. 85	6. 47	3701. 08	6. 51	4270. 90	6. 99
	通信设备、计算机及其他	2345. 5	4. 46	2245. 77	4. 23	2061. 77	4	2248. 34	4. 11	2430. 67	4. 28	2533. 38	4. 46	2652. 99	4. 34

续表

		2010		2011		2012		2013		2014		2015		2016	
		排放量（tCO_2）	占比（%）	排放量（tCO_2）	占比（%）	排放量（tCO_2）	占比（%）	排放量（tCO_2）	占比（%）	排放量（tCO_2）	占比（%）	排放量（tCO_2）	占比（%）	排放量（tCO_2）	占比（%）
前六个行业	总量（万吨）	38646.17		40725.09		40790.99		43703.35		45512.76		45483.34		46500.94	
	占制造比例	73.54		76.62		79.13		79.8		80.16		79.98		76.08	
	占工业比例	45.85		45.1		47.12		48.16		49.8		50.46		51.22	

格的波动，通过市场调节，企业趋向使用价格更便宜的能源，降低生产成本，从而导致能源的使用量发生变化，其碳排量也发生变化。

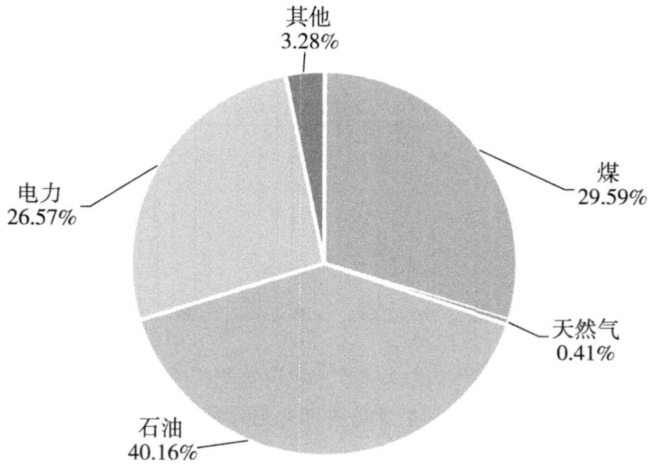

图 2-23　2016 年各种能源碳排量占制造业的比例

表 2-13　**广东省制造业各能源碳排量占制造业碳排量比例**　（单位：%）

年份	煤	天然气	石油	电力	其他燃料
2010 年	28. 41	0. 97	41. 17	27. 09	2. 35
2011 年	29. 66	1. 14	39. 23	27. 53	2. 44
2012 年	29. 26	1. 60	40. 69	25. 64	2. 80
2013 年	29. 44	1. 70	39. 99	25. 91	2. 96
2014 年	28. 83	1. 61	40. 26	26. 32	2. 97
2015 年	28. 16	1. 67	40. 22	26. 79	3. 16
2016 年	29. 59	0. 41	40. 16	26. 57	3. 28

按照各种能源在制造业中的消费量产生的碳排量分析，煤的碳排量由高到低的行业分别为：橡胶和塑料制品业、黑色金属冶炼及压延加工业、造纸及纸制品业、纺织业、石油加工炼焦及核燃料加工业和化学原料及化学品制造业，合计共占制造业煤消耗产生的碳排量的 93. 03%。天然气的碳排量由高到低的行业分别为：石油加工炼焦及核燃料加工业，非金属矿物制品业，有色金属冶炼及压延加工业，化学原料及化学品制造业，金属制品业和交通运输设备制造

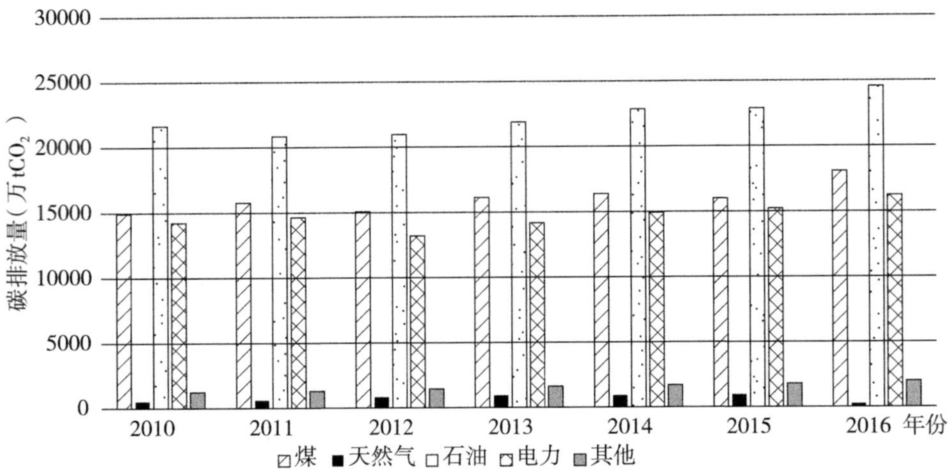

图 2-24 广东省制造业各种能源消耗碳排量（万 tCO_2）

业，合计共占制造业天然气消耗产生的碳排放的 79.84%。石油的碳排量由高到低的行业分别为：石油加工炼焦及核燃料加工业、化学原料及化学品制造业、非金属矿物质制品业、橡胶及塑料制品业和金属制品业。合计共占制造业石油消耗产生的碳排量的 98.50%。电力的碳排量由高到低的行业分别为：通信设备、计算机及其他制造业，非金属矿物制品业，橡胶及塑料制品业和金属制品业，电气机械及器材制造业，造纸及纸制品业和金属制品业。合计共占制造业电力消耗产生的碳排量的 56.63%。其他燃料产生的碳排量逐年增加，2010 年，制造业使用其他燃料产生的碳排量为 1237.23 万 tCO_2，2016 年碳排量为 2001.85 万 tCO_2，主要的碳排放行业是：造纸及纸制品业、化学原料及化学品制造业、石油加工炼焦及核燃料加工业、纺织业、农副食品加工业、黑色金属冶炼及压延加工业，合计共占 2016 年制造业其他燃料产生的碳排量总数的 92.27%（具体见图 2-25 至图 2-29）。

2016 年，广东省制造业单位工业增加值 CO_2 排放量为 2.14tCO_2/万元，较 2010 年的 2.54tCO_2/万元下降了 18.70%。按行业分类可知，广东省制造业单位工业增加值 CO_2 排放量由高到低的行业分别为：农副食品加工业（48.33tCO_2/万元）、饮料制造业（18.02tCO_2/万元）、烟草制造业（15.18tCO_2/万元）、食品制造业（13.75tCO_2/万元）、化学纤维制造业（11.01tCO_2/万元）和木材加工及木、竹、藤等（9.10tCO_2/万元）。除了黑色

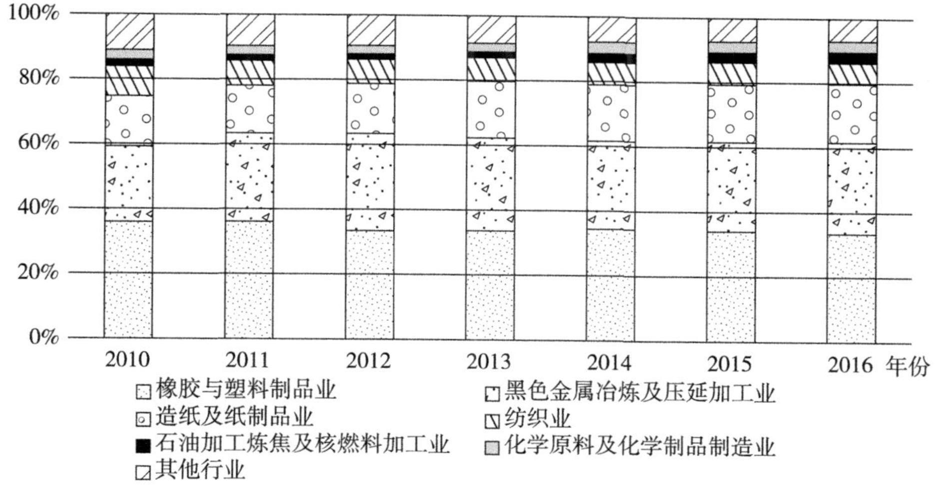

图 2-25　广东省制造业中煤的碳排量

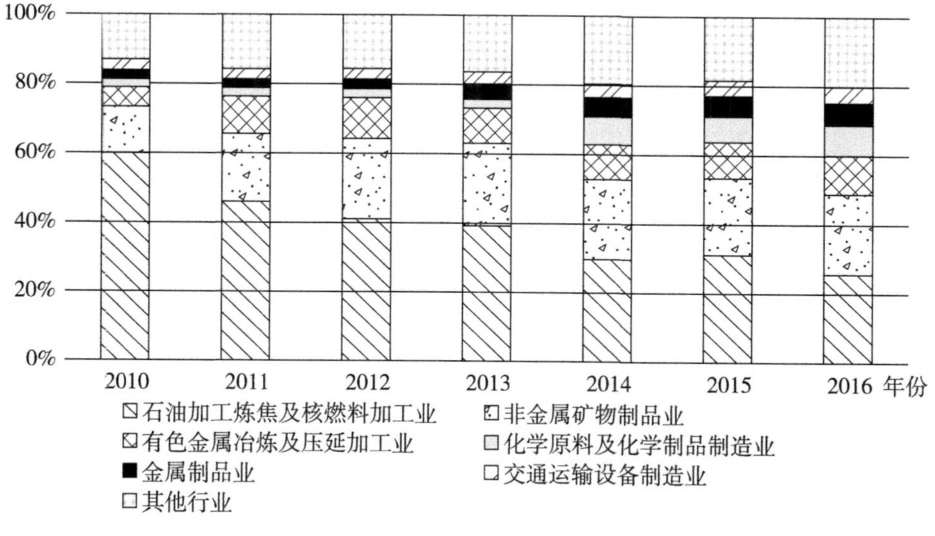

图 2-26　广东省制造业中天然气的碳排量

金属冶炼及压延加工业，有色金属冶炼及压延加工业，皮革、毛皮、羽毛（绒）等制造业，废弃资源和废旧材料回收业和交通运输设备制造业的单位工业增加值二氧化碳排放量呈逐年上升态势外，其他行业均呈现递减态势，降幅大小不等。

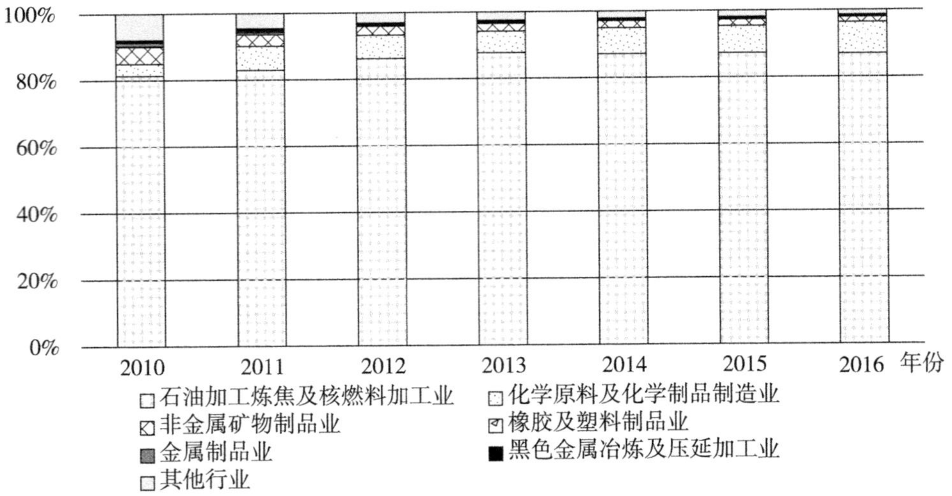

图 2-27 广东省制造业中石油的碳排量

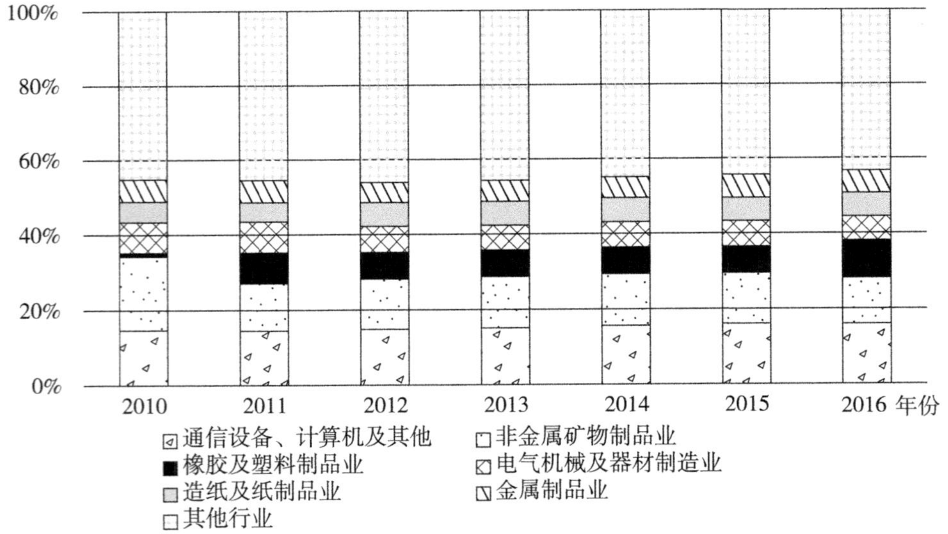

图 2-28 广东省制造业中电力的碳排量

2016 年，珠三角制造业碳排放量①为 25859. 60 万 tCO_2，珠三角制造业碳

① 由于中山市暂未公布能源消费量，无法获得相关数据，本书珠三角工业碳排放量为深圳、广州、东莞、中山、珠海、肇庆、惠州和江门 8 市数据相加所得。

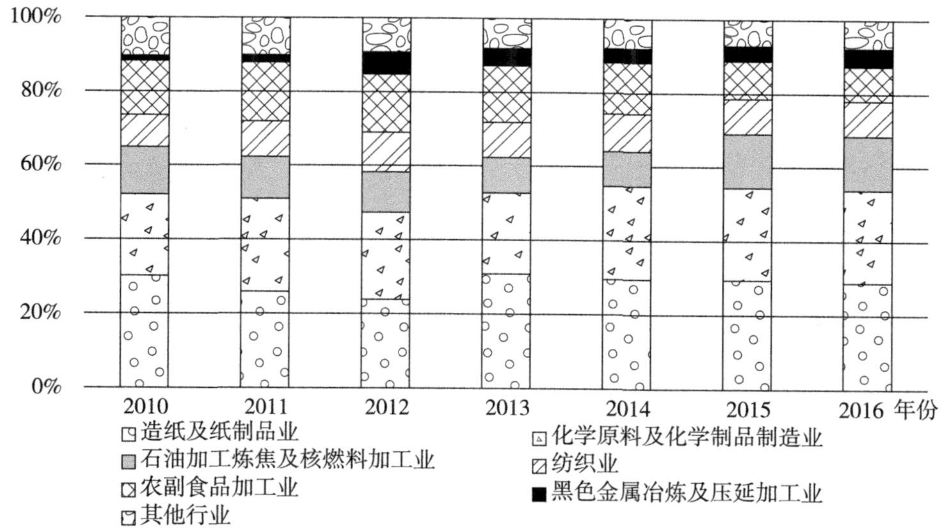

图 2-29 广东省制造业中其他燃料的碳排量

排放量占工业碳排放量的比值在 2015 年达到最高值（67.24%），在 2016 年占比有所下降，占比为 62.72%，制造业碳排放量仍占工业碳排放量的主要位置。珠三角制造业碳排放量同比增长 0.07%，也是首次较珠三角工业碳排放量增速低（具体见图 2-30）。

2016 年，珠三角各市制造业碳排放量从高到低分别是：惠州（7383.02 万 tCO_2）、东莞（5235.39 万 tCO_2）、佛山（4337.09 万 tCO_2）、广州（2774.79 万 tCO_2）、深圳（1974.24 万 tCO_2）、肇庆（1802.58 万 tCO_2）、江门（1345.19 万 tCO_2）及珠海（1007.31 万 tCO_2），占珠三角制造业碳排放量的比例分别是：28.55%、20.25%、16.77%、10.73%、7.63%、6.97%、5.20%及 3.90%。由图 2-31 可知，在 2010—2016 年，珠三角各市制造业碳排放量排名基本不变，但从占比上来看，除了佛山、江门和珠海占比变化不大外，其余 5 个城市占比均有较大波动，占比增大的城市分别是：惠州（较 2010 年增加 4.75%）、东莞（3.53%）及肇庆（2.81%）；占比下降的城市分别是：深圳（较 2010 年减少 5.90%）及广州（-5.06）。从碳排放量增速来看（见表 2-14），2016 年，珠三角各市制造业碳排放量增速依次排名为：佛山（2.14%）、东莞（2.03%）、深圳（1.66%）、珠海（1.62%）、江门（0.31%）、肇庆（-0.71%）、惠州（-1.30%）和广州（-4.53%）。2010—2016 年，珠三角制

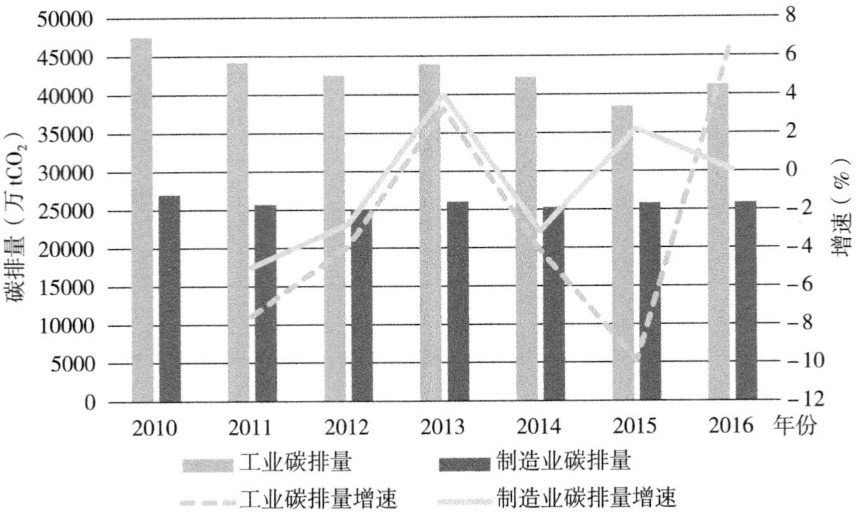

图 2-30　2010—2016 年珠三角工业碳排放量及其增速

造业碳排放量累计下降 4.38%，其中，深圳累计下降 85.01%，降幅最大，其次是广州（−53.61%）、佛山（−8.72%）和江门（−6.11%），剩余的 4 个城市其累计增速呈增长的态势。总的来说，惠州和东莞的制造业碳排放量占珠三角制造业碳排放量的首要地位，同时，这两个城市其排放量在“十二五”期间累计仍在增长。

表 2-14　**2011—2016 年珠三角各市制造业碳排放量增速**　（单位：%）

地区	2011	2012	2013	2014	2015	2016
广　州	−11.23	−21.58	−0.91	−7.02	−0.62	−4.53
惠　州	−4.86	16.93	1.18	−11.28	10.34	−1.30
肇　庆	20.29	22.05	13.17	−6.08	−8.09	−0.71
珠三角	−5.00	−2.76	3.98	−3.12	2.21	0.07
江　门	−0.07	−6.13	0.50	−8.01	6.73	0.31
珠　海	1.97	−4.15	10.44	−1.00	4.36	1.62
深　圳	−18.11	−68.01	0.32	3.62	1.32	1.66
东　莞	−2.30	1.37	12.96	1.59	−1.80	2.03
佛　山	−4.35	−8.34	−1.82	5.76	−2.42	2.14

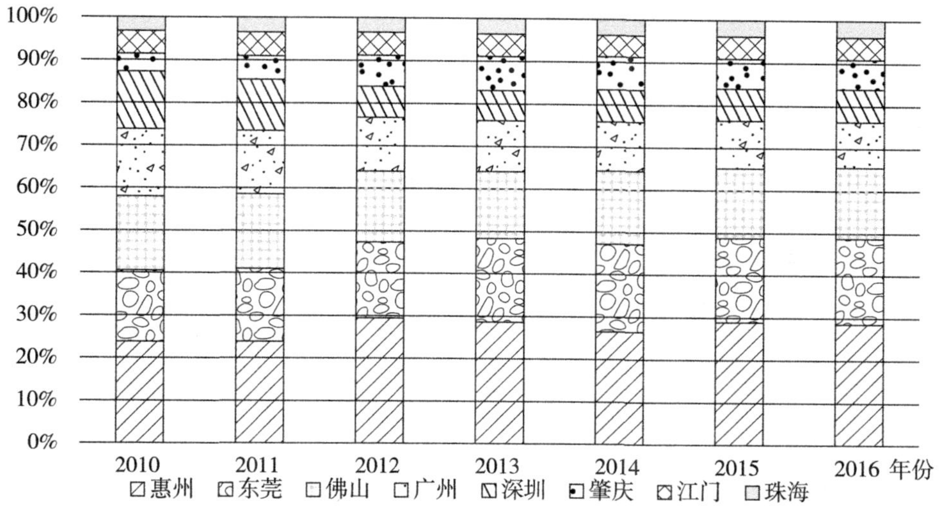

图 2-31　珠三角各市制造业碳排量占比图

从工业行业分类分析，珠三角制造业碳排放量前 6 位的行业分别是：石油加工炼焦及核燃料加工业（4580.82 万 tCO_2）、造纸及纸制品业（3712.27 万 tCO_2）、非金属矿物制品业（3458.60 万 tCO_2）、化学原料及化学制品制造业（3283.82 万 tCO_2）、交通运输设备制造业（2271.44 万 tCO_2）和纺织业（1378.16 万 tCO_2），合计共占珠三角制造业碳排放量的 72.26%，占珠三角工业碳排放量的 45.32%。2010—2016 年，珠三角制造业碳排放量排名前 6 的行业基本一致，2015 年非金属矿物制品业从排名第二下降至第三名，造纸及纸制品业上升至第二名，其他行业排名均不变，这 6 个行业碳排放量总和整体呈“W”形；2011 年与 2014 年为两个低谷，占珠三角制造业碳排放量的比例基本保持在 70%—73%，占工业碳排放量的比值波动较大，呈“波浪”形，其中 2013 年占比达到最低，只有 31.16%（具体见表 2-15）。

从各市分行业来分析（见表 2-16），珠三角各市制造业碳排放量前 6 名的行业涵盖了 14 个行业，分别是：石油加工炼焦及核燃料加工业、造纸及纸制品业、非金属矿物制品业、化学原料及化学制品制造业、交通运输设备制造业、纺织业、交通运输设备制造业、有色金属冶炼及压延加工业、橡胶和塑料制品业、专业设备制造业、非金属矿物制品业、化学纤维制造业、通用设置制造业和黑色金属冶炼及压延加工业，其碳排放量合计共 20953.55 万 tCO_2，占珠三角制造业碳排放量的81.03%。珠三角各市制造业分行业碳排放量前6名

表 2-15　**2010—2016 年珠三角主要行业碳排放量及其比例**

排名	2010		2011		2012		2013		2014		2015		2016	
	排名前 6 的行业	排放量（tCO_2）	排名前 6 的行业	排放量（tCO_2）	排名前 6 的行业	排放量（tCO_2）	排名前 6 的行业	排放量（tCO_2）	排名前 6 的行业	排放量（tCO_2）	排名前 6 的行业	排放量（tCO_2）	排名前 6 的行业	排放量（tCO_2）
1	25	5031. 37	25	4415. 41	25	5526. 88	25	5521. 85	25	4152. 73	25	4889. 78	25	4580. 82
2	30	3573. 64	30	3768. 93	30	3534. 57	30	3745. 19	30	3656. 05	22	3635. 51	22	3712. 27
3	22	3180. 17	22	3109. 82	22	3083. 37	22	3723. 92	22	3528. 91	30	3441. 27	30	3458. 60
4	26	2292. 04	26	2495. 43	26	2389. 27	26	2427. 91	26	2908. 86	26	3085. 08	26	3283. 82
5	38	2132. 41	38	1975. 45	38	1740. 06	38	1895. 68	38	2113. 38	38	2105. 17	38	2271. 44
6	17	1856. 11	17	1629. 23	17	1505. 83	17	1528. 32	17	1343. 99	17	1487. 74	17	1378. 16
总量（万 tCO_2）		18065. 74		17394. 27		17779. 98		18842. 86		17703. 91		18644. 56		18685. 10
占制造比例（%）		66. 93		67. 52		71. 07		72. 31		70. 06		72. 15		72. 26
占工业比例（%）		37. 98		34. 25		41. 78		31. 16		41. 91		48. 51		45. 32

表 2-16 **2016 年珠三角各市制造业主要行业碳排放量** （单位：万 tCO_2）

排序	广州		东莞		佛山		珠海		深圳		惠州		江门		肇庆	
	排名前 6 的行业	排放量	排名前 6 的行业	排放量	排名前 6 的行业	排放量	排名前 6 的行业	排放量	排名前 6 的行业	排放量	排名前 6 的行业	排放量	排名前 6 的行业	排放量	排名前 6 的行业	排放量
1	17	317.70	22	3124.68	30	1069.15	31	398.00	38	877.69	25	3789.04	29	329.39	30	1336.95
2	26	269.08	38	506.05	25	553.42	38	139.65	37	228.01	26	2308.47	22	218.43	33	64.23
3	38	236.31	29	225.19	17	543.47	26	73.24	29	186.51	30	495.62	17	187.96	17	59.88
4	30	234.44	17	224.81	26	375.97	37	64.21	33	94.15	38	407.48	26	152.22	22	53.85
5	25	221.89	30	191.88	37	274.13	22	59.97	30	80.42	29	78.54	32	110.97	32	42.57
6	36	217.27	37	166.13	33	257.60	28	38.26	35	68.90	37	49.14	37	83.71	27	33.04
总量		1496.70		4272.62		3073.74		773.34		1535.68		7128.29		1082.67		1590.52
占制造比例（%）		53.94		81.61		70.87		76.77		77.79		96.55		80.48		88.24
占工业比例（%）		21.12		53.42		47.43		68.46		40.51		80.83		29.00		72.41

的行业分别占该城市制造业及工业的比例可分为三类：（1）占制造业及工业比例少，如广州（53.94%、21.12%），说明广州制造业主要行业碳排放量并不是工业的碳排放量的主要来源，同时对制造业碳排放量贡献虽然超过了半数，但相关行业碳排放量相对低于其他城市。（2）占制造业及工业比重大，如：东莞（81.61%、53.42%）、佛山（70.87%、47.43%）、珠海（76.77%、68.46%）、深圳（77.97%、40.51%）、惠州（95.55%、80.83%）和肇庆（88.24%、74.42%），说明这些城市制造业主要行业是制造业及工业碳排放量的主要来源，特别是惠州，其制造业碳排放量基本由前 6 名的行业排放组成。（3）占制造业比重大，但占工业比重少，如：江门（80.48%、29.00%），说明江门工业碳排放量来源于多个行业。

纵观珠三角各市分行业的碳排放量，超过“千万吨”级别的碳排放量的行业分别是：东莞的造纸及纸制品业（3124.68 万 tCO_2）、惠州的石油加工、炼焦和核燃料加工业（3789.04 万 tCO_2）和化学原料及化学制造业（2308.47 万 tCO_2）、肇庆的非金属矿物制品业（1336.95 万 tCO_2）、佛山的非金属矿物制品业（1069.15 万 tCO_2）。

2016 年，珠三角制造业单位工业增加值 CO_2 排放量为 1.66tCO_2/万元，较 2010 年的 1.93tCO_2/万元下降 15.91%。由图 2-32 可知，珠三角制造业单位工业增加值 CO_2 排放量虽然呈“波动”的状态，但一直低于广东省工业、广东省制造业及珠三角工业的单位工业增加值 CO_2 排放量。一方面是“十二五”期间，珠三角制造业节能减排取得成效，另一方面是，珠三角制造业在向更高附加值的产业转型升级。

从分行业分析，珠三角制造业单位工业增加值 CO_2 排放量排名前 6 位的行业分别是：造纸及纸制品业（12.63tCO_2/万元），石油加工、炼焦和核燃料加工业（9.50tCO_2/万元），非金属矿物制品业（5.15tCO_2/万元），黑色金属冶炼及压延加工业（3.93tCO_2/万元），化学原料及化学制品制造业（2.87tCO_2/万元）和橡胶和塑料制品业（2.48tCO_2/万元）。

从珠三角各市分析，制造业单位工业增加值 CO_2 排放量从高到低的城市分别是①：惠州（4.47tCO_2/万元）、肇庆（2.18tCO_2/万元）、东莞（1.90tCO_2/万元）、江门（1.38tCO_2/万元）、珠海（1.13tCO_2/万元）、佛山（0.97tCO_2/

① 由于深圳统计年鉴未公布工业增加值和中山市统计年鉴未公布能源及工业增加值数据，无法计算单位工业增加值 CO_2，此处珠三角单位工业增加值 CO_2 由珠三角 7 市能源及经济数据计算得出。

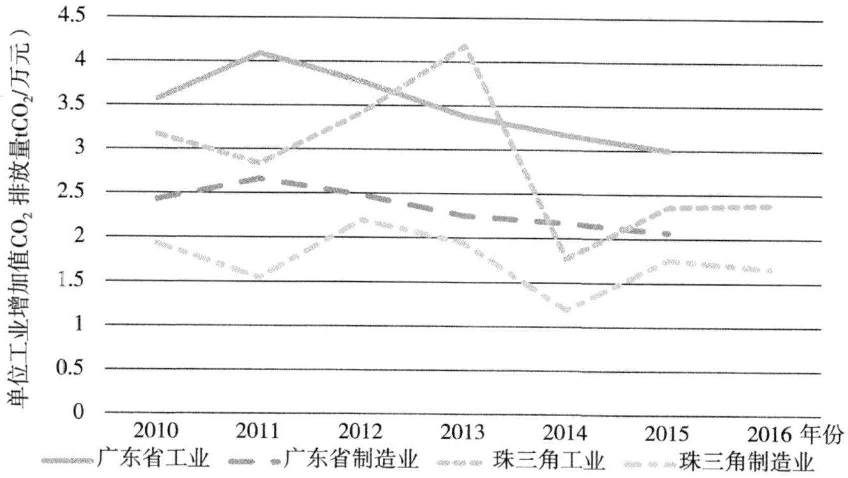

图 2-32　珠三角制造业单位工业增加值 CO_2 排放量

万元）、广州（0.70tCO_2/万元）。由图 2-33 和图 2-34 可知，2010 年至 2016 年，惠州单位工业增加值 CO_2 排放量一直排在珠三角各市的首位，其次是东莞，这两个城市的单位工业增加值 CO_2 排放量也是一直高于珠三角及广东省的平均水平。珠三角制造业单位工业 CO_2 排放量整体呈下降趋势，除了肇庆单位工业增加值 CO_2 排放量呈增长的趋势，较 2010 年增长 86.21%，其他城市单位工业增加值 CO_2 排放量均持续下降。其中，广州和佛山作为工业增加值排名第二和第三的城市，其单位工业增加值 CO_2 排放量自 2012 年起，一直保持在珠三角各市最低值的位置，可见其制造业在创造相同的经济效益时，排放更少的碳，其生产更低碳、更节能。

从珠三角各市分行业分析，单位工业增加值 CO_2 排放量排名前 6 位的工业涵盖了 16 个行业，分别是：农副食品加工业，纺织业，造纸及纸制品业，石油加工炼焦及核燃料加工业，化学原料及化学制品制造业，橡胶和塑料制品业，非金属矿物制品业，交通运输设备制造业，专业设备制造业，非金属矿物制品业，化学纤维制造业，黑色金属冶炼及压延加工业，通信设备、计算机及其他电子设备制造业，仪器仪表制造业，其他制造业，废弃资源综合利用业。从表 2-17 可知，超过“十位”级别的行业分别是：惠州的石油加工炼焦及核燃料加工业（36.44tCO_2/万元）和化学原料及化学制品制造业（15.15tCO_2/万元），珠海的黑色金属冶炼及压延加工业（29.22tCO_2/万元），佛山的石油

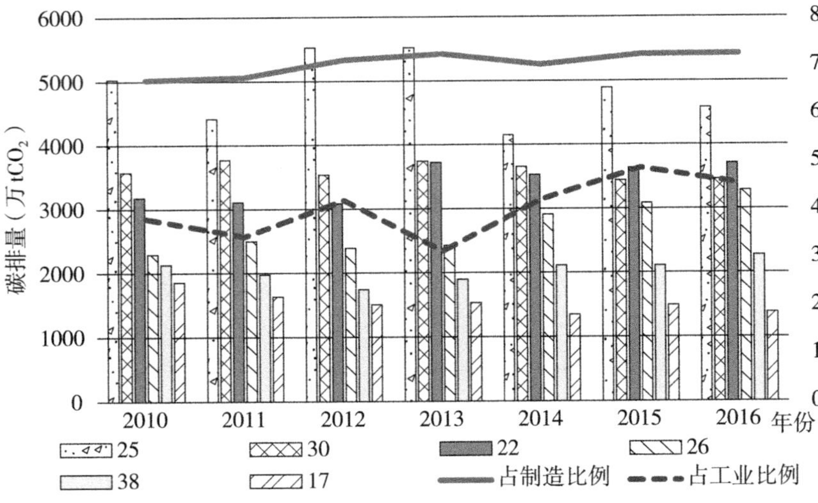

图 2-33　2010—2016 年珠三角主要行业碳排量及其占比图

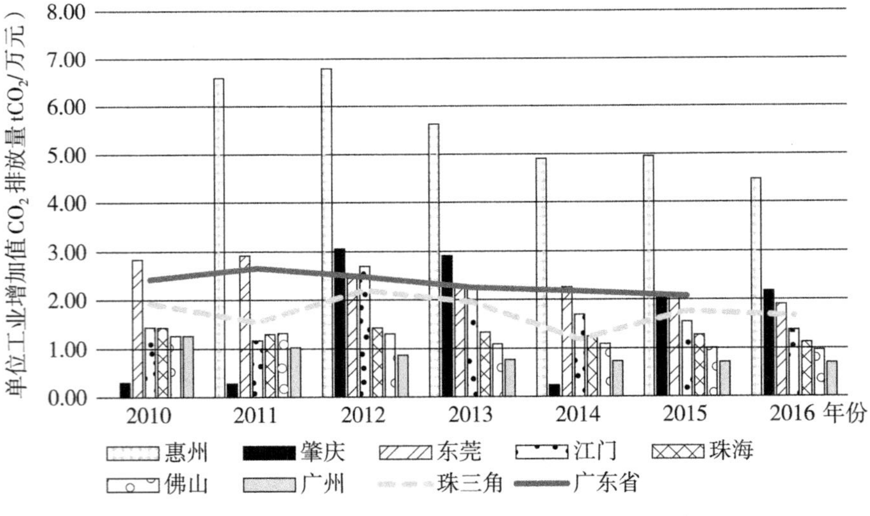

图 2-34　珠三角各市单位工业增加值 CO_2 排放量趋势图

加工炼焦及核燃料加工业（22.35tCO_2/万元），东莞的造纸及纸制品业（23.00tCO_2/万元）和仪器仪表制造业（11.66tCO_2/万元），肇庆的非金属矿物制品业（12.37tCO_2/万元）。

表 2-17 **2016 年珠三角各市主要行业单位工业增加值 CO_2 排放量** （单位：tCO_2/万元）

排序	广州		东莞		佛山		珠海		惠州		江门		肇庆	
	排名前 6 的行业	单位工业增加值 CO_2 排放量	排名前 6 的行业	单位工业增加值 CO_2 排放量	排名前 6 的行业	单位工业增加值 CO_2 排放量	排名前 6 的行业	单位工业增加值 CO_2 排放量	排名前 6 的行业	单位工业增加值 CO_2 排放量	排名前 6 的行业	单位工业增加值 CO_2 排放量	排名前 6 的行业	单位工业增加值 CO_2 排放量
1	17	6. 60	22	23. 60	25	22. 35	31	29. 22	25	36. 44	32	8. 78	30	12. 37
2	30	6. 08	17	5. 43	17	3. 33	22	7. 47	26	15. 15	29	7. 86	17	4. 54
3	22	5. 65	30	3. 73	30	2. 98	30	4. 63	30	9. 09	40	7. 38	22	4. 08
4	31	5. 58	13	3. 36	26	1. 92	28	4. 36	41	1. 39	28	7. 28	27	2. 28
5	13	3. 21	28	3. 33	28	1. 74	17	2. 57	22	1. 39	22	5. 38	28	2. 24
6	28	2. 99	32	1. 47	32	1. 16	29	1. 92	17	1. 06	17	4. 94	31	1. 71

橡胶和塑料制品业、黑色金属冶炼及压延加工业、非金属矿物质制品业、造纸及纸制品业、纺织业、化学原料及化学品制造业、石油加工炼焦及核燃料加工业作为珠三角制造业的“高碳”行业，在节能减碳的形势下，珠三角大规模的基础设施、民生需求仍需要这些行业的供应保证。同时，这些行业仍带动广东省新一轮的经济增长，这些“高碳”产业的发展仍有其合理性。制造业低碳经济的发展，不意味着要淘汰“高碳”行业，而是通过提高资源利用效率，使用更高效更清洁的能源。

第三节 东莞制造业发展过程及结构变化

一、东莞市制造业在珠三角的地位

（一）工业增加值

2008年，东莞市制造业规上企业工业增加值为1242亿元，占珠三角比重为9%。2016年，工业增加值达2754亿元，与2008年相比，增加了120%，占珠三角比重为12%。

从分行业来看，东莞市制造业规上企业工业增加值占珠三角规上企业工业增加值的比重高于平均值的有：农副食品加工业，纺织业，纺织服装、服饰业，皮革、毛皮、羽毛及其制品和制鞋业，家具制造业，造纸和纸制品业，印刷和记录媒介复制业，文教、工美、体育和娱乐用品制造业，计算机、通信和其他电子设备制造业，仪器仪表制造业10个行业（具体见表2-18）。

表2-18 东莞市规上企业分行业工业增加值占珠三角工业增加值比重 （单位:%）

行业代码	2008	2009	2010	2011	2012	2013	2014	2015	2016
02	9	10	9	9	11	12	11	11	12
13	13	16	14	12	16	15	11	13	16
14	9	8	7	8	9	7	7	8	7
15	17	16	13	16	18	8	7	8	5
16	0	0	0	0	0	0	0	0	0
17	14	14	16	13	13	13	12	12	11

续表

行业代码	2008	2009	2010	2011	2012	2013	2014	2015	2016
18	16	14	11	13	19	21	21	21	20
19	18	21	24	24	28	27	28	26	24
20	6	9	5	5	6	5	4	4	6
21	16	19	20	19	20	19	17	17	17
22	24	27	29	26	35	34	38	36	38
23	14	17	17	20	20	21	20	20	20
24	22	26	25	15	17	19	18	21	20
25	1	1	0	0	0	1	2	1	1
26	3	4	4	4	4	4	4	4	5
27	2	2	2	2	2	2	3	3	2
28	14	2	2	3	6	4	6	7	8
29	12	16	15	8	17	18	18	18	19
30	6	7	7	6	5	6	6	6	7
31	4	2	2	1	2	3	4	6	6
32	2	6	3	1	2	4	6	5	3
33	7	6	6	10	8	9	11	11	14
34	6	7	9	16	11	13	13	11	13
35	11	11	11	3	8	10	11	13	14
36	1	2	2	12	3	3	3	3	3
37	10	8	7	8	9	9	9	9	9
38	10	10	10	11	12	14	12	12	14
39	13	17	16	18	21	21	22	20	19
40	0	11	6	26	30	27	23	17	16
41	0	0	0	0	0	0	0	0	0
42	0	0	0	0	0	0	1	1	1

（二）从业人员数

2008 年，东莞市制造业规上企业从业人员数 243.99 万人，占珠三角比重为 19%；2016 年，从业人员数达到 247.97 万人，与 2008 年相比，增长了 1.6%，占珠三角比重为 22%。总的来说，东莞市制造业呈现平稳发展态势。张利等研究表明人口总量增长对区域碳排放量的增长有着显著贡献。类似地，制造业从业人员的增加，同样体现了制造业规模扩张，促进了制造业劳动力转移，对制造业碳排放量的变化有一定的影响。

从分行业来看，东莞市制造业规上企业从业人员数量占珠三角规上企业从业人员数量的比重高于平均值的有：纺织业，皮革、毛皮、羽毛及其制品和制鞋业，家具制造业，造纸和纸制品业，文教、工美、体育和娱乐用品制造业，橡胶和塑料制品业，计算机、通信和其他电子设备制造业，仪器仪表制造业 8 个行业（具体见表 2-19）。

表 2-19　**东莞市规上企业分行业从业人员数占珠三角从业人员数比重**　（单位:%）

行业代码	2008	2009	2010	2011	2012	2013	2014	2015	2016
02	19	20	21	20	21	22	22	22	22
13	6	9	10	11	13	13	14	12	13
14	12	13	14	11	12	11	12	13	15
15	11	15	12	21	13	15	14	14	12
16	0	0	0	0	0	0	0	0	0
17	**20**	**24**	**30**	**28**	**21**	**22**	**21**	**19**	**18**
18	20	20	15	17	24	26	26	25	26
19	**30**	**21**	**41**	**38**	**40**	**43**	**40**	**39**	**35**
20	13	19	13	13	12	12	10	10	10
21	**28**	**30**	**32**	**30**	**29**	**29**	**29**	**28**	**28**
22	**24**	**26**	**28**	**30**	**32**	**33**	**33**	**32**	**33**
23	**19**	**21**	**21**	**23**	**21**	**24**	**24**	**27**	**27**
24	**31**	**36**	**35**	**27**	**32**	**34**	**34**	**34**	**33**
25	3	5	5	3	2	2	1	2	2
26	8	10	12	10	10	10	9	10	10

续表

行业代码	2008	2009	2010	2011	2012	2013	2014	2015	2016
27	4	3	3	3	3	3	3	3	3
28	31	8	8	7	15	17	19	30	28
29	**20**	**32**	**28**	**27**	**26**	**26**	**27**	**27**	**28**
30	9	9	9	3	8	9	9	10	10
31	6	4	5	5	7	9	9	11	15
32	6	10	10	1	8	12	7	7	8
33	14	14	13	19	15	16	18	18	20
34	12	15	18	31	18	21	22	20	21
35	18	21	19	19	16	16	18	22	23
36	4	5	5	14	6	7	7	7	7
37	18	16	15	14	14	16	15	16	16
38	**22**	**22**	**24**	**22**	**24**	**25**	**23**	**24**	**24**
39	**25**	**25**	**24**	**26**	**29**	**29**	**28**	**26**	**25**
40	13	18	13	39	35	30	31	25	25
41	0	0	0	2	0	1	1	1	1
42				1	0	1	1	1	1

（三）产业结构主导产业对比

主导产业对于区域经济发展的贡献，以及相关行业的带动作用不言而喻。主导产业决定了一个区域制造业的发展方向，因此一个地区的主导产业的选择通常可以体现出一个区域的经济发展态势。

由于区位商计算方法简单，有效地简化了区域内经济发展的进步部分与非经济部分的复杂过程，并且结果十分直观。因此本书采用区位商来判断东莞市相对于珠三角的主导行业。其计算公式为：

$$LQ_{ij} = \frac{L_{ij}/\sum_{j} L_{ij}}{\sum_{i} L_{ij}/\sum_{i}\sum_{j} L_{ij}} \tag{2-2}$$

其中，LQ_{ij} 表示为 i 地区 j 产业的区位商，L_{ij}表示为 i 地区 j 行业的某一经济指标值。

从基于从业人员数计算的区位商来看，区位商大于1的行业可以分为四种类型：第一种类型是2008—2016年，区位商均大于1的行业有：皮革、毛皮、羽毛及其制品和制鞋业，家具制造业，造纸和纸制品业，文教、工美、体育和娱乐用品制造业，橡胶和塑料制品业，计算机、通信和其他电子设备制造业，仪器仪表制造业7个行业；第二种类型是2008年区位商大于1，2016年区位商小于1的行业有：纺织业；第三种类型是区位商2008年和2016年大于1，而2009—2015年曾经小于1的有：纺织服装、服饰业和化学纤维制造业；第四种类型是区位商2008年小于1，而2016年大于1的有：印刷和记录媒介复制业、其他制造业。

从基于工业增加值计算的区位商来看，第一种类型是2008—2016年区位商均大于1的行业有：农副食品加工业，纺织服装、服饰业，皮革、毛皮、羽毛及其制品和制鞋业，家具制造业，造纸和纸制品业，印刷和记录媒介复制业，文教、工美、体育和娱乐用品制造业，计算机、通信和其他电子设备制造业，仪器仪表制造业9个行业；第二种类型是2008年区位商大于1，2016年区位商小于1的行业有：酒、饮料和精制茶制造业、纺织业、化学纤维制造业和电气机械和器材制造业；第三种类型是区位商2008年和2016年大于1，而2009—2015年区位商曾经小于1的有：橡胶和塑料制品业和专用设备制造业；第四种类型是区位商2008年小于1，而2016年大于1的有：金属制品业和通用设备制造业。

从基于全员劳动生产率计算的区位商来看，第一种类型是2008—2016年区位商均大于1的行业有：农副食品加工业，纺织服装、服饰业，皮革、毛皮、羽毛及其制品和制鞋业，家具制造业，造纸和纸制品业，印刷和记录媒介复制业，文教、工美、体育和娱乐用品制造业，非金属矿物制品业，通用设备制造业，仪器仪表制造业，其他制造业，金属制品、机械和设备修理业12个行业；第二种类型是2008年区位商大于1，2016年区位商小于1的行业有：食品制造业、纺织业、化学纤维制造业和电气机械和器材制造业；第三种类型是区位商2008年和2016年大于1，而2009—2015年曾经小于1的有：通用设备制造业。第四种类型是区位商2008年小于1，而2016年大于1的有：木材加工和木、竹、藤、棕、草制品业，医药制造业，计算机、通信和其他电子设备制造业。

结合这三种计算结果发现，东莞市的皮革、毛皮、羽毛及其制品和制鞋业，家具制造业，造纸和纸制品业，文教、工美、体育和娱乐用品制造业，计算机、通信和其他电子设备制造业，仪器仪表制造业6个行业始终处于领先地位（具体见表2-20及图2-35和图2-36）。

表2-20 **基于三总指标计算的区位商值得到的主导产业汇总表**

区位商计算方法	基于从业人员数	基于工业增加值	基于全员劳动生产率
第一种类型（稳定行业）	19、21、22、24、29、38、39	13、18、19、21、22、23、24、29、38、39	13、18、19、21、22、23、24、30、34、39、40、42
第二种类型（变弱行业）	17	15、17、28	14、17
第三种类型（u型变化）	18、28	29、35	34
第四种类型（后起之秀）	23、40	33、34	20、27、38

注：数字表示行业代码。

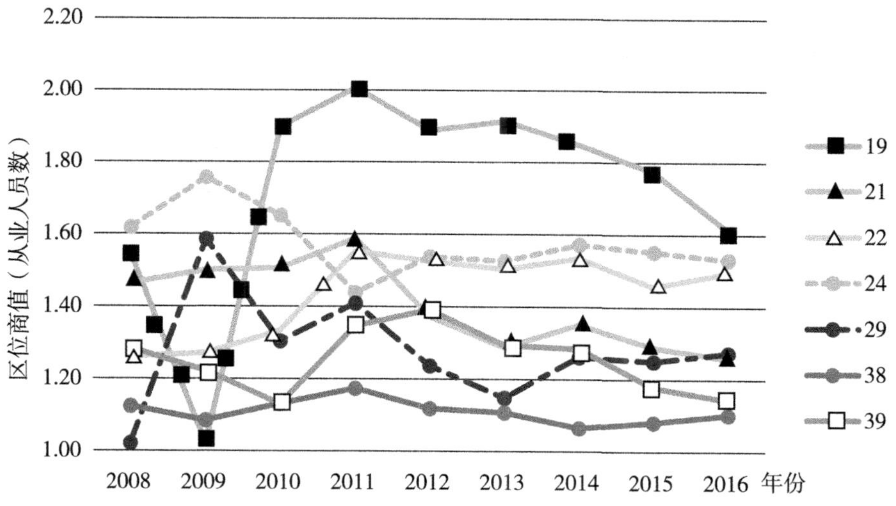

图2-35 2008—2016年东莞市制造业区位商大于1的行业（基于从业人员数）

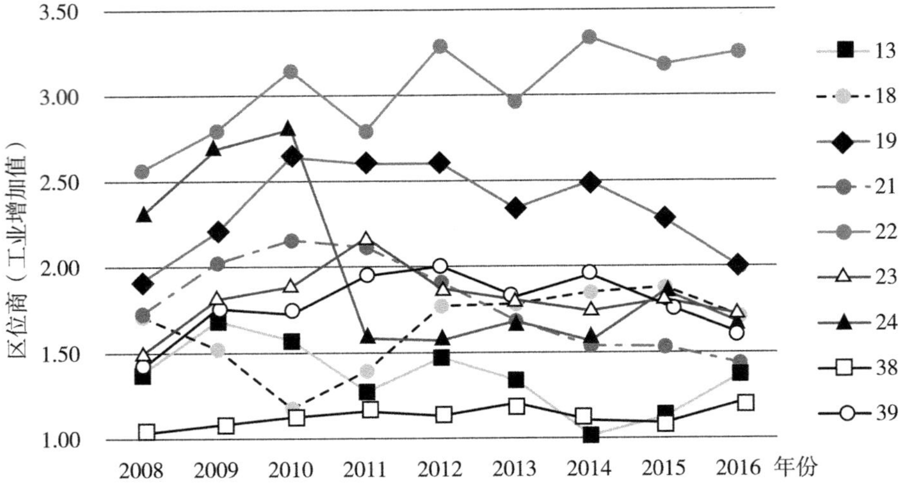

图 2-36　2008—2016 年东莞市制造业区位商大于 1 的行业（基于工业增加值）

二、东莞市制造业经济扩张过程

（一）工业增加值变化

东莞市工业增加值在 2005—2016 年一直保持着增长态势，从 2005 年的 1173 亿元增长到 2016 年的 3089 亿元，增长率达 163%。东莞市制造业规上企业工业增加值在 2005—2016 年也一直保持着增长态势，由 2005 年的 951 亿元增长到 2745 亿元，增长了 190%。东莞市制造业规上企业工业增加值占全市工业增加值的比例在 80%左右（见图 2-37）。

虽然东莞市制造业规上企业经济规模不断扩张，但是其增长速度波动很大，工业增加值在 2005—2016 年出现了三个拐点（见图 2-38）。第一个拐点出现在 2008 年，这因为 2008 年爆发全球性经济危机，以纺织业，皮革、毛皮、羽毛及其制品和制鞋业，家具制造业等出口行业为主导的行业受到重创，到 2009 年经济慢慢复苏。为削弱经济危机的影响，进一步维持中国经济高速发展的势头，2010 年中国投入“四万亿”来刺激经济的发展。这一措施的实施，对东莞市的经济产生巨大的影响，直接拉升了该年制造业工业增加值的增长率，其高达 20%。然而这一措施的实施并未能有效解决以外向型经济为主体的东莞经济问题，全球金融风暴仍在继续，经济增长反弹趋势未能延续。同

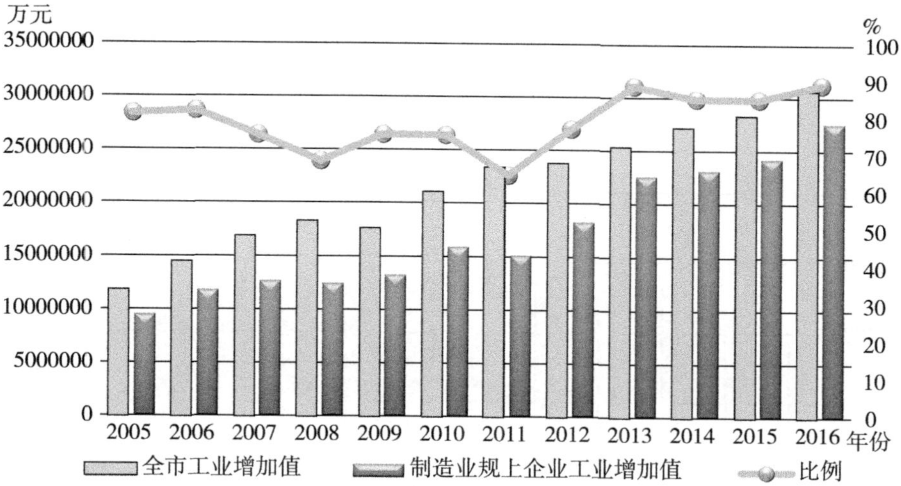

图 2-37　东莞市 2005—2016 年工业增加值和制造业规上企业工业增加值及其占比

时我国对规上企业的划分标准进行了多次调整，特别是 2011 年将起点标准从年主营业收入 500 万元提高到 2000 万元，致使东莞市制造业规上企业的数量减少，从而工业增加值也明显减少，导致 2011 年再次出现拐点。然而，2014 年，随着市委市政府实施“两高一低”等节能减排环保风暴政策措施的陆续实施，东莞市经济处于国际金融危机冲击期、转型升级阵痛期等交叉叠加阶段。一边是以加工制造业为主的企业倒闭，如电子、造纸等行业，而一边是高科技、大品牌公司在崛起，如医药制造业等高技术行业。东莞经济呈现新常态，正逐步从高速增长切换为追求更有质量、效益和后劲的中高速新挡位，因此在 2014 年出现了第三个拐点，然后增速缓慢上升。

从制造业规上企业分行业工业增加值来看，2005 年，工业增加值在1 亿—10 亿元的行业有化学纤维制造业、橡胶和塑料制品业、黑色金属冶炼及压延、有色金属冶炼及压延、专用设备制造业、交通运输设备制造业、工艺品及其他制造业 7 个行业；工业增加值在 11 亿—99 亿元的行业有农副食品加工业等 17 个行业，工业增加值在 100 亿元以上的行业有纺织业和电气机械及器材制造业 2 个行业。然而，到了 2016 年，工业增加值超过 100 亿元以上的有计算机、通信和其他电子设备制造业，电气机械和器材制造业，橡胶和塑料制品业，金属制品业，造纸和纸制品业，纺织服装、服饰业，皮革、毛皮、羽毛及其制品和制鞋业，文教、工美、体育和娱乐用品制造业，通用设备制造业 9 个行业。

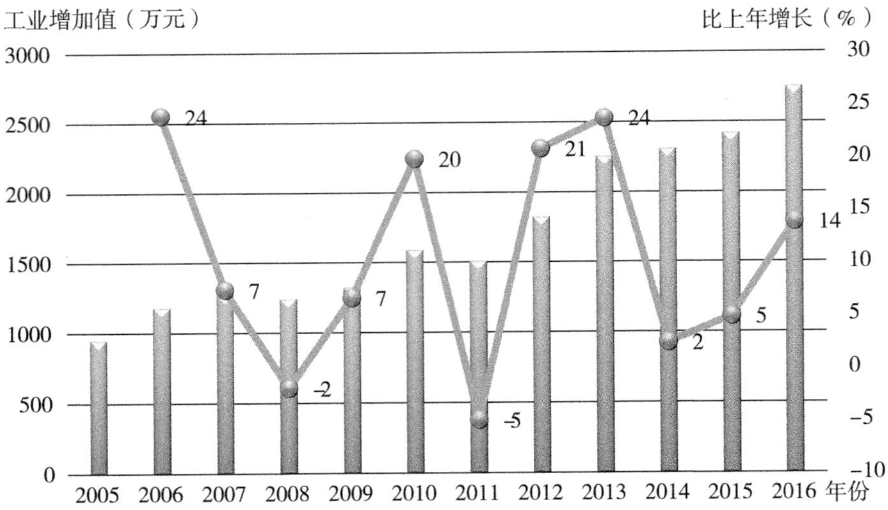

图 2-38　2005 年—2016 年期间东莞市规上企业制造业工业增加值及其增值率变化

工业增加值在 10 亿—99 亿元的有专用设备制造业等 18 个行业，在 10 亿元以下的有 2 个行业（具体见表 2-21）。

表 2-21　**东莞市 2005 年和 2016 年规上企业工业增加值排序**　（单位：万元）

排序	行业名称	2005 年	行业名称	2016 年
1	17. 纺织业	3157478	38. 通信设备、计算机及其他	9887848
2	37. 电气机械及器材制造业	1164562	37. 电气机械及器材制造业	2424343
3	19. 皮革、毛皮、羽毛（绒）等	517337	29. 橡胶和塑料制品业	1798561
4	38. 通信设备、计算机及其他	487048	33. 金属制品业	1510960
5	20. 木材加工和木、竹、藤、棕、草制品业	450417	22. 造纸及纸制品业	1358548
6	22. 造纸及纸制品业	447377	18. 纺织服装、服饰业	1227205
7	33. 金属制品业	375171	19. 皮革、毛皮、羽毛（绒）等	1113079
8	18. 纺织服装、服饰业	315803	24. 文教体育用品制造业	1086306

续表

排序	行业名称	2005 年	行业名称	2016 年
9	21. 家具制造业	282269	34. 通用设备制造业	1055046
10	26. 化学原料及化学制品制造	277128	35. 专用设备制造业	972592
11	25. 石油加工炼焦及核燃料	272906	21. 家具制造业	702653
12	15. 饮料制造业	245875	26. 化学原料及化学制品制造	602866
13	24. 文教体育用品制造业	232856	30. 非金属矿物制品业	526032
14	27. 医药制造业	211615	39. 仪器仪表及文化、办公用	511988
15	13. 农副食品加工业	199112	23. 印刷业和记录媒介的复制	511372
16	14. 食品制造业	154571	36. 交通运输设备制造业	468539
17	30. 非金属矿物制品业	153403	17. 纺织业	425009
18	23. 印刷业和记录媒介的复制	116345	14. 食品制造业	356848
19	34. 通用设备制造业	102872	13. 农副食品加工业	332801
20	35. 专用设备制造业	81420	15. 饮料制造业	154114
21	31. 黑色金属冶炼及压延	75619	32. 有色金属冶炼及压延	115769
22	36. 交通运输设备制造业	60497	31. 黑色金属冶炼及压延	108577
23	28. 化学纤维制造业	53779	40. 工艺品及其他制造业	100154
24	32. 有色金属冶炼及压延	35453	27. 医药制造业	78729
25	40. 工艺品及其他制造业	21429	20. 木材加工和木、竹、藤、棕、草制品业	61984
26	29. 橡胶和塑料制品业	16121	25. 石油加工炼焦及核燃料	24157
27	39. 仪器仪表及文化、办公用	670	28. 化学纤维制造业	20261
28	16. 烟草制品业	0	42. 金属制品、机械和设备修理业	5481
29	41. 废弃资源和废旧材料回收	0	41. 废弃资源和废旧材料回收	1459
30	42. 金属制品、机械和设备修理业	0	16. 烟草制品业	0

从 2016 年与 2005 年相比的工业增加值的增速看，依据增速不同可将行业分为如下 7 种类型。第一种类型是出现负增长的行业：酒、饮料和精制茶制造

业，皮革、毛皮、羽毛及其制品和制鞋业 2 个行业；第二种类型是增长率在 10%以内的行业，仅有计算机、通信和其他电子设备制造业；第三种类型是增长率在 10%—99%的行业：农副食品加工业、橡胶和塑料制品业、黑色金属冶炼及压延、专用设备制造业 5 个行业；第四种类型是增速翻一番的行业：食品制造业、家具制造业、医药制造业、化学纤维制造业、交通运输设备制造业以及电气机械和器材制造业 6 个行业；第五种类型是增速翻两番的行业：纺织业，纺织服装、鞋、帽制造业，木材加工及木、竹、藤、棕、草制品业，造纸及纸制品业，化学原料及化学制品制造，非金属矿物制品业和其他制造业 7 个行业；第六种类型是增速翻三番的行业：印刷和记录媒介复制业，文教、工美、体育和娱乐用品制造业，石油加工、炼焦和核燃料加工业和金属制品业 5 个行业；第七种类型是增速翻五番以上的行业：交通运输设备制造业和通用设备制造业。

虽然酒、饮料和精制茶制造业等行业出现负增长，对东莞市的碳排放有部分贡献，但难以抵消能源密集型行业（造纸及纸制品业，橡胶和塑料制品业，计算机、通信和其他电子设备制造业，仪器仪表制造业，其他制造业等行业）的经济规模的快速增长而产生的排放量，甚至在经济增长的推动下会导致区域碳排放量的大幅增长。

（二）从业人员数变化

2005—2016 年，东莞市制造业规上企业从业人员数量从 198 万人增长到 247 万人，增加 27%，其中，2010 年从业人员数量最高达到 278 万人。从业人员数增长率变化曲线看，2005—2016 年出现了 4 个拐点（具体见图 2-39）。制造业规上企业从业人员数在 2007 年、2009 年、2011 年、2014 年、2015 年、2016 年均出现现负增长现象，除了 2007 年和 2011 年人员减少量较大以外，其他年份的减少幅度较小。2011 年从业人员数的减少与规上企业划分标准有密切的关系，而 2014 年到 2016 年的从业人员数减少与用工难和政府大力推动实施“机器换人”计划有密切的关系。造成用工紧缺的原因有三个方面：一是近年来，随着人口老龄化和外来劳动力供给的短缺，广东劳动力供给也开始下降，甚至有些地区和行业出现了严重的用工荒；二是随着农村基础设施的逐渐改善，农业经营收入持续增长，农民工外出意愿也开始下降；三是第三产业发展迅速，大量工人转向第三产业，进一步加剧了制造业工人的紧缺状况。2014 年至 2016 年，东莞市实施“机器换人”三年行动计划，市财政每年安排不少于 2 亿元，资助企业利用先进自动化设备进行新一轮技术改造，并重点引导企业优先使用莞产先进装备，对企业应用莞产装备进行“机器换人”。在不断攀升的人力成本和下游产业对公司产业质量稳定性的要求不断提高的背景下，许多企业不得不选择“机器换人”。截至 2017 年 6 月，东莞企业申报“机器换人”专项资金项目共 2698 个，财政总投资约 386 亿元，新增设备仪器 76315 台（套），“机器换人”的成效显而易见。2016 年东莞工业技改完成投资额 332.99 亿元，同比增长 44%，项目完成后劳动生产率平均提高 2.5 倍，产品合格率平均从 86.1%提升到 90.7%，相对可减少用工近 20 万人。

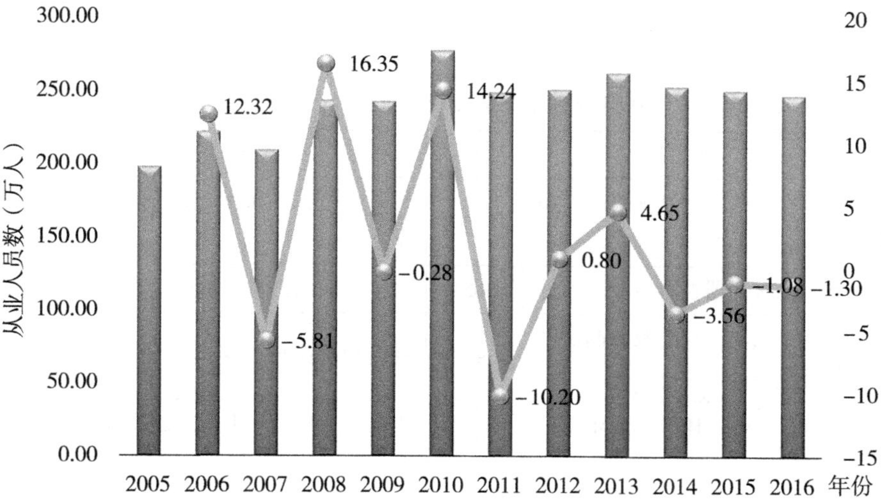

图 2-39　2005—2016 年期间东莞市制造业规上企业从业人员及其增值率变化

从各行业从业人员数看，2005 年从业人员数超过 10 万人以上的行业有：计算机、通信和其他电子设备制造业，电气机械和器材制造业，皮革、毛皮、羽毛及其制品和制鞋业，文教、工美、体育和娱乐用品制造业，橡胶和塑料制品业，纺织服装、服饰业和纺织业 7 个行业；2016 年从业人员数超过 10 万人以上的行业除了纺织业下降到 10 万人以下，其他行业不变，而金属制品业由 7.8 万人增加到 13.1 万人，跃升到第 7 位。从业人员数量排名前 7 的行业的总人数占制造业总人数的 74%。

从 2005—2016 年各行业从业人员数变化来看，从业人员数量在 2005—2016 年增长率达翻一番以上的行业有：农副食品加工业，石油加工、炼焦和核燃料加工业，黑色金属冶炼和压延加工业，通用设备制造业，交通运输设备制造业，增加的人数和增加率分别是：6443 人（273%）、144 人（145%）、

5236 人（297%）、66326 人（229%）、26764 人（301%）；部分行业的从业人员数在 2005—2016 年间不断萎缩，其中纺织业，皮革、毛皮、羽毛及其制品和制鞋业，木材加工和木、竹、藤、棕、草制品业，文教、工美、体育和娱乐用品制造业，化学纤维制造业，电气机械和器材制造业，仪器仪表制造业，其他制造业减少人员分别为 68176 人、2859 人、4226 人、1257 人、1092 人、8349 人、13174 人、14733 人，减少率分别是 63%、2%、47%、1%、28%、3%、20%、54%。其他行业增幅均在 1 倍以内，累计增加 505770 人，其中计算机、通信和其他电子设备制造业从业人员数增加量了 283461 人（具体见表 2-22）。

表 2-22　**2005 年和 2016 年东莞市制造业规上企业分行业从业人员数量**

排序	行业名称	2005	行业名称	2016
1	计算机、通信和其他电子设备制造业	480300	计算机、通信和其他电子设备制造业	763761
2	电气机械和器材制造业	266210	电气机械和器材制造业	257861
3	皮革、毛皮、羽毛及其制品和制鞋业	179732	橡胶和塑料制品业	187447
4	文教、工美、体育和娱乐用品制造业	168498	皮革、毛皮、羽毛及其制品和制鞋业	176873
5	橡胶和塑料制品业	147082	文教、工美、体育和娱乐用品制造业	167241
6	纺织服装、服饰业	124329	纺织服装、服饰业	152110
7	纺织业	108118	金属制品业	131260
8	金属制品业	77697	通用设备制造业	95283
9	家具制造业	77156	专用设备制造业	87031
10	仪器仪表制造业	65487	家具制造业	83621
11	造纸和纸制品业	55720	造纸和纸制品业	59407
12	专用设备制造业	52147	仪器仪表制造业	52313
13	印刷和记录媒介复制业	30155	印刷和记录媒介复制业	49995
14	通用设备制造业	28957	纺织业	39942
15	其他制造业	27403	非金属矿物制品业	36064

续表

排序	行业名称	2005	行业名称	2016
16	非金属矿物制品业	26721	交通运输设备制造业	35667
17	化学原料和化学制品制造业	16227	化学原料和化学制品制造业	27057
18	食品制造业	10540	食品制造业	19474
19	木材加工和木、竹、藤、棕、草制品业	8987	其他制造业	12670
20	交通运输设备制造业	8903	有色金属冶炼和压延加工业	9384
21	有色金属冶炼和压延加工业	7390	农副食品加工业	8804
22	酒、饮料和精制茶制造业	4256	酒、饮料和精制茶制造业	7365
23	化学纤维制造业	3944	黑色金属冶炼和压延加工业	7117
24	农副食品加工业	2361	木材加工和木、竹、藤、棕、草制品业	4761
25	医药制造业	1885	医药制造业	3399
26	黑色金属冶炼和压延加工业	1791	化学纤维制造业	2852
27	石油加工、炼焦和核燃料加工业	99	金属制品、机械和设备修理业	251
28	烟草制品业		石油加工、炼焦和核燃料加工业	243
29	废弃资源综合利用业		废弃资源综合利用业	123
30	金属制品、机械和设备修理业		烟草制品业	0

（三）企业单位数变化

2005—2016年，东莞市工业企业单位数从20186个增加到121726个，增长率达457%。制造业规上企业单位数从2005年的4447个增长到2016年的5807个，虽然制造业规上企业单位数占规上工业比例由2005年的20%下降到5%，但是从前面的分析可知，其工业增加值占全市工业增加值的80%左右。同时由于我国对于规上企业的划分标准进行了多次调整，特别是2011年将起点标准从年主营业务收入500万元提高到2000万元，从而导致东莞市2011年工业规上企业单位数和制造业规上企业单位数都出现明显减少。制造业规上企业中亏损企业的的数量和占比不断减少，从 2005 年的 1344 个（30%）下降到 2016 年的 793 个（14%）（具体见表 2-23）。

表 2-23　　**东莞市 2005—2016 年工业企业单位数统计表**

年份	全市工业企业单位数（个）	工业规上企业单位数（个）	制造业规上企业单位数（个）	制造业规上亏损企业单位数（个）	制造业规上企业单位数占全市比例（%）	制造业规上企业单位数占规上工业比例（%）	制造业规上亏损企业单位数占制造业规上企业比例（%）
2005	21868	4505	4447	1344	20	99	30
2006	22447	4580	4524	1205	20	99	27
2007	22587	4987	4884	1192	22	98	24
2008	26372	4987	4932	1845	19	99	37
2009	31160	5801	5757	1388	18	99	24
2010	38273	5899	5843	952	15	99	16
2011	46413	4232	4192	663	9	99	16
2012	57808	4526	4473	674	8	99	15
2013	67332	5362	5309	709	8	99	13
2014	80567	5377	5324	677	7	99	13
2015	97944	5688	5630	840	6	99	15
2016	121762	5869	5807	793	5	99	14

数据来源：历年东莞市统计年鉴整理。

从图 2-40 可知，东莞市制造业规上企业的工业增加值和企业单位数的走向趋势相同，而从业人员数在 2014—2016 年走向趋势却相反，再次证明“机器换人”的成效初见。

从分行业看，2005 年规上企业数量达到百家的有：纺织业（270 个），纺织服装、服饰业（244 个），皮革、毛皮、羽毛及其制品和制鞋业（254 个），家具制造业（157 个），造纸和纸制品业（267 个），文教、工美、体育和娱乐用品制造业（203 个），化学原料和化学制品制造业（150 个），橡胶和塑料制品业（546 个），金属制品业（323 个），通用设备制造业（118 个），专用设备制造业（194 个），电气机械和器材制造业（507 个），计算机、通信和其他

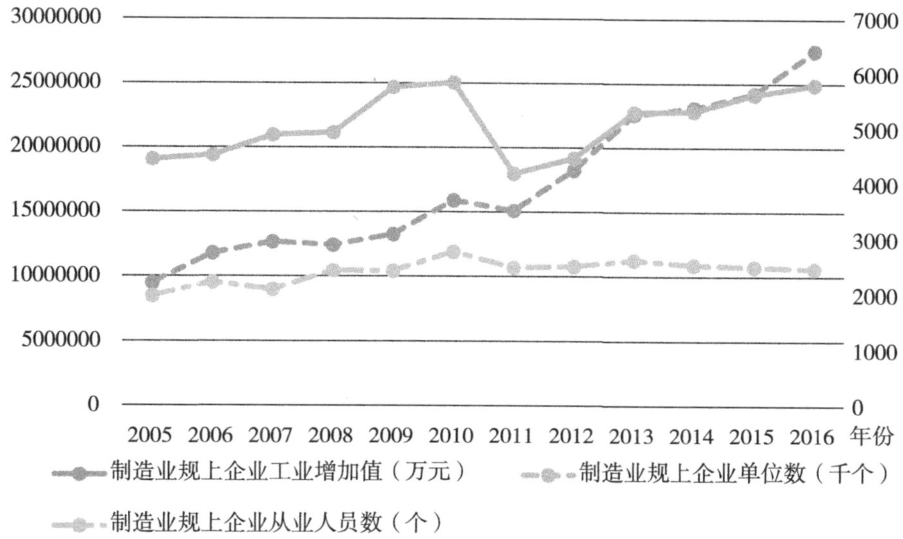

图 2-40　东莞市制造业规上企业工业增加值、单位数和从业人员数

电子设备制造业（623 个）13 个行业。到 2016 年，规上企业数量超百家的行业从 13 个行业增加到 15 个行业，新增印刷和记录媒介复制业，文教、工美、体育和娱乐用品制造业这两个行业。

从分行业企业单位数增加来看，以 2011 年作为分界点，2005—2010 年企业单位数共增加 1310 个，其中增加量排行前五的行业：计算机、通信和其他电子设备制造业（237 个）、橡胶和塑料制品业（209 个）、电气机械和器材制造业（95 个）、家具制造业（90 个）、通用设备制造业（80 个）；2011—2016 年企业单位数共增加 1615 个，其中增加量排行前五的行业：计算机、通信和其他电子设备制造业（302 个），电气机械和器材制造业（203 个），橡胶和塑料制品业（172 个），专用设备制造业和金属制品业（均 140 个），纺织服装、服饰业（133 个）。

虽然计算机、通信和其他电子设备制造业等行业企业数量多，但是对比单位企业工业增加值时并不占优势。2005 年单位企业工业增加值最高的 5 个行业分别是：石油加工，炼焦和核燃料加工业，酒、饮料和精制茶制造业，医药制造业，纺织业，农副食品加工业，分别是：136453 万元、30734 万元、23513 万元、11694 万元、10480 万元，并且这 5 个行业与其他行业有明显差距。但 2016 年农副食品加工业被木材加工和木、竹、藤、棕、草制品业替代，退居第 7 位。

从分行业企业单位数减少来看，2005—2010 年，企业单位数减少的行业仅有化学纤维制造业，2011—2016 年企业单位数减少的行业有：纺织业（71 个），造纸和纸制品业（17 个），石油加工、炼焦和核燃料加工业（2 个），黑色金属冶炼和压延加工业（9 个）。

从亏损企业单位数来看，2005—2016 年，东莞市规上企业亏损单位数较多的行业主要分布在皮革、毛皮、羽毛及其制品和制鞋业，橡胶和塑料制品业，金属制品业，电气机械和器材制造业，计算机、通信和其他电子设备制造业，纺织服装、服饰业等行业上。从亏损的金额来看，2016 年制造业规上企业共亏损 578363 万元，其中亏损金额排名前 5 的行业分别是：仪器仪表制造业，酒、饮料和精制茶制造业，皮革、毛皮、羽毛及其制品和制鞋业，橡胶和塑料制品业，农副食品加工业，其亏损金额分别是：189855 万元、48284 万元、45776 万元、4320 4 万元、35658 万元。

从企业单位数增减和亏损的情况可以反映出，无论是市场环境，还是国家节能减排、淘汰落后产能等政策要求，东莞市都在加速产业结构调整，引导“两高一低”的退出。

表 2-24　**2005 年和 2016 年东莞市制造业规上企业单位数、亏损单位数及占比（按单位数排序）**

2005 年				2016 年			
行业名称	单位数（个）	亏损单位数（个）	占比（%）	行业名称	单位数（个）	亏损单位数（个）	占比（%）
计算机、通信和其他电子设备制造业	623	198	32	计算机、通信和其他电子设备制造业	1064	175	16
橡胶和塑料制品业	546	173	32	电气机械和器材制造业	642	77	12
电气机械和器材制造业	507	167	33	橡胶和塑料制品业	631	80	13
金属制品业	323	92	28	金属制品业	383	41	11
纺织业	270	76	28	纺织服装、服饰业	380	55	14

续表

2005 年				2016 年			
造纸和纸制品业	267	66	25	皮革、毛皮、羽毛及其制品和制鞋业	323	54	17
皮革、毛皮、羽毛及其制品和制鞋业	254	88	35	家具制造业	298	29	10
纺织服装、服饰业	244	76	31	专用设备制造业	278	29	10
文教、工美、体育和娱乐用品制造业	203	77	38	文教、工美、体育和娱乐用品制造业	271	44	16
专用设备制造业	194	52	27	通用设备制造业	260	32	12
家具制造业	157	62	39	化学原料和化学制品制造业	205	24	12
化学原料和化学制品制造业	150	36	24	造纸和纸制品业	202	19	9
通用设备制造业	118	22	19	非金属矿物制品业	125	16	13
仪器仪表制造业	97	35	36	印刷和记录媒介复制业	120	15	13
印刷和记录媒介复制业	92	15	16	纺织业	112	16	14
非金属矿物制品业	91	24	26	仪器仪表制造业	98	18	18
其他制造业	80	23	29	交通运输设备制造业	90	11	12
食品制造业	43	9	21	有色金属冶炼和压延加工业	69	14	20
木材加工和木、竹、藤、棕、草制品业	43	14	33	农副食品加工业	53	10	19
交通运输设备制造业	38	9	24	其他制造业	52	8	15
有色金属冶炼和压延加工业	34	6	18	食品制造业	44	7	16
农副食品加工业	19	4	21	木材加工和木、竹、藤、棕、草制品业	31	8	26

续表

2005 年				2016 年			
化学纤维制造业	19	8	42	黑色金属冶炼和压延加工业	27	5	19
黑色金属冶炼和压延加工业	16	7	44	酒、饮料和精制茶制造业	14	3	21
医药制造业	9	3	33	化学纤维制造业	14	0	0
酒、饮料和精制茶制造业	8	1	13	医药制造业	12	2	17
石油加工、炼焦和核燃料加工业	2	1	50	石油加工、炼焦和核燃料加工业	4	0	0
烟草制品业	0	0	0	金属制品、机械和设备修理业	3	0	0
废弃资源综合利用业	0	0	0	废弃资源综合利用业	2	1	50
金属制品、机械和设备修理业	0	0	0	烟草制品业	0	0	0

三、能源消费变化过程

（一）能源消费量变化

东莞市 2005—2016 年制造业规上企业的能源消费情况见图 2-41。东莞市制造业能源消费量在 2009 年、2012 年、2014 年均出现了拐点。但是总体呈增长趋势，能源消费量由 2005 年的 527 万 tce 增长到 2016 年的 890 万 tce，2014 年最高到 917 万 tce。结合前文的图 2-38 可以发现，东莞市制造业能源消费与工业增加值变化率基本相似，这也反映东莞市制造业在 2014 年之前对能源消费有较强的依赖性。当能源增加时，可极大地促进制造业经济规模扩张；反之，当能源消费量开始减少时，制造业经济规模扩张速度明显下降。但是在

2015 年后，经济增长与能源消费呈现相反趋势。经济规模在扩张，但是能源消费量在减少或者增速比经济规模扩张速度慢。

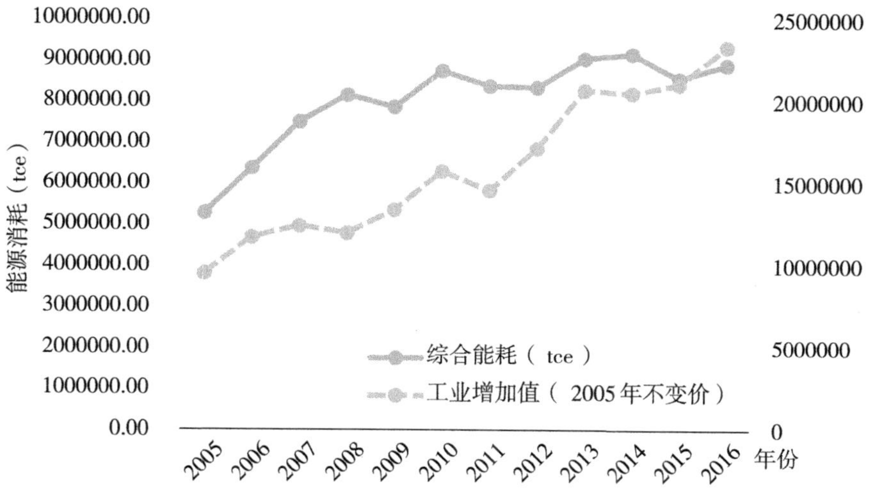

图 2-41　东莞市 2005—2016 年制造业规上企业工业增加值和能源消耗

各行业之间能源消费差异巨大，2008—2016 年，能源消费量超过百万 tce 的行业仅有造纸和纸制品业，且使用量不断增加，从 2005 年的 145 万 tce 增加到 2016 年的 473 万 tce，最高峰是在 2014 年，达 507 万 tce，占制造业的比重由 2005 年 28%上升到 2016 年的 53%。2005 年，能源消费在十万 tce 和百万 tce 之前的行业有：纺织业，计算机、通信和其他电子设备制造业，橡胶和塑料制品业，非金属矿物制品业，电气机械和器材制造业，金属制品业，纺织服装、服饰业，文教、工美、体育和娱乐用品制造业，化学原料和化学制品制造业，家具制造业，专用设备制造业 11 个行业；2016 年，能源消费在十万 tce 到百万 tce 的行业有：纺织业，计算机、通信和其他电子设备制造业，橡胶和塑料制品业，非金属矿物制品业，电气机械和器材制造业，金属制品业，文教、工美、体育和娱乐用品制造业，化学原料和化学制品制造业，皮革、毛皮、羽毛及其制品和制鞋业，农副食品加工业 10 个行业，其中专用设备制造业、纺织服装、服饰业和家具制造业已经下降到十万 tce 以下，化学原料和化学制品制造业、皮革、毛皮、羽毛及其制品和制鞋业、农副食品加工业 3 个行业上升到十万 tce 以上。

以能源消耗在十万 tce 以上的行业计共 14 个行业，这 14 个行业的能源消费占总量的92%—95%。可见剩下的17个行业的能源消费量较小，因此要重点分析这14个行业在2005—2016年的能源消费量变化。

总的来说，东莞市的能源消耗在2005—2013年快速上升，2014—2016年呈现下降趋势；纺织业、造纸和纸制品业的能源消耗在2005—2016年呈现下降趋势，且降速较大；计算机、通信和其他电子设备制造业和农副食品加工业2个行业的能源消费量变化趋势一致，总体趋势是缓缓上升；文教、工美、体育和娱乐用品制造业和纺织服装、服饰业均是在2011年出现最低值后快速上升，到2014—2016年减少；橡胶和塑料制品业和专用设备制造业在“十一五”期间的能源消耗呈现倒U形曲线，在2011—2016年能源消耗呈现增长态势。家具制造业、金属制品业、电气机械和器材制造业在2005—2009年呈现减少态势，2010年快速反弹后在2011年减少，又在2012—2016年呈现增长态势，但增速不同，其中金属制品业增速较快；非金属矿物制品业，化学原料和化学制品制造业，皮革、毛皮、羽毛及其制品在“十一五”期间呈现增长态势，在“十二五”期间呈现递减态势，但是变化率不同，非金属矿物制品业的能源消耗变化率较大。

总的来说，在“十二五”期间和2016年能源消耗呈现增长态势的行业有：橡胶和塑料制品业，专用设备制造业，计算机、通信和其他电子设备制造业，农副食品加工业，家具制造业，金属制品业，电气机械和器材制造业7个行业。在“十二五”期间和2016年能源消耗呈现递减态势的行业有：纺织业，非金属矿物制品业，化学原料和化学制品制造业，皮革、毛皮、羽毛及其制品4个行业。在“十二五”期间和2016年能源消耗呈现倒U形曲线的行业有：造纸和纸制品业，文教、工美、体育和娱乐用品制造业，纺织服装、服饰业3个行业（具体见图2-42）。

东莞市制造业中能源消费量相对集中的行业中，为什么能源消费量会呈现这样一种变化趋势，部分行业为什么会增加，为什么变化率不一样？还需要后续从能源强度和能源结构等方面进行深入分析来寻找答案。

（二）能源强度变化

能源强度是能源利用与经济或物力产出之比，体现了能源利用的经济效益。为了研究的统一性，本书使用规上企业的能源消费和工业增加值的比来反映制造业能源强度的变化，并对工业增加值进行了处理，2005—2010年按2005年可比价计算，2011—2015年按2010年可比价计算，2016年按2015年可比价计算。

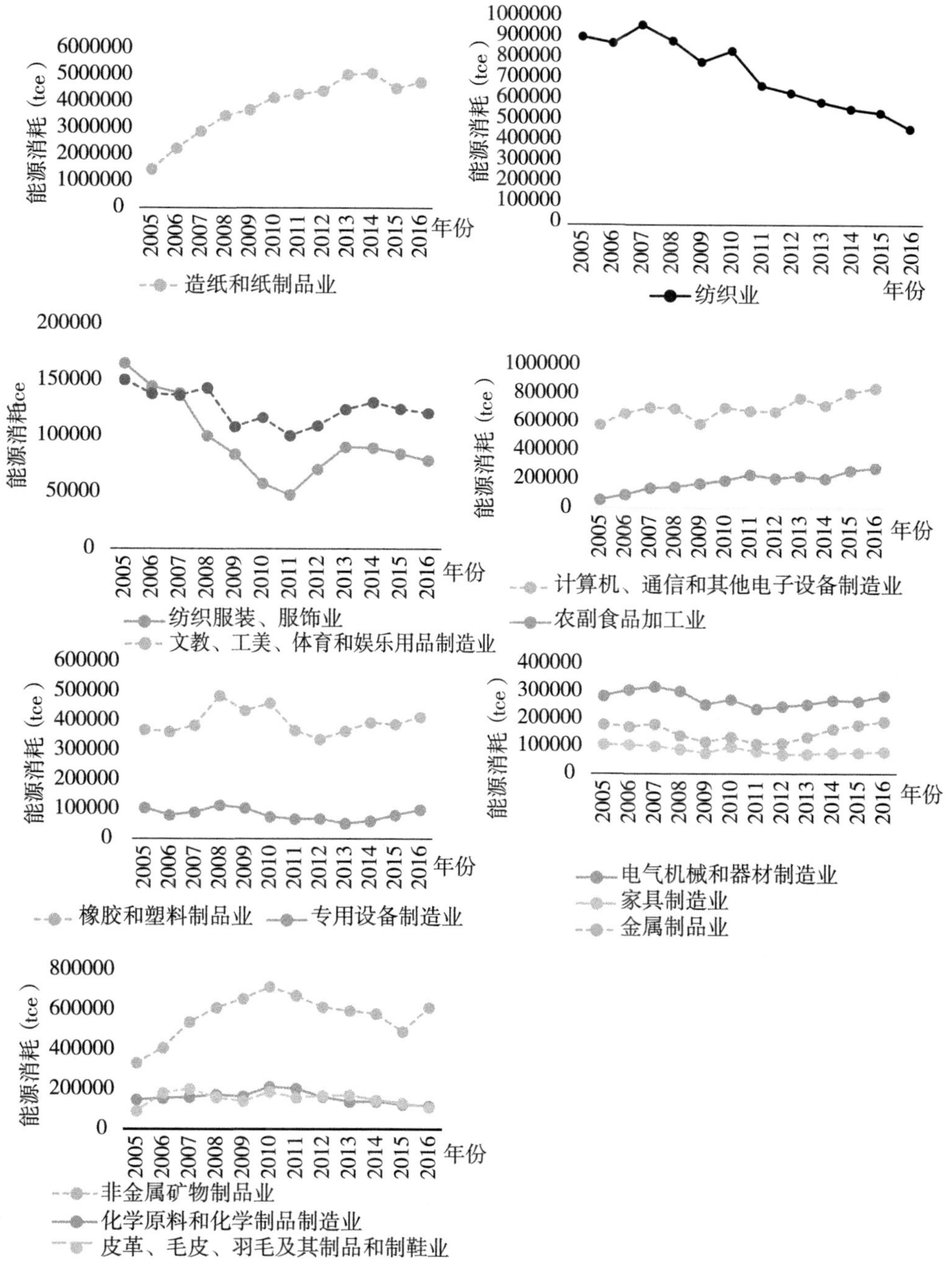

图 2-42　东莞市 2005—2016 年期间制造业 14 个行业能源消费变化

东莞市制造业能源强度在 2008 年出现最高值，达 0. 86tce/万元，随后波动下降，到 2016 年为 0. 33 tce/万元，累计下降率达到 61. 6%。由图 2-43 可知，东莞市制造业能源强度和工业能源强度变化一致，可见制造业能源强度下降对工业能源强度有很强的推动作用。同样地，东莞市单位 GDP 能耗曲线与制造业能源强度曲线在变化趋势相近，也说明制造业能源强度对东莞市单位 GDP 能耗有很强的推动作用。东莞市 2005 年单位 GDP 能耗为 0. 825tce/万元，2016 年单位 GDP 能耗为 0. 41tce/万元，累计下降达到 50. 4%。

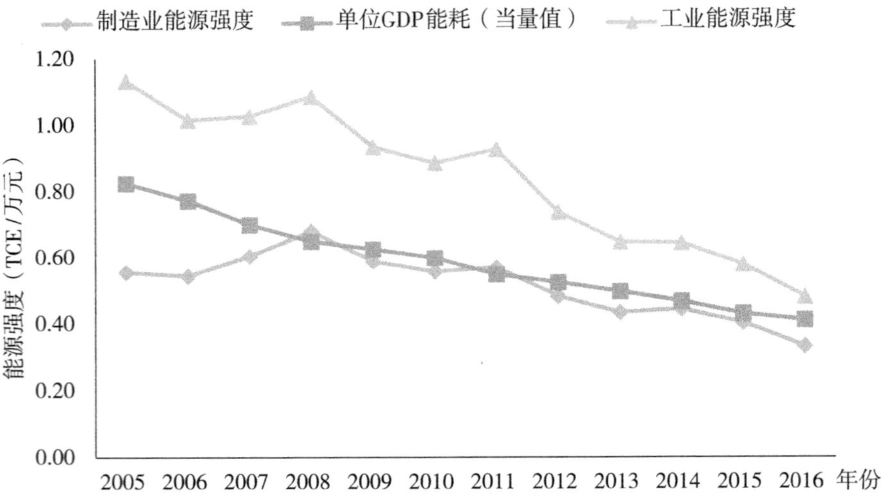

图 2-43　2005—2016 年东莞市单位 GDP 能耗与制造业、工业能源强度变化

从分行业看，2005—2016 年，东莞市制造业大部分行业的能源强度均有不同程度的下降，除了农副食品加工业和酒、饮料和精制茶制造业 2 个行业的能源强度升高外。2005—2016 年，能源强度超过整体制造业水平的有农副食品加工业，纺织业，造纸和纸制品业，化学纤维制造业，非金属矿物制品 5 个行业；还有部分行业的能源强度在个别年份超过整体制造业水平，如橡胶和塑胶制品业在 2005—2008 年的能源强度超过了整体制造业水平；木材加工和木、竹、藤、棕、草制品业在 2010—2015 年的能源强度超过整体制造业水平；黑色金属冶炼和压延加工业在 2012 年的能源强度超过了整体制造业水平；有色金属冶炼和压延加工业在 2008 年和 2016 年均超过了整体制造业水平。

前文中指出了东莞市制造业中 14 个能源消费集中的行业，本书对这 14 个行业的能源强度变化进行了分析（见图 2-44 和图 2-45）。在这些行业中，能源

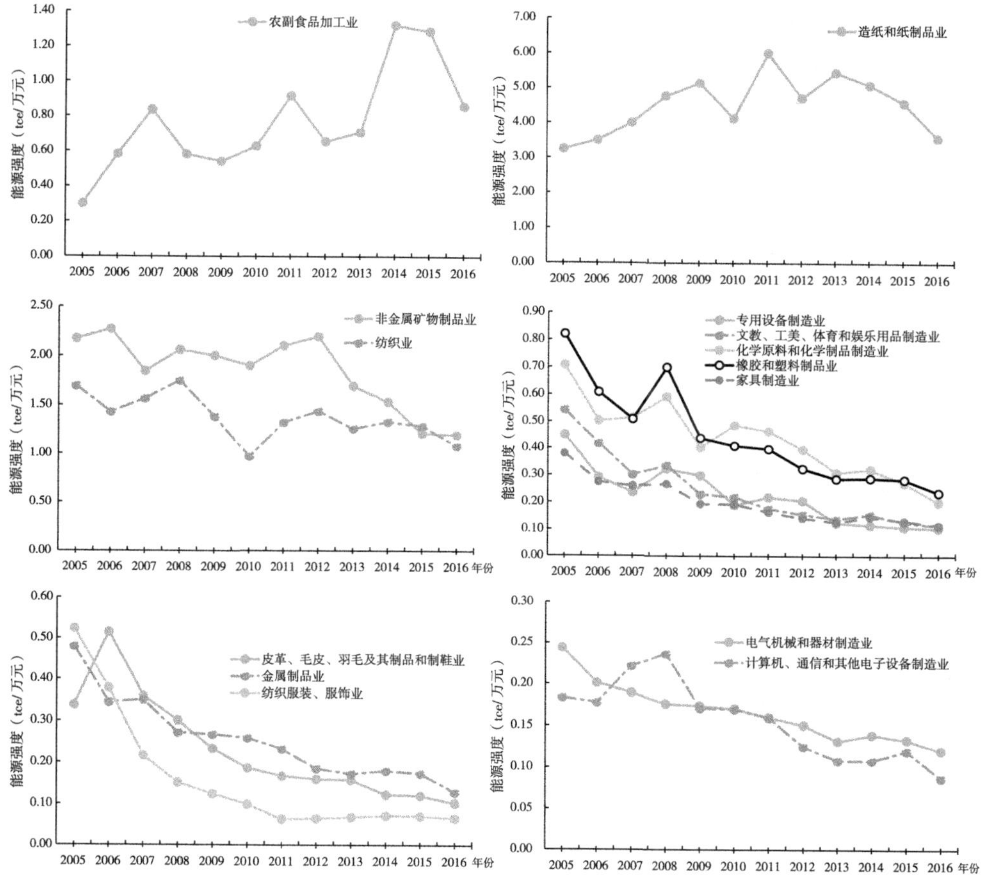

图 2-44 东莞市 2005—2016 年 14 个行业能源强度变化曲线图

强度处于波动上升的行业只有农副食品加工业，2005 年能源强度为 0. 30tce/万元，到 2014 年能源强度上升到 1. 32tce/万元，2016 年回落到 0. 86tce/万元。能源强度在“十一五”期间处于上升趋势，2011—2016 年处于下降趋势的为造纸和纸制品业，从 2005 年的 3. 25 tce/万元上升到 2011 年的 6. 02 tce/万元，再下降到 2016 年的 3. 58 tce/万元；专用设备制造业，橡胶和塑料制品业，文教、工美、体育和娱乐用品制造业，家具制造业，化学原料和化学制品制造业，金属制品业，皮革、毛皮、羽毛及其制品和制鞋业，纺织服装、服饰业 8 个行业在“十一五”期间能源强度下降幅度较大，而在 2011—2016 年能源强度下降幅度趋于平缓，呈现能源强度下降“受阻”迹象。但在这些行业中，专用设备制造业，橡胶和塑料制品业，文教、工美、体育和娱乐用品制造业，家具制造业，化学原料和化学制品制造业 5 个行业在 2008 年均出现能源强度的上升。电气机械和器材制造业、计算机、通信和其他电子设备制造业这 2 个行业的能源强度稳中下降。非金属矿物制品业在 2005—2012 年能源强度变化幅度不大，但是在 2013—2016 年却出现快速下滑；纺织业能源强度在 2010 年也出现骤降，主要是因为 2010 年工业增加值出现骤增。

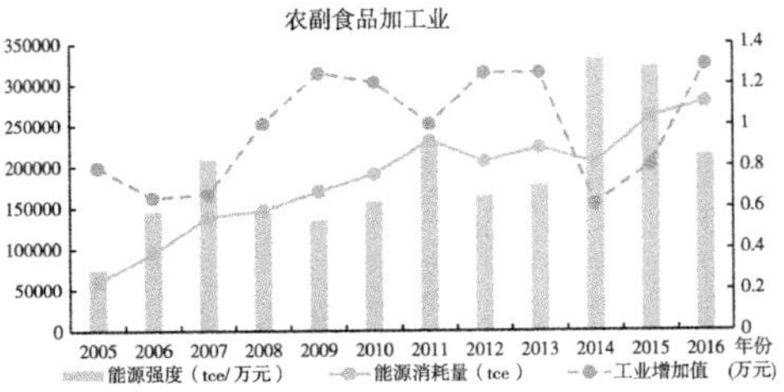

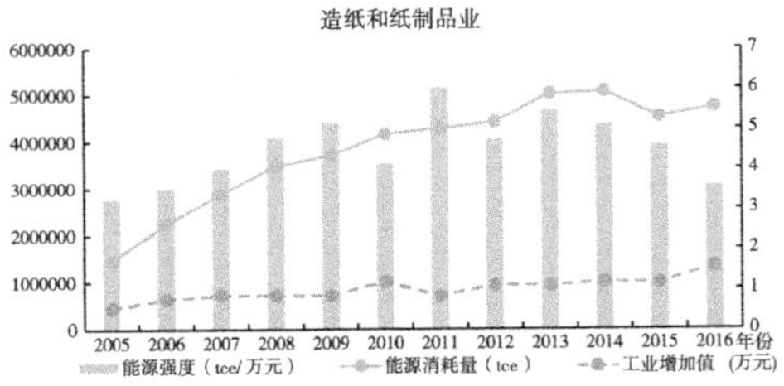

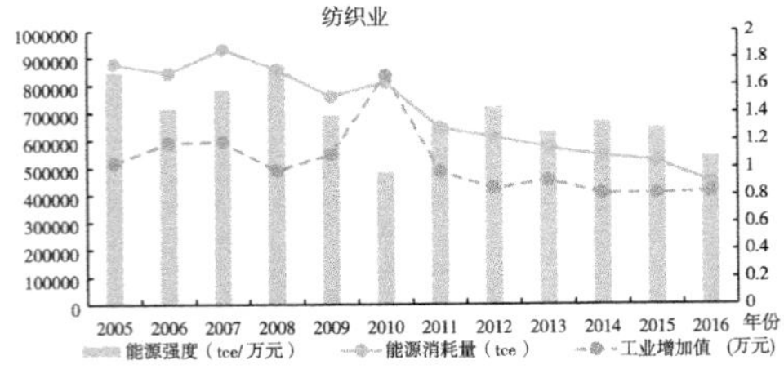

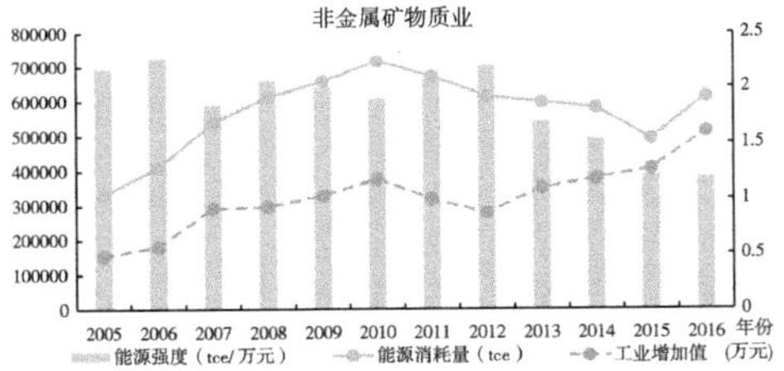

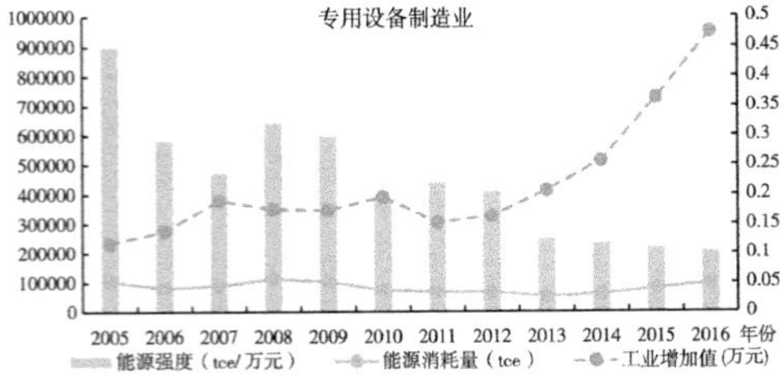

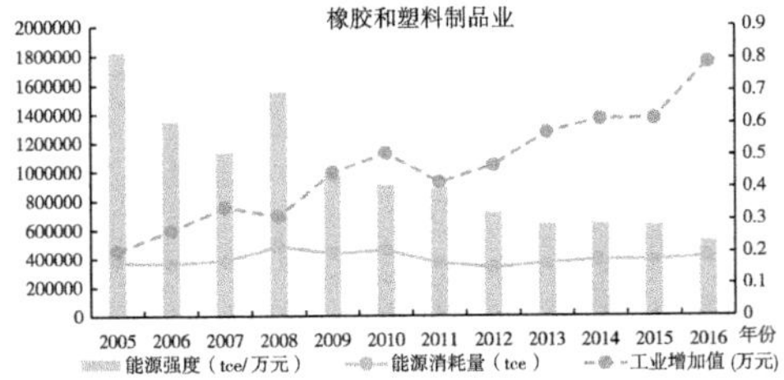

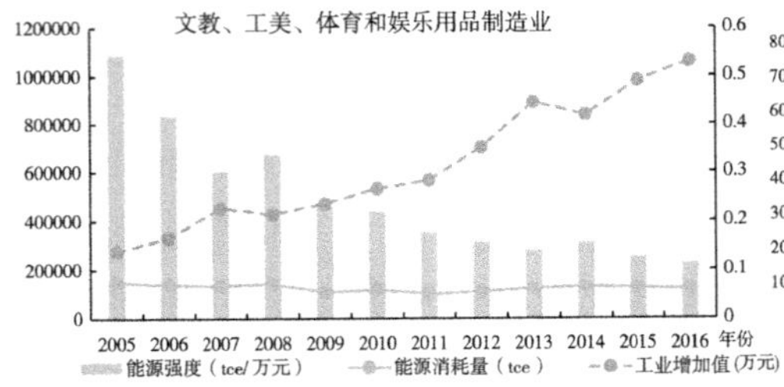

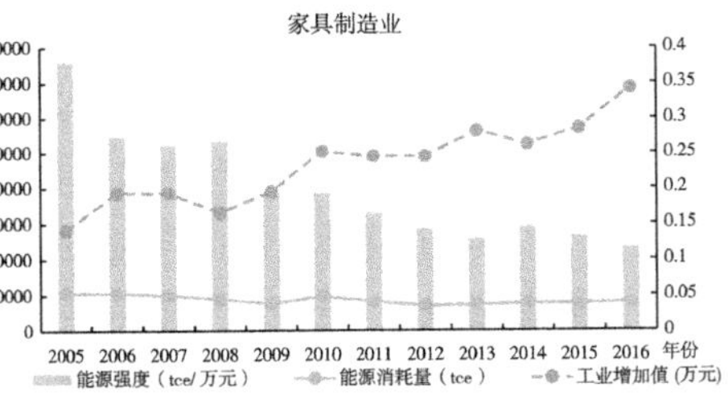

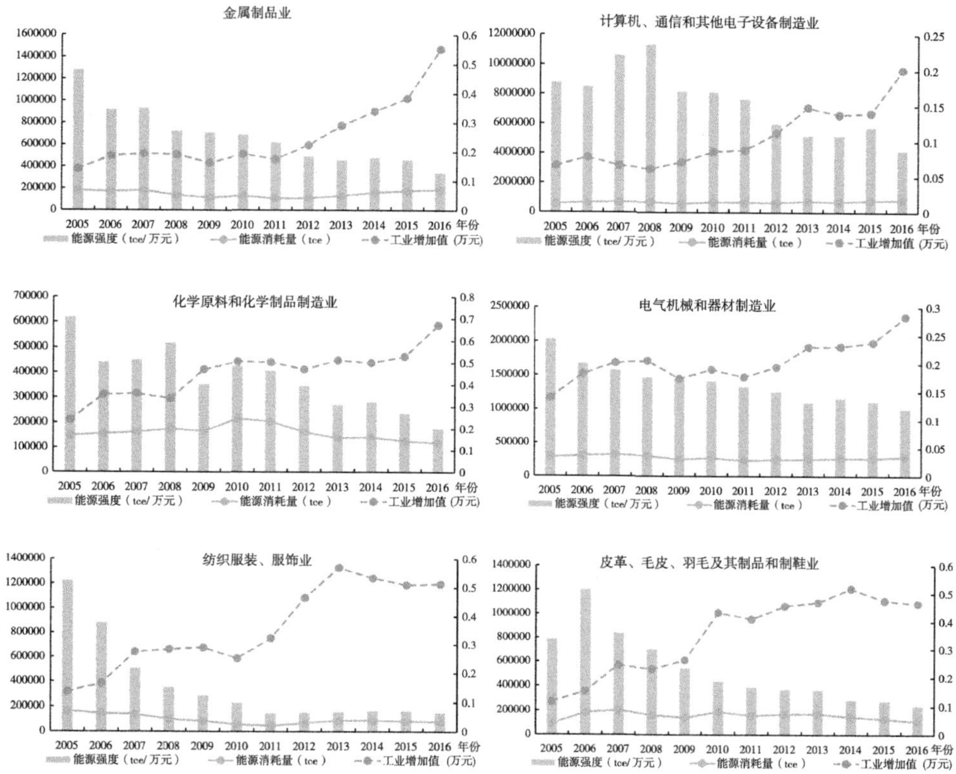

图 2-45　东莞市 2005—2016 年制造业 14 个行业工业增加值、能源消耗和能源强度变化图

（三）单位企业能源消费量变化

对 2005—2016 年单位企业能源消费量进行计算可知，在 2005—2010 年，能源消耗量呈倒 U 形曲线，在 2008 年达到最高峰；2011—2016 年能源消耗虽然有所增加，但是企业数量增速比能源消耗的增速快，导致单位企业能源消耗呈下降态势。2010—2011 年能源消耗出现了拐点，主要是因为规上企业统计标准改变导致企业数量骤减导致。

由于制造业不同行业能源利用特征的差异，不同行业提高能源效率的途径也明显不同。从分行业看，2005—2016 年，单位制造业能耗超过制造业平均水平的行业有：农副食品加工业，酒、饮料和精制茶制造业，纺织业，造纸和纸制品业，非金属矿物制品业 5 个行业。这 5 个行业的能源消耗量占制造业能源消耗量的 50%—70%，但是企业数量占 9%—15%。

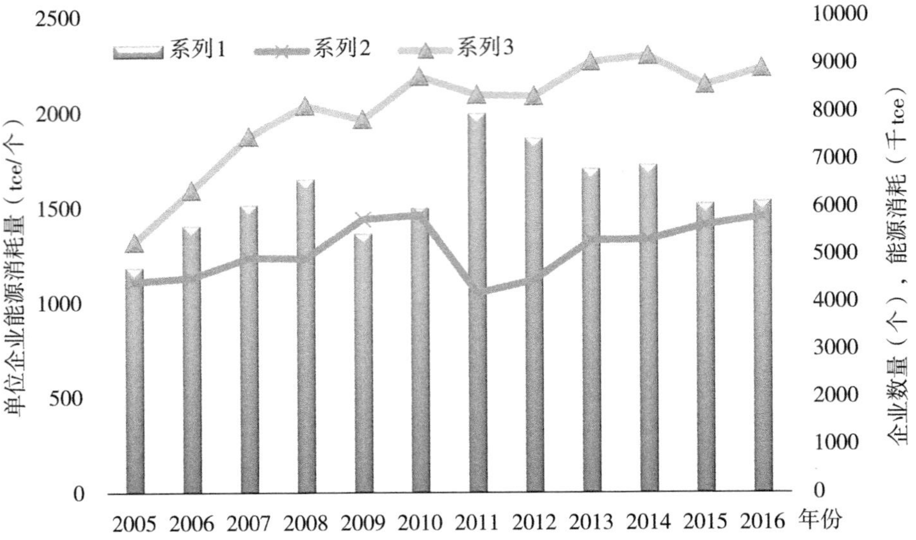

图 2-46　东莞市 2005—2016 年期间制造业规上企业能源消耗、企业数量和单位企业能源消耗

2016 年造纸业的企业数量为 202 家，占比为 3.5%，能源消耗为 4737782tce，占比为 53%，单位企业能源消耗为 23454tce/个，是制造业单位企业能源消耗（1533tce/个）的 15.3 倍。同年，计算机、通信和其他电子设备制造业的企业数量为 1064 家，占比为 18.3%，能源消耗为 839601tce，占比为 9.4%，单位企业能源消耗为 789ce/个，是制造业单位企业能源消耗（1533tce/个）的一半。与单位产值能耗相比（造纸行业 3.58tce/万元，计算机行业是 0.09 tce/万元），二者在单位企业能源消耗方面的差异更大。

计算机、通信和其他电子设备制造业单位企业能源消耗量较少，那么该行业的能源下降可以看作整个行业能源效率提升的行为。而造纸和纸制品业的单位企业能源消耗量巨大，该行业能源强度下降可以看作部分企业能源效率提升的表现。计算机、通信和其他电子设备制造业规上企业数较多，通过合作、兼并，发展产业集群等多种方式，促进规模效益的形成，有利于提高整个行业的经济利益和能源利用效率。然而，对于造纸和纸制品业，单个企业规模都比较大，发展时间较长，设备与技术更新比较缓慢，行业整体格局相对稳定，因此能源强度下降十分缓。对于这类行业可以采取砍掉落后的、盈利水平低的产品和生产线，仅保留有发展前景好、盈利水平高的产品和生产线的整改措施，这样既可以保持产业活力，又能提高经济利益，还能够进一步降低能源强度。所以两者同样可以提升能源利用效率，只是路径是不一样的。

四、能源结构变化过程

（一）不同能源品种消费量

根据东莞市统计局提供的资料显示，东莞市能源消耗种类共有 21 种。本书收集了 2008—2016 年东莞市制造业主要使用的 21 种能源品种的相关数据。根据这 21 种能源，将其分类为 5 种，分别是煤（包含原煤、洗精煤、其他洗煤、煤制品、焦炭、其他焦化产品）、天然气（天然气、液化天然气）、石油（汽油、煤油、柴油、燃料油、液化石油气、润滑油、石蜡、溶剂油、石油焦、其他石油制品）、电力和其他非化石能源（热力和其他燃料）。

根据表 2-25 可知，2008—2016 年东莞市制造业能源消耗以原煤为主，占比为 47%—58%；其次是电力，占比 27%—32%；石油的使用量在不断减少，其占比由 2008 年的 16%下降到 2%；天然气使用量在不断上升，其占比由 2008 年的 1%上升到 5%，距离东莞市“十三五”能源规划中 2020 年天然气占比达 33. 75%还有很多的差距。其他非化石能源使用量占比不足 0. 2%。

表 2-25 **东莞市制造业规上企业能源消耗量及其占比**

年份	能源消耗量（tce）					各能源所占比例（%）				
	煤	天然气	石油	电力	其他	煤	天然气	石油	电力	其他
2008	4771028	84537	3004299	1474507	83178	0. 51	0. 01	0. 16	0. 32	0. 01
2009	4913930	100616	2789217	1032071	425174	0. 53	0. 01	0. 11	0. 30	0. 05
2010	5323555	174357	3275515	1027692	1311226	0. 48	0. 02	0. 09	0. 29	0. 12
2011	5558155	305999	3012998	743357	1302017	0. 51	0. 03	0. 07	0. 28	0. 12
2012	5691136	484122	3096547	415371	1400379	0. 51	0. 04	0. 04	0. 28	0. 13
2013	6477151	535206	3433963	296706	2123320	0. 50	0. 04	0. 02	0. 27	0. 17
2014	6447119	561336	3647590	229659	2127882	0. 50	0. 04	0. 02	0. 28	0. 16
2015	6113831	458590	3667234	223643	2142024	0. 49	0. 04	0. 02	0. 29	0. 17
2016	5989780	583044	3808830	201672	2287449	0. 47	0. 05	0. 02	0. 30	0. 18

（二）不同行业能源利用特征

与整体制造业能源结构不同，不同行业在能源利用的选择和使用方面有着巨大的差距。

原煤和热力的使用主要集中在造纸和纸制品行业，2016 年该行业的原煤和热力的消费量分别是 5338940 吨和 178 百万千焦，占整个制造业的比重分别是 91%和 86%；计算机、通信和其他电子设备制造业等 17 个行业则以电力为主，电力能源消费量在该行业的能源结构比例在 90%以上。

由表 2-25 可知，原煤和电力在制造业能源结构中所占的比例极大，但是在制造业各行业中使用频率最高的能源品种是电力、汽油、柴油，其他能源品种要么从未使用，要么在某些年份使用。绝大部分行业对于能源的利用情况规律性并不显著，要么先增加，后减少，要么起伏比较大，只有部分行业对某些能源的消费量持续增加或者持续减少。农副食品加工业、造纸和纸制品行业对原煤的消耗量持续增加；非金属矿物制品业对煤制品消耗量持续增加；纺织服装、服饰业，皮革、毛皮、羽毛及其制品和制鞋业对液化石油气的消耗量持续增加；农副食品加工业，造纸和纸制品行业，印刷和记录媒介复制业，化学纤维制造业，橡胶和塑料制品业，非金属矿物制品业，通用设备制造业，交通运输设备制造业，计算机、通信和其他电子设备制造业对电力的消耗量持续增加；造纸和纸制品业对热力的消耗量持续增加。

食品制造业，纺织业，纺织服装、服饰业，非金属矿物制品业对原煤的消耗量持续减少；食品制造业，酒、饮料和精制茶制造业，家具制造业，造纸和纸制品业，印刷和记录媒介复制业，医药制造业，化学纤维制造业，橡胶和塑料制品业，非金属矿物制品业，金属制品业，电气机械和器材制造业，仪器仪表制造业，其他制造业对汽油的消耗量减少；纺织业，纺织服装、服饰业，皮革、毛皮、羽毛及其制品和制鞋业，家具制造业，印刷和记录媒介复制业，文教、工美、体育和娱乐用品制造业，化学原料和化学制品制造业，橡胶和塑料制品业，非金属矿物制品业，金属制品业，通用设备制造业，电气机械和器材制造业，计算机、通信和其他电子设备制造业，仪器仪表制造业，其他制造业对柴油、燃料油的消耗量持续减少。

如表 2-26 所示，仔细对比各行业能源结构变化可以发现，A 和 O 出现的频率更高，虽然部分能源品种存在 B、C、E、F 的现象，但是由于能源消费量极小，对于行业的能源结构影响不大，即对整个制造业的影响也不大。

表 2-26　　2008—2016 年东莞市制造业各行业能源利用特征

行业名称	行业代码	原煤	精洗煤	其他洗煤	煤制品	焦炭	其他焦化产品	天然气	液化天然气	汽油	煤油	柴油	燃料油	液化石油气	润滑油	石蜡	溶剂油	石油焦	其他石油制品	电力	热力	其他燃料
农副食品加工业	13	A↑	O	E	C↑	B	O	C	C	A~	O	A~	A↓	C~	O	O	O	O	O	A↑	C	O
食品制造业	14	A↓	O	O	E	O	E	A~	E↑	A↓	E	A↓↑	B↓	A~	O	O	O	O	E	A~	F	O
酒、饮料和精制茶制造业	15	F↑	O	O	O	O	O	A~	C~	A↓	O	A~	B↓	E	O	O	O	O	O	A~	C	O
烟草制品业	16	O	O	O	O	O	O	O	O	O	O	O	O	O	O	O	O	O	O	O	O	O
纺织业	17	A↓	O	E	B	O	O	C	C~	A~	B↑↓	A↓	A↓	A↑↓	E	O	C	O	O	A↑↓	C~	B
纺织服装、服饰业	18	A↓	O	O	F~	B	O	O	C~	A~	F↓	A↓	A↓	A↑	O	O	O	O	O	A↓↑	O	O
皮革、毛皮、羽毛及其制品和制鞋业	19	A~	B	O	E	O	O	E	C~	A~	B	A↓	A↓	A↑	C	O	C	O	O	A~	C~	O
木材加工和木、竹、藤、棕、草制品业	20	A↑↓	E	O	O	O	O	O	O	A↓↑	B	A↓↑	B↓	O	O	O	O	O	O	A↑↓	O	O

续表

行业名称	行业代码	原煤	精洗煤	其他洗煤	煤制品	焦炭	其他焦化产品	天然气	液化天然气	汽油	煤油	柴油	燃料油	液化石油气	润滑油	石蜡	溶剂油	石油焦	其他石油制品	电力	热力	其他燃料
家具制造业	21	A~	O	O	O	E	O	C	C~	$A^{\downarrow}$	B	$A^{\downarrow}$	$A^{\downarrow}$	$A^{\downarrow}$	O	O	O	O	O	A~	O	B
造纸和纸制品业	22	$A^{\uparrow}$	O	O	$F^{\downarrow\uparrow}$	B	O	C	C~	$A^{\downarrow}$	F	A~	$A^{\downarrow}$	A~	E	O	O	O	O	$A^{\uparrow}$	$A^{\uparrow}$	B
印刷和记录媒介复制业	23	$A^{\downarrow\uparrow}$	O	O	C~	B	O	O	C	$A^{\downarrow}$	$C^{\downarrow}$	$A^{\downarrow}$	$B^{\downarrow}$	$B^{\downarrow}$	O	O	O	O	O	$A^{\uparrow}$	O	O
文教、工美、体育和娱乐用品制造业	24	$A^{\uparrow\downarrow}$	O	O	O	O	O	O	E	A~	C	$A^{\downarrow}$	$A^{\downarrow}$	$B^{\downarrow}$	C	O	O	E	O	$A^{\downarrow\uparrow}$	O	O
石油加工、炼焦和核燃料加工业	25	B	O	O	O	O	O	O	O	O	O	$B^{\downarrow}$	B~	O	O	O	O	O	O	A~	O	O
化学原料和化学制品制造业	26	$A^{\uparrow\downarrow}$	O	O	E	C~	B	$C^{\uparrow}$	E	A~	B	$A^{\downarrow}$	B~	B~	O	O	O	O	O	A~	C	O
医药制造业	27	B	O	O	O	O	O	O	O	$A^{\downarrow}$	B	A~	$B^{\uparrow\downarrow}$	O	O	O	O	O	O	$A^{\downarrow\uparrow}$	O	O
化学纤维制造业	28	A~	O	O	O	O	O	O	O	$A^{\downarrow}$	B	A~	$B^{\uparrow\downarrow}$	E	O	O	O	O	O	$A^{\uparrow}$	O	O

续表

行业名称	行业代码	原煤	精洗煤	其他洗煤	煤制品	焦炭	其他焦化产品	天然气	液化天然气	汽油	煤油	柴油	燃料油	液化石油气	润滑油	石蜡	溶剂油	石油焦	其他石油制品	电力	热力	其他燃料
橡胶和塑料制品业	29	A~	O	O	C	B	O	O	C~	$A^{\downarrow}$	B	$A^{\downarrow}$	$A^{\downarrow}$	$A^{\uparrow\downarrow}$	E	E	O	O	E	$A^{\uparrow}$	$C^{\uparrow}$	F
非金属矿物制品业	30	$A^{\downarrow}$	O	E	$A^{\uparrow}$	B	E	$A^{\uparrow\downarrow}$	O	$A^{\downarrow}$	B	$A^{\downarrow}$	$A^{\uparrow\downarrow}$	$A^{\downarrow}$	O	O	O	E	O	$A^{\uparrow}$	O	O
黑色金属冶炼和压延加工业	31	$B^{\downarrow}$	O	O	O	C	B	O	$C^{\uparrow}$	A~	B	A~	O	E	O	O	O	O	O	A~	O	O
有色金属冶炼和压延加工业	32	$B^{\downarrow}$	O	O	O	O	O	C	O	A~	B	A~	A~	A~	O	O	O	O	O	A~	O	O
金属制品业	33	$B^{\downarrow}$	O	E	O	O	B	$C^{\uparrow}$	$C^{\uparrow\downarrow}$	$A^{\downarrow}$	B~	$A^{\downarrow}$	B~	$A^{\uparrow\downarrow}$	C	O	E	O	B	$A^{\uparrow\downarrow}$	O	C
通用设备制造业	34	E	O	O	O	E	O	C	C~	A~	A~	$A^{\downarrow}$	$A^{\downarrow}$	A~	C	O	E	O	B	$A^{\uparrow}$	O	O
专用设备制造业	35	$B^{\uparrow}$	O	O	O	O	O	O	C~	A~	B~	$A^{\downarrow\uparrow}$	F~	A~	C	O	O	O	B	$A^{\downarrow\uparrow}$	O	E
交通运输设备制造业	36	O	O	O	O	O	O	A	$C^{\downarrow}$	$A^{\uparrow\downarrow}$	C	A~	$B^{\uparrow\downarrow}$	$A^{\uparrow\downarrow}$	C	O	O	O	O	$A^{\uparrow}$	O	O
电气机械和器材制造业	37	$A^{\uparrow\downarrow}$	O	O	O	E	O	C~	F~	$A^{\downarrow}$	B~	$A^{\downarrow}$	A~	A~	C	E	O	O	O	$A^{\downarrow\uparrow}$	O	C

续表

行业名称	行业代码	原煤	精洗煤	其他洗煤	煤制品	焦炭	其他焦化产品	天然气	液化天然气	汽油	煤油	柴油	燃料油	液化石油气	润滑油	石蜡	溶剂油	石油焦	其他石油制品	电力	热力	其他燃料
计算机、通信和其他电子设备制造业	38	F	O	O	O	O	E	$A^{\uparrow}$	$C^{\uparrow\downarrow}$	A~	F~	$A^{\downarrow}$	$A^{\downarrow}$	A~	C	O	C	O	O	$A^{\uparrow}$	O	C
仪器仪表制造业	39	O	O	O	O	O	O	O	O	$A^{\downarrow}$	B~	$A^{\downarrow}$	$B^{\uparrow\downarrow}$	$A^{\uparrow\downarrow}$	E	E	E	O	O	A~	O	O
其他制造业	40	$B^{\uparrow\downarrow}$	$B^{\downarrow}$	O	O	O	B	E	E	$A^{\downarrow}$	B~	$A^{\downarrow}$	$B^{\downarrow}$	$B^{\downarrow}$	C	O	O	O	B	A~	O	O
废弃资源综合利用业	41	O	O	O	O	O	O	O	O	O	O	O	O	O	O	O	O	O	O	A~	O	O
金属制品、机械和设备修理业	42	O	O	O	O	O	O	O	O	O	O	O	O	O	O	O	O	O	O	A~	O	O

注：A 表示一直使用，B 表示前期使用后期没用使用，C 表示前期没用使用后期使用，O 表示从未使用，E 表示前期和后期都没有使用，中间年份使用，F 表示前期和后期都使用，中间年份没有使用，↓表示使用量持续减少，↑表示使用量持续增加，~表示使用量波动，↑↓表示使用量先增加后减少，↓↑表示使用量先减少后增加。

第三章　东莞市制造业碳排放变化的驱动因素分析

第一节　东莞市制造业碳排放变化特征

一、制造业碳排放总体特征

从碳排放总量来看（图 3-1），东莞市制造业规上企业碳排放量总体变化趋势与能源消费量变化趋势相似，呈现波动上升趋势。东莞市制造业规上企业碳排放量从 2008 年的 3938 万 tCO_2 上升到 2016 年的 5235 万 tCO_2，增长率为 33%。

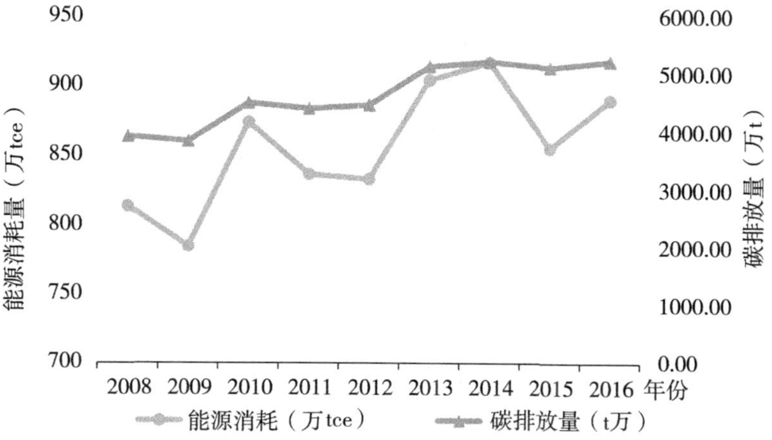

图 3-1　2008—2016 年东莞市制造业碳排放和能源消耗曲线图

从碳排放强度来看（图 3-2），东莞市制造业规上企业碳排放强度与能源强度一样，呈现波动下降趋势，从 2008 年的 3.29tCO_2/万元下降到 2016 年的 1.95tCO_2/万元，下降率达到 41%。

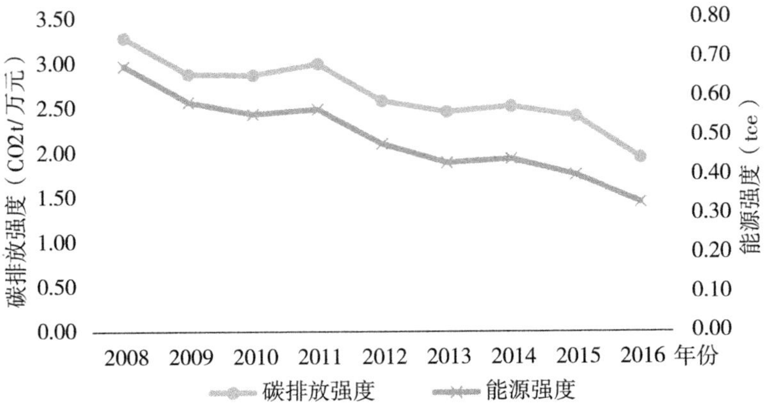

图 3-2　2008—2016 年东莞市制造业能源强度和碳排放强度曲线图

从单位企业碳排放量来看（图 3-3），东莞市制造业规上单位企业碳排放量从 2008 年的 7985tCO_2/个，下降到 2009 年的 6692tCO_2/个，然后上升到 2011 年的 10522tCO_2/个，随后持续下降到 2016 年的 9016 tCO_2/个。2011 年的突然升高是由规上行业分类标准导致规上企业数量骤减而致。

图 3-3　2008—2016 年东莞市制造业规上企业碳排放总量及单个制造业碳排放量

从碳排放能源结构来看（图 3-4），根据表 3-1 可知，2008—2016 年，东莞市制造业碳排放以原煤为主，占比在 44%—48%；其次是电力，占比 39%—44%；石油的碳排放量在不断减少，其占比由 2008 年的 9%下降到不足 1%；天然气的碳排放量在不断上升，其占比由 2008 年的不足 1%上升到 2%；其他燃料的碳排放由 2008 年的不足 1%上升到 2016 年的 10%以上。

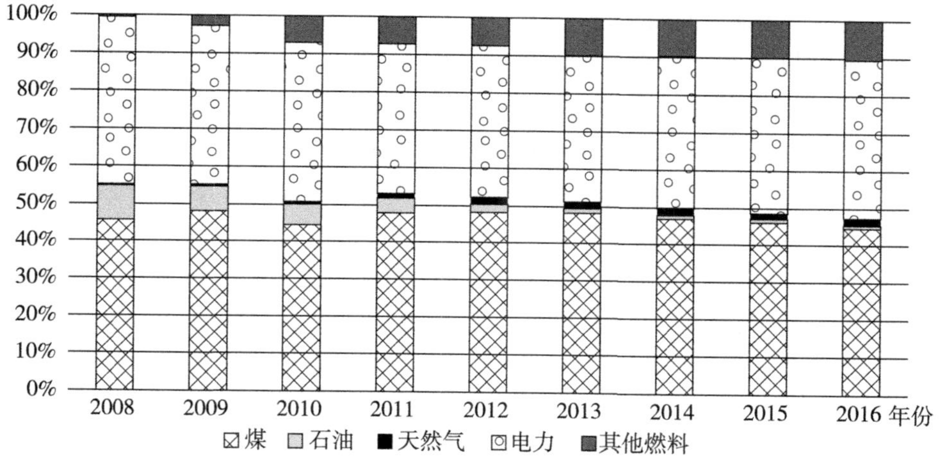

图 3-4 2008—2016 年东莞市制造业规上企业碳排放的能源结构比例图

表 3-1 **2008—2016 年东莞市制造业规上企业碳排放量及其占比**

年份	各能源消耗碳排放量（万 tCO_2）					占比（%）				
	煤	石油	天然气	电力	其他	煤	石油	天然气	电力	其他
2008	1801	357	15	1745	21	45.72	9.06	0.37	44.32	0.53
2009	1856	254	17	1620	105	48.18	6.60	0.45	42.06	2.72
2010	2011	251	30	1903	318	44.56	5.55	0.67	42.17	7.05
2011	2112	179	53	1750	316	47.89	4.07	1.20	39.68	7.16
2012	2158	98	84	1799	334	48.25	2.19	1.87	40.23	7.46
2013	2478	68	93	1995	505	48.23	1.32	1.80	38.83	9.82
2014	2450	51	97	2119	504	46.92	0.99	1.86	40.59	9.65
2015	2361	51	80	2131	506	46.04	1.00	1.56	41.54	9.87
2016	2330	46	101	2213	545	44.50	0.88	1.94	42.27	10.42

二、制造业行业碳排放差异

从排放总量上看（见表 3-2，附表 137），2008 年东莞市制造业分行业碳排放量在“千万吨”级别的行业只有造纸和纸制品业，其碳排放量由 2008 年的 1751 万 tCO_2 持续上升到 2014 年的 3142 万 tCO_2，2015 年回落到 3045 万 tCO_2，而后 2016 年反弹到 3125 万 tCO_2，增长率到 78%，超过制造业整体水平 33%。在“百万吨”级别的行业有：计算机、通信和其他电子设备制造业，橡胶和塑料制品业，纺织业，非金属矿物制品业，电气机械和器材制造业 5 个行业。到 2016 年增加农副食品加工业、金属制品业 2 个行业。碳排放量排名在前六名的行业的碳排放量总和由 2008 年的 3130 万 tCO_2 上升到 2016 年的 4439 万 tCO_2，其占整体制造业的比例由 79. 48%上升到 84. 78%。对这 6 个行业进行重点分析，碳排放量（图 3-5）呈现上升趋势的行业有造纸和纸制品业，计算机、通信和其他电子设备制造业 2 个行业；呈下降趋势的有：纺织业；呈现波动状态的有：橡胶和塑料制品业、非金属矿物制品业和电子机械和器材制造业 3 个行业。

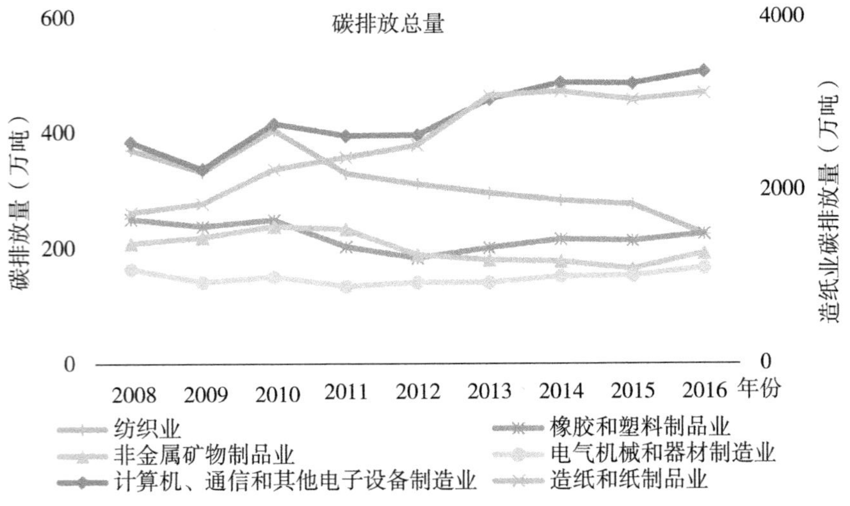

图 3-5　2008—2016 年东莞市制造业 6 个行业的碳排放总量曲线图

从碳排放强度来看，2008—2016 年，东莞市大部分行业的碳排放强度都有不同程度地下降，除了农副食品加工业，酒、饮料和精制茶制造业，木材加工和木、竹、藤、棕、草制品业，石油加工、炼焦和核燃料加工业，化学纤维

表 3-2　**2008—2016 年东莞市制造业行业碳排放量及其占比（以 2016 年排序）**　（单位：万吨 CO_2，%）

行业名称	行业代码	2008		2009		2010		2011		2012		2013		2014		2015		2016	
		排放量	占比	排放量	占比	排放量	占比	排放量	占比	排放量	占比	排放量	占比	排放量	占比	排放量	占比	排放量	占比
制造业合计	**02**	**3938**		**3853**		**4512**		**4411**		**4472**		**5138**		**5221**		**5129**		**5235**	
造纸和纸制品业	22	1751	44. 47	1857	48. 20	2247	49. 80	2380	53. 97	2521	56. 37	3092	60. 18	3142	60. 17	3045	59. 37	3125	59. 68
计算机、通信和其他电子设备制造业	38	384	9. 74	337	8. 75	416	9. 21	395	8. 95	395	8. 84	458	8. 91	486	9. 32	485	9. 45	506	9. 67
橡胶和塑料制品业	29	251	6. 38	238	6. 19	250	5. 53	203	4. 61	183	4. 09	201	3. 91	216	4. 14	213	4. 16	225	4. 30
纺织业	17	370	9. 40	333	8. 63	404	8. 95	330	7. 48	312	6. 97	296	5. 77	283	5. 43	277	5. 39	225	4. 29
非金属矿物制品业	30	209	5. 30	219	5. 69	239	5. 29	234	5. 29	189	4. 23	180	3. 50	178	3. 41	165	3. 21	192	3. 67
电气机械和器材制造业	37	165	4. 19	143	3. 70	151	3. 35	135	3. 07	142	3. 17	142	2. 76	152	2. 91	153	2. 99	166	3. 17
前 6 个行业之和及占比		**3130**	**79. 48**	**3127**	**81. 16**	**3706**	**82. 14**	**3677**	**83. 37**	**3742**	**83. 68**	**4370**	**85. 05**	**4457**	**85. 37**	**4338**	**84. 57**	**4439**	**84. 78**

续表

行业名称	行业代码	2008		2009		2010		2011		2012		2013		2014		2015		2016	
		排放量	占比	排放量	占比	排放量	占比	排放量	占比	排放量	占比	排放量	占比	排放量	占比	排放量	占比	排放量	占比
农副食品加工业	13	59	1.49	67	1.75	74	1.65	93	2.12	88	1.96	94	1.83	90	1.72	109	2.13	109	2.08
金属制品业	33	73	1.84	61	1.59	71	1.57	57	1.29	55	1.23	69	1.34	86	1.66	98	1.91	107	2.04
文教、工美、体育和娱乐用品制造业	24	76	1.93	61	1.59	66	1.45	55	1.26	60	1.35	71	1.39	76	1.45	75	1.45	73	1.40
皮革、毛皮、羽毛及其制品和制鞋业	19	84	2.12	77	2.00	105	2.32	88	2.00	91	2.04	93	1.81	82	1.56	75	1.46	66	1.25
专用设备制造业	35	58	1.47	55	1.43	41	0.90	39	0.88	37	0.83	29	0.57	35	0.67	44	0.85	58	1.11
化学原料和化学制品制造业	26	75	1.90	70	1.81	94	2.09	88	2.00	71	1.59	60	1.17	61	1.17	54	1.06	53	1.01
通用设备制造业	34	39	1.00	30	0.77	38	0.84	35	0.80	44	0.99	40	0.78	53	1.01	54	1.06	53	1.01

续表

行业名称	行业代码	2008		2009		2010		2011		2012		2013		2014		2015		2016	
		排放量	占比	排放量	占比	排放量	占比	排放量	占比	排放量	占比	排放量	占比	排放量	占比	排放量	占比	排放量	占比
家具制造业	21	52	1.32	43	1.11	55	1.22	45	1.01	39	0.88	41	0.80	43	0.83	43	0.83	44	0.84
纺织服装、服饰业	18	53	1.33	45	1.17	29	0.65	24	0.53	36	0.80	44	0.85	45	0.86	44	0.86	40	0.77
印刷和记录媒介复制业	23	32	0.82	32	0.83	28	0.63	25	0.56	25	0.55	23	0.46	32	0.61	37	0.71	39	0.74
交通运输设备制造业	36	20	0.50	19	0.50	24	0.53	25	0.56	26	0.59	28	0.54	31	0.59	36	0.69	34	0.65
仪器仪表制造业	39	37	0.93	37	0.95	39	0.87	35	0.78	32	0.71	27	0.53	30	0.56	31	0.60	28	0.54
食品制造业	14	31	0.78	32	0.82	34	0.74	28	0.63	24	0.54	20	0.39	20	0.38	23	0.45	25	0.47
有色金属冶炼和压延加工业	32	18	0.46	14	0.35	18	0.39	16	0.35	12	0.26	23	0.45	19	0.36	16	0.31	17	0.32

续表

行业名称	行业代码	2008		2009		2010		2011		2012		2013		2014		2015		2016	
		排放量	占比	排放量	占比	排放量	占比	排放量	占比	排放量	占比	排放量	占比	排放量	占比	排放量	占比	排放量	占比
酒、饮料和精制茶制造业	15	22	0.55	18	0.47	19	0.43	18	0.40	16	0.36	17	0.34	17	0.32	16	0.32	16	0.30
黑色金属冶炼和压延加工业	31	10	0.25	5	0.12	7	0.16	6	0.14	10	0.22	8	0.15	9	0.17	11	0.22	13	0.25
化学纤维制造业	28	2	0.06	2	0.06	4	0.09	3	0.08	4	0.08	6	0.12	7	0.13	6	0.12	7	0.13
其他制造业	40	33	0.83	46	1.19	42	0.93	40	0.91	46	1.03	61	1.19	19	0.36	8	0.16	6	0.12
木材加工和木、竹、藤、棕、草制品业	20	9	0.24	10	0.25	15	0.34	12	0.27	11	0.24	8	0.16	8	0.14	7	0.14	5	0.10
医药制造业	27	3	0.08	3	0.07	3	0.06	2	0.05	2	0.05	3	0.06	3	0.05	3	0.06	3	0.06
石油加工、炼焦和核燃料加工业	25	24	0.61	0	0.01	1	0.02	1	0.02	1	0.01	1	0.01	1	0.01	1	0.01	0.50	0.01

续表

行业名称	行业代码	2008		2009		2010		2011		2012		2013		2014		2015		2016	
		排放量	占比	排放量	占比	排放量	占比	排放量	占比	排放量	占比	排放量	占比	排放量	占比	排放量	占比	排放量	占比
金属制品、机械和设备修理业	42	0	0	0	0	0	0	0	0	0	0	0	0	0	0	0	0	0.49	0.01
废弃资源综合利用业	41	0	0	0	0	0	0	0	0	0	0	0	0	0	0	0	0	0	0
烟草制品业	16	0	0	0	0	0	0	0	0	0	0	0	0	0	0	0	0	0	0

数据来源：根据东莞市分行业分能源品种核算得到。

制造业，金属制品、机械和设备修理业 6 个行业外呈现波动上升外。碳排放强度高于制造业整体水平的行业有造纸和纸制品业、农副食品加工业、纺织业、化学纤维制造业、非金属矿物制品业。2016 年这 5 个行业的碳排放强度分别为：23.60tCO_2/万元、3.36 tCO_2/万元、5.43 tCO_2/万元、3.33 tCO_2/万元、3.74 tCO_2/万元，分别是制造业碳排放强度的 12.10 倍、1.72 倍、2.78 倍、1.71 倍、1.92 倍。可见，纺织业、造纸和纸制品业、非金属矿物制品业这 3 个行业存在碳排放量大，碳排放强度高的特点。虽然橡胶和塑料制品业，计算机、通信和其他电子设备制造业，电气机械和器材制造业这 3 个行业的碳排放量大，但是其碳排放水平比制造业整体水平低，分别是 1.28 tCO_2/万元、0.53 tCO_2/万元、0.71 tCO_2/万元，仅是制造业整体水平的 0.66 倍、0.26 倍、0.27 倍。结合表 2-26 可以了解到，虽然这 6 个行业的主要能源消费品种的消费量有所变动，但是对于行业能源结构影响不大，所以这些行业的碳排放强度变化曲线（图 3-6 和图 3-7）和能源强度变化曲线（图 2-44）的变化趋势一致；类似地，碳排放量的变化曲线和能源消费量变化曲线的变化趋势也保持一致。

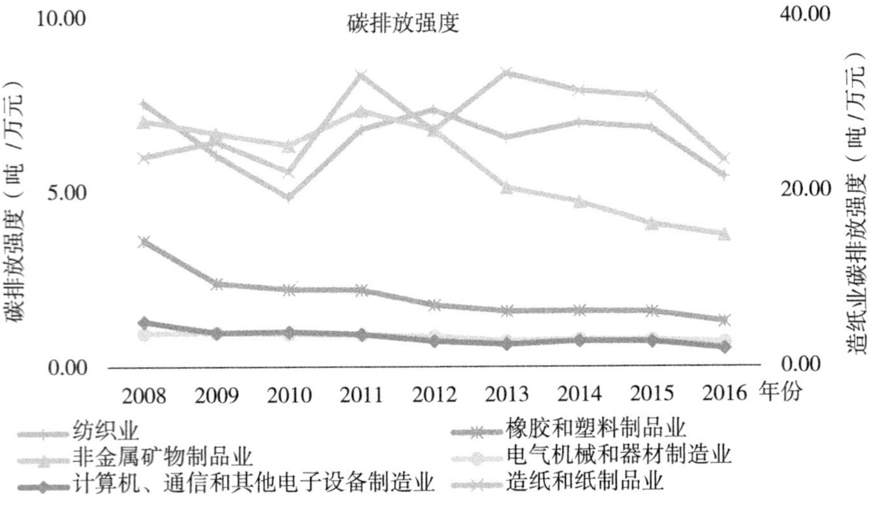

图 3-6　2008—2016 年东莞市制造业 6 个行业的碳排放强度曲线图

从单位企业碳排放量看，2008—2016 年，东莞市大部分行业的单位企业碳排放量都有不同程度的下降，降幅较大的有：纺织业，造纸和纸制品业，化学纤维制造业，黑色金属冶炼和压延加工业，金属制品业，废弃资源综合利用业，金属制品、机械和设备修理业 8 个行业。单位企业碳排放量高于同年制造业整体水平的行业有农副食品加工业，酒、饮料和精制茶制造业，纺织业，造

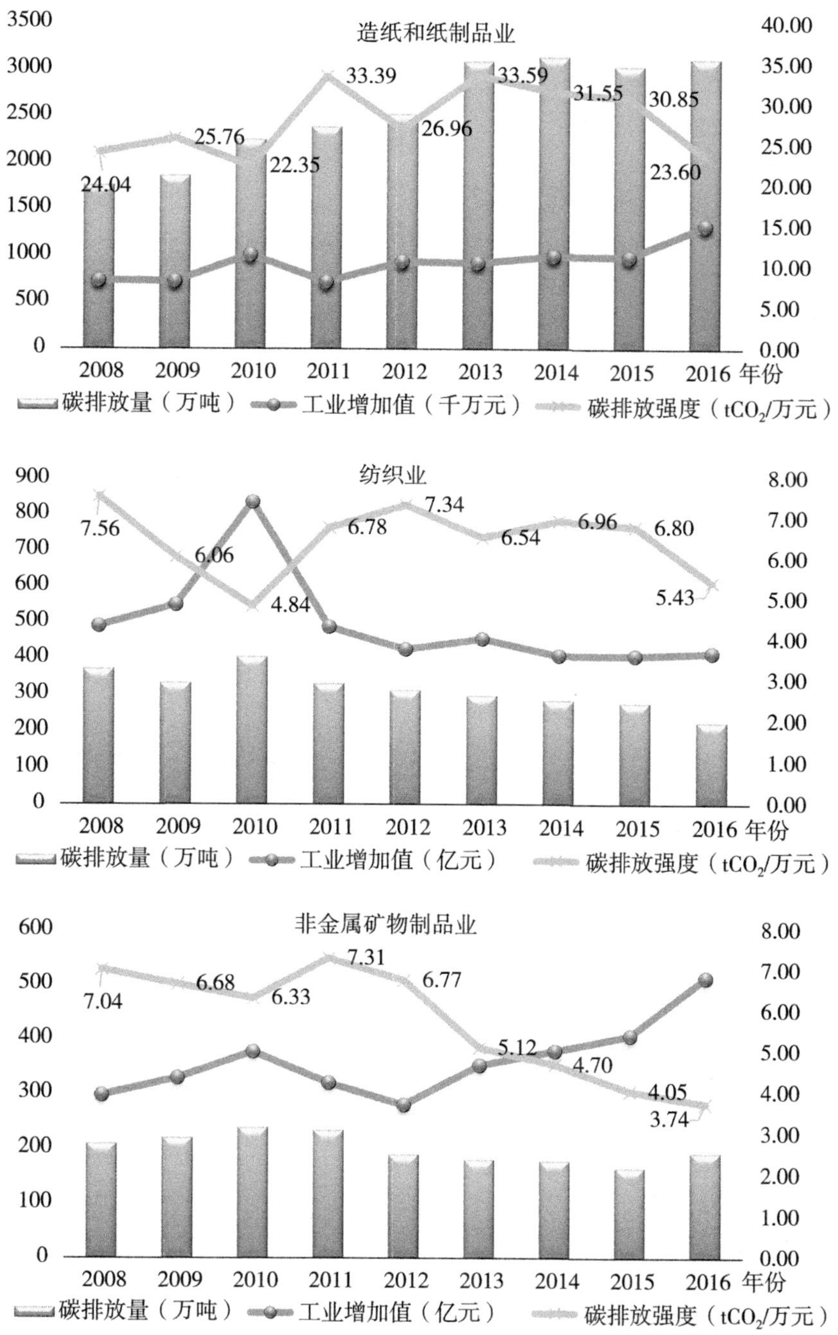

图 3-7　2008—2016 年东莞市制造业 6 个行业的碳排放强度曲线图（1）

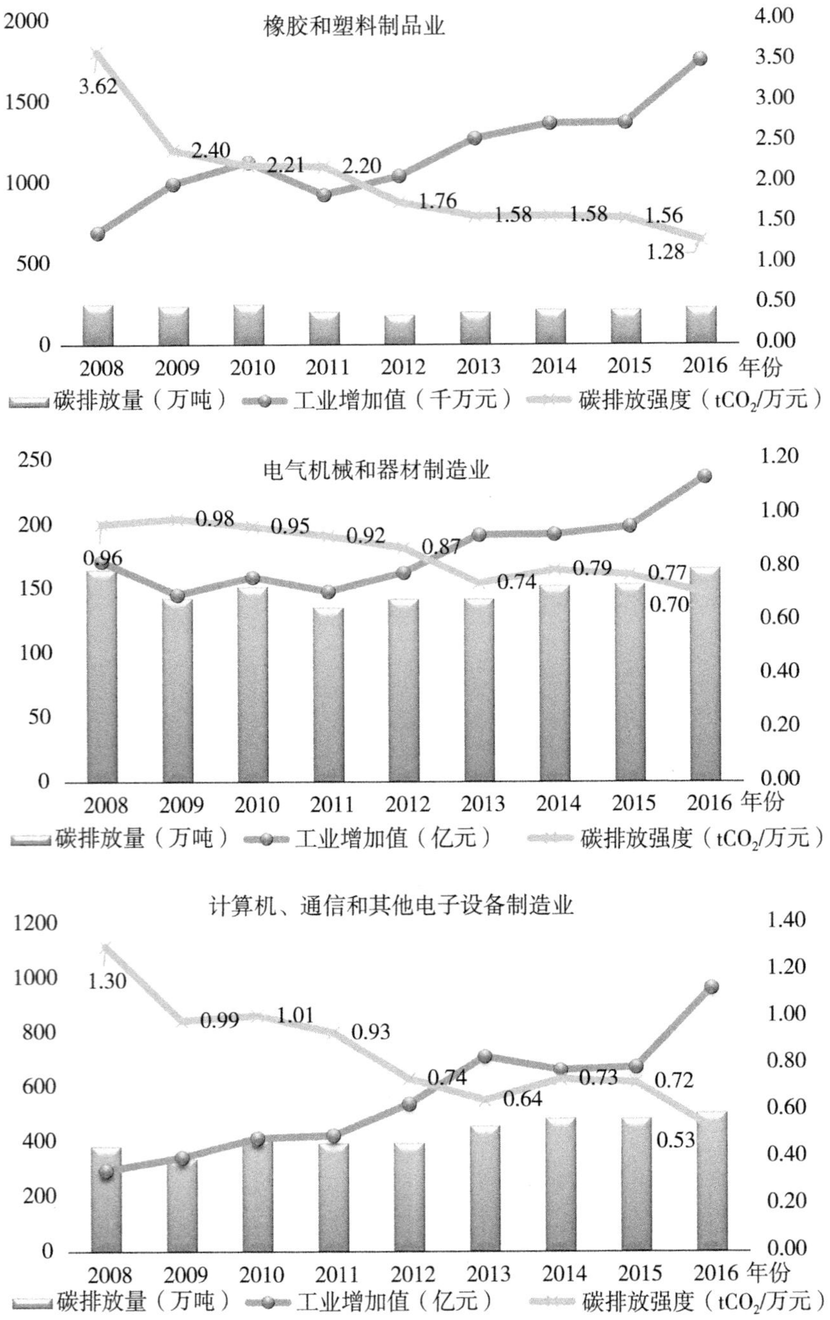

图 3-7　2008—2016 年东莞市制造业 6 个行业的碳排放强度曲线图（2）

纸和纸制品业，非金属矿物制品业 5 个行业，其 2016 年的单位企业碳排放量分别是 20569 tCO_2/个、11273 tCO_2/个、20072 tCO_2/个、154687 tCO_2/个、15351 tCO_2/个，分别是制造业整体水平的 2.28 倍、1.25 倍、2.23 倍、17.16 倍、1.70 倍；而碳排放量大的橡胶和塑料制品业，计算机、通信和其他电子设备制造业，电气机械和器材制造业的单位企业碳排放量比制造业整体水平低，分别是 3569 tCO_2/个、4756 tCO_2/个、2588 tCO_2/个，仅仅是制造业整体水平的 0.40 倍、0.53 倍、0.29 倍。

从上述分析可知，橡胶和塑料制品业，计算机、通信和其他电子设备制造业，电气机械和器材制造业的碳排放量虽然大，但是碳排放强度、单位企业碳排放强度都低于制造业整体水平；而纺织业、造纸和纸制品业、非金属矿物制品业不仅碳排放量大，而且能效水平低，导致碳排放强度和单位企业碳排放强度均高于制造业整体水平。农副食品加工业，酒、饮料和精制茶制造业，化学纤维制造业这 3 个行业的碳排放量较小，但是其能源效率较低，导致碳排放强度和单位企业碳排放量高于制造业整体水平。

三、制造业低碳行业的评定

习近平主席在《巴黎协定》中承诺中国将于 2030 年左右使二氧化碳排放达到峰值并争取尽早实现，2030 年单位国内生产总值二氧化碳排放比 2005 年下降 60%—65%。若东莞市同比例下降，则可得到东莞市 2030 年单位工业增加值二氧化碳排放量的数值，本书以此最高限值来判定东莞市的产业属于低碳还是高碳产业。

根据前文核算的东莞市 2008—2016 年的碳排放量和地区能源消耗总量，可以计算出历年能源消耗的二氧化碳排放系数（见表 3-3），求出平均值为 4.07 tCO_2/tce，并结合 2005 年东莞市统计年鉴公布的能源强度为 0.55tce/万元，计算出 2005 年的碳排放强度为 2.24 tCO_2/万元，以下降 60% 为计到 2030 年的碳排放强度为 0.90 tCO_2/万元。因此，对于东莞市来说，2016 年碳排放强度小于 0.90 tCO_2/万元的即为低碳产业，大于 0.90 tCO_2/万元的即为高碳产业。

表 3-3　**2008—2016 年东莞市制造业能源消耗二氧化碳排放系数**

年份	地区能源消耗总量（万 tce）	碳排放（万 tCO_2）	地区能源消耗总量碳排放系数（tCO_2/tce）
2008	941.75	3938.19	4.18
2009	926.10	3852.70	4.16
2010	1111.23	4512.43	4.06

续表

年份	地区能源消耗总量（万 tce）	碳排放（万 tCO_2）	地区能源消耗总量碳排放系数（tCO_2/tce）
2011	1092.25	4410.86	4.04
2012	1108.76	4472.14	4.03
2013	1286.63	5138.08	3.99
2014	1301.36	5221.27	4.01
2015	1260.53	5128.96	4.07
2016	1287.08	5235.39	4.07

由 2016 年东莞市规模以上分行业碳排放强度（表 3-4）可知，东莞市的高碳产业有造纸和纸制品业，纺织业，非金属矿物制品业，农副食品加工业，化学纤维制造业，有色金属冶炼和压延加工业，橡胶和塑料制品业，黑色金属冶炼和压延加工业，酒、饮料和精制茶制造业，金属制品、机械和设备修理业 10 个行业，其碳排放量、综合能源消耗量、从业人员数、企业数、工业增加值的占比分别为 75.03%、80.67%、14.46%、21.53%、17.59%。低碳行业有以计算机、通信和其他电子设备制造业为首的 19 个行业，其碳排放量、综合能源消耗量、从业人员数、企业数、工业增加值的占比分别为 24.97%、19.33%、85.54%、78.47%、82.41%（具体见图 3-8）。

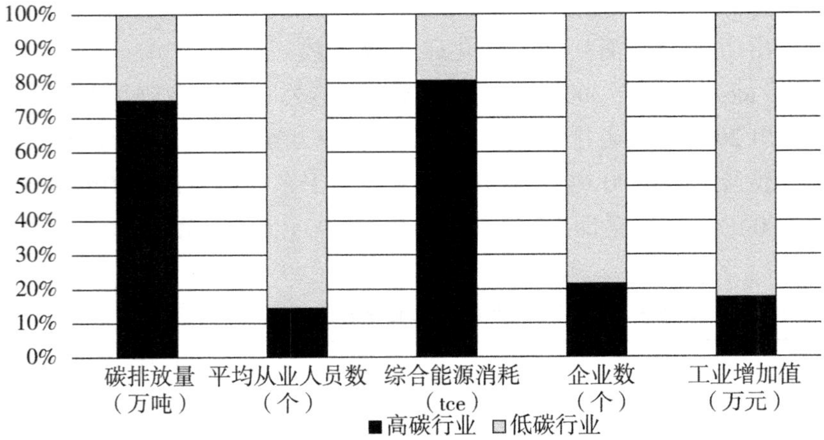

图 3-8 东莞市高碳行业和低碳行业的比重柱状图

表 3-4 **2016 年东莞市分行业规上企业的碳排放量、从业人员数、综合能耗、企业数、工业增加值、碳排放强度及其占比**

行业名称	碳排放量（万吨）	占比（%）	平均从业人员数（个）	占比（%）	综合能源消耗（tce）	占比（%）	企业数（个）	占比（%）	工业增加值（万元）	占比（%）	碳排放强度
制造业总计	5235. 39		2479376		12870774. 23		5807		26843238. 06		1. 95
造纸和纸制品业	3124. 68	59. 68	59407	2. 40	8287172. 45	64. 39	202	3. 48	1324019. 00	4. 93	23. 60
纺织业	224. 81	4. 29	39942	1. 61	630595. 84	4. 90	112	1. 93	414206. 49	1. 54	5. 43
非金属矿物制品业	191. 88	3. 67	36064	1. 45	617167. 94	4. 80	125	2. 15	512662. 36	1. 91	3. 74
农副食品加工业	109. 02	2. 08	8804	0. 36	278874. 98	2. 17	53	0. 91	324342. 10	1. 21	3. 36
化学纤维制造业	6. 57	0. 13	2852	0. 12	17616. 83	0. 14	14	0. 24	19746. 38	0. 07	3. 33
有色金属冶炼和压延加工业	16. 54	0. 32	9384	0. 38	40225. 37	0. 31	69	1. 19	112826. 91	0. 42	1. 47
橡胶和塑料制品业	225. 19	4. 30	187447	7. 56	439236. 17	3. 41	631	10. 87	1752848. 79	6. 53	1. 28
黑色金属冶炼和压延加工业	12. 88	0. 25	7117	0. 29	26781. 73	0. 21	27	0. 46	105817. 85	0. 39	1. 22
酒、饮料和精制茶制造业	15. 78	0. 30	7365	0. 30	44491. 50	0. 35	14	0. 24	150196. 76	0. 56	1. 05
金属制品、机械和设备修理业	0. 49	0. 01	251	0. 01	850. 47	0. 01	3	0. 05	5342. 17	0. 02	0. 92
高碳行业小计	**3927. 86**	**75. 03**	**358633**	**14. 46**	**10383013. 28**	**80. 67**	**1250**	**21. 53**	**4722008. 83**	**17. 59**	
化学原料和化学制品制造业	53. 05	1. 01	27057	1. 09	122173. 83	0. 95	205	3. 53	587543. 52	2. 19	0. 90
木材加工和木、竹、藤、棕、草制品业	4. 98	0. 10	4761	0. 19	13086. 29	0. 10	31	0. 53	60408. 63	0. 23	0. 83
印刷和记录媒介复制业	38. 99	0. 74	49995	2. 02	74220. 16	0. 58	120	2. 07	498374. 75	1. 86	0. 78
交通运输设备制造业	34. 12	0. 65	35667	1. 44	72360. 60	0. 56	90	1. 55	456630. 36	1. 70	0. 75

续表

行业名称	碳排放量（万吨）	占比（%）	平均从业人员数（个）	占比（%）	综合能源消耗（tce）	占比（%）	企业数（个）	占比（%）	工业增加值（万元）	占比（%）	碳排放强度
金属制品业	107.00	2.04	131260	5.29	206452.79	1.60	383	6.60	1472557.00	5.49	0.73
食品制造业	24.68	0.47	19474	0.79	71596.26	0.56	44	0.76	347778.18	1.30	0.71
电气机械和器材制造业	166.13	3.17	257861	10.40	306724.15	2.38	642	11.06	2362725.78	8.80	0.70
文教、工美、体育和娱乐用品制造业	73.17	1.40	167241	6.75	132311.10	1.03	271	4.67	1058695.80	3.94	0.69
其他制造业	6.37	0.12	12670	0.51	11305.01	0.09	52	0.90	97608.74	0.36	0.65
家具制造业	44.20	0.84	83621	3.37	87306.96	0.68	298	5.13	684794.44	2.55	0.65
专用设备制造业	58.22	1.11	87031	3.51	108667.56	0.84	278	4.79	947872.58	3.53	0.61
皮革、毛皮、羽毛及其制品和制鞋业	65.55	1.25	176873	7.13	126298.81	0.98	323	5.56	1084788.76	4.04	0.60
仪器仪表制造业	28.16	0.54	52313	2.11	50565.02	0.39	98	1.69	498975.57	1.86	0.56
计算机、通信和其他电子设备制造业	506.05	9.67	763761	30.80	906216.47	7.04	1064	18.32	9636536.29	35.90	0.53
通用设备制造业	52.97	1.01	95283	3.84	99157.09	0.77	260	4.48	1028231.18	3.83	0.52
废弃资源综合利用业	0.07	0.00	123	0.00	117.98	0.00	2	0.03	1421.88	0.01	0.48
医药制造业	3.00	0.06	3399	0.14	10174.48	0.08	12	0.21	76727.84	0.29	0.39
纺织服装、服饰业	40.32	0.77	152110	6.14	86786.02	0.67	380	6.54	1196014.51	4.46	0.34

续表

行业名称	碳排放量（万吨）	占比（%）	平均从业人员数（个）	占比（%）	综合能源消耗（tce）	占比（%）	企业数（个）	占比（%）	工业增加值（万元）	占比（%）	碳排放强度
石油加工、炼焦和核燃料加工业	0. 50	0. 01	243	0. 01	2237. 06	0. 02	4	0. 07	23543. 41	0. 09	0. 21
烟草制品业	0. 00	0. 00	0	0. 00	0. 00	0. 00	0	0. 00	0. 00	0. 00	0. 00
低碳行业小计	**1307. 53**	**24. 97**	**2120743**	**85. 54**	**2487757. 62**	**19. 33**	**4557**	**78. 47**	**22121229. 24**	**82. 41**	

第二节　制造业碳排放变化的驱动力评价模型构建

一、碳排放分解与影响因素选择

（一）碳排放因素分解模型

将碳排放量 C 看作一个能源相关的集合变量，假设有 n 个不同影响因素对其在一定时间内的变化起主要作用，每一个因素与一个可计量的指标密切相关，分别记为 x_1，x_2，…，x_n。为了研究其中的结构变化特征，将一系列变化进一步细分，分别记为 $x_{1,i}$，$x_{2,i}$，…，$x_{n,i}$。可以得到碳排放与各变量之间的关系为：

$$C = \sum_i x_{1,\ i} x_{2,\ i} \cdots x_{n,\ i} \tag{3-1}$$

（二）碳排放不同因素指标解释

根据前文对碳排放影响因素的分析可知，碳排放因素可以从经济规模、产业结构、能源效率等方面来考虑。为了进一步确定各因素对能源消耗引起的碳排放量的驱动效应大小，本书采用参照 Ang（1998）提出的残差项为 0 的对数平均权重 Divisia 分解法（LMDI）综合以上各因素，并将能源消费引起的碳排放量分解为经济增长、产业结构、能源强度和能源消费结构、能源的碳排放系数 5 个因素以定量分析其来对东莞市制造业的碳排放的影响。其碳排放因素分解公式：

$$C^T = \sum_{ij} C_{ij}^T = \sum_{ij} Q^T \times \frac{Q_i^T}{Q^T} \times \frac{E_i^T}{Q_i^{\ T}} \times \frac{E_{ij}^T}{E_i^{\ T}} \times \frac{C_{ij}^T}{E_{ij}^{\ T}} = \sum_{ij} Q^T \times S_i^T \times I_i^T \times X_{ij}^T \times P_{ij}^T \tag{3-2}$$

其中，Q^T、Q_i^T 分别表示 T 年制造业工业增加值、i 行业工业增加值；E^T、E_i^T 表示 T 年制造业能源消费总量，i 行业能源消费总量；S_i^T 表示 T 年 i 行业工业增加值占整个制造业的比重来描述产业结构的因素；I_i^T 表示用 T 年 i 行业单位产值能耗来描述能源强度因素；X_{ij}^T 表示用 T 年 j 类能源在 i 行业能源消费中所占比例来描述能源消费结果因素；P_{ij}^T 表示用 T 年 i 行业 j 类能源的单位能源碳排放量来描述碳排放系数因素。

同样地，由前面的分析可知，单位企业能源消费量的变化同样是衡量能源强度的重要指标，因此经济规模用制造业规上企业数量来反应，产业结构用不同行业规上企业数所占比例来表示替换上述的两个变量，即 Q^T 、Q_i^T 替换为表示 T 年制造业规上企业总数、i 行业规上企业数；I_i^T 表示用 T 年 i 行业单位企业能源消耗量来描述能源强度因素。为了区分两个模型，基于工业增加值指标计算的碳排放因素分解模型记为模型 A（基于工业增加值），基于规上企业数指标计算的碳排放因素分解模型记为模型 B（基于企业数）。

二、基于 LMDI 方法的驱动力评价模型

（一）碳排放变化的两种比较方法

碳排放量的变化差异可以通过两种方法来体现：一种是相对差异，即不同时间碳排放量的比值；另一种是绝对差异，即不同时间碳排放量的差值。

对于绝对差异，根据碳排放分解因素公式，得到乘法分解各影响因素分量：

$$D = \frac{C^{T_2}}{C^{T_1}} = D_Q \times D_S \times D_I \times D_X \times D_P$$

其中，D 指 T_1 年和 T_2 年碳排放量的比值；D_Q、D_S、D_I、D_X、D_P 分别基于乘法分解的各因素的分量。各指标均为无量纲。

对于绝对差异，根据碳排放分解因素公式，可以得到基于加法的各影响因素的分量：

$$\Delta C = C^{T_2} - C^{T_1} = \Delta C_Q + \Delta C_S + \Delta C_I + \Delta C_X + \Delta C_P \tag{3-3}$$

其中，ΔC 指 T_1 年和 T_2 年碳排放量的差值，ΔC_Q、ΔC_S、ΔC_I、ΔC_X、ΔC_P 分别表示基于加法分解的各因素的分量。各指标单位均为万吨二氧化碳，即万 tCO_2。

（二）应用于本书的 LMDI 公式

根据前面的因素分解，可以得到本书应用研究的 LMDI 公式，乘法分解计算公式如下：

$$D_Q = \exp\left(\sum_{ij} \left[\frac{(C_{ij}^{t_2} - C_{ij}^{t_1}) / (\ln C_{ij}^{t_2} - \ln C_{ij}^{t_1})}{(C^{t_2} - C^{t_1}) / (\ln C^{t_2} - \ln C^{t_1})} \ln\left(\frac{Q^{t_2}}{Q^{t_1}} \right) \right] \right) \tag{3-4}$$

$$D_S = \exp\left(\sum_{ij} \left[\frac{(C_{ij}^{t_2} - C_{ij}^{t_1}) / (\ln C_{ij}^{t_2} - \ln C_{ij}^{t_1})}{(C^{t_2} - C^{t_1}) / (\ln C^{t_2} - \ln C^{t_1})} \ln\left(\frac{S^{t_2}}{S^{t_1}} \right) \right] \right) \tag{3-5}$$

$$D_I = \exp\left(\sum_{ij}\left[\frac{(C_{ij}^{t_2} - C_{ij}^{t_1})/(\ln C_{ij}^{t_2} - \ln C_{ij}^{t_1})}{(C^{t_2} - C^{t_1})/(\ln C^{t_2} - \ln C^{t_1})}\ln\left(\frac{I^{t_2}}{I^{t_1}}\right)\right]\right) \tag{3-6}$$

$$D_X = \exp\left(\sum_{ij}\left[\frac{(C_{ij}^{t_2} - C_{ij}^{t_1})/(\ln C_{ij}^{t_2} - \ln C_{ij}^{t_1})}{(C^{t_2} - C^{t_1})/(\ln C^{t_2} - \ln C^{t_1})}\ln\left(\frac{X^{t_2}}{X^{t_1}}\right)\right]\right) \tag{3-7}$$

$$D_P = \exp\left(\sum_{ij}\left[\frac{(C_{ij}^{t_2} - C_{ij}^{t_1})/(\ln C_{ij}^{t_2} - \ln C_{ij}^{t_1})}{(C^{t_2} - C^{t_1})/(\ln C^{t_2} - \ln C^{t_1})}\ln\left(\frac{P^{t_2}}{P^{t_1}}\right)\right]\right) \tag{3-8}$$

由于东莞市的各种能源的碳排放系数在一定时期内保持不变，故 $\Delta C_P = 0$，其他因素的加法分解公式如下：

$$\Delta C_Q = \sum_{ij}\left[\frac{C_{ij}^{t_2} - C_{ij}^{t_1}}{\ln C_{ij}^{t_2} - \ln C_{ij}^{t_1}}\ln\left(\frac{Q^{t_2}}{Q^{t_1}}\right)\right] \tag{3-9}$$

$$\Delta C_S = \sum_{ij}\left[\frac{C_{ij}^{t_2} - C_{ij}^{t_1}}{\ln C_{ij}^{t_2} - \ln C_{ij}^{t_1}}\ln\left(\frac{S^{t_2}}{S^{t_1}}\right)\right] \tag{3-10}$$

$$\Delta C_I = \sum_{ij}\left[\frac{C_{ij}^{t_2} - C_{ij}^{t_1}}{\ln C_{ij}^{t_2} - \ln C_{ij}^{t_1}}\ln\left(\frac{I^{t_2}}{I^{t_1}}\right)\right] \tag{3-11}$$

$$\Delta C_X = \sum_{ij}\left[\frac{C_{ij}^{t_2} - C_{ij}^{t_1}}{\ln C_{ij}^{t_2} - \ln C_{ij}^{t_1}}\ln\left(\frac{X_{ij}^{t_2}}{X_{ij}^{t_1}}\right)\right] \tag{3-12}$$

第三节　制造业碳排放整体变化的驱动力差异分析

一、制造业总体趋势

（一）模型 A（基于工业增加值）

从加法分解结果来看（图 3-9），2008—2016 年，因经济规模扩张导致制造业碳排放量增加了 2934 万吨，能源强度的降低导致制造业排放量减少了 2005 万吨，产业结构调整导致制造业碳排放减少 605 万吨，制造业能源结构相对稳定，能源结构对碳排放变化的影响较小，导致制造业碳排放量增加了 379 万吨。东莞市制造业的能源结构都比较稳定，因此，碳排放系数对碳排放变化的影响十分微弱，看作无影响。

从乘法分解结果来看（图 3-10），2008—2016 年，因经济规模扩张导致制造业碳排放量增长 2.2 倍，能源强度的降低导致制造业排放量降低为原来的 0.58 倍，产业结构调整导致制造业碳排放降低为原来的 0.85 倍，制造业能源

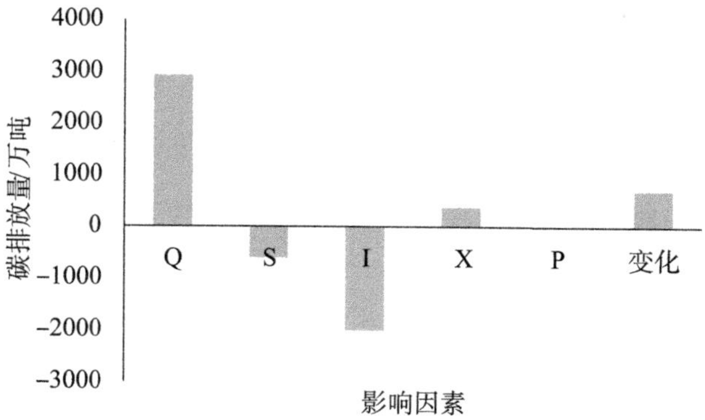

图 3-9　2008—2016 年东莞市制造业碳排放量加法分解结果（基于工业增加值）

结构相对稳定，能源结构对碳排放变化的影响较小，导致制造业碳排放量增为原来的 1.1 倍。

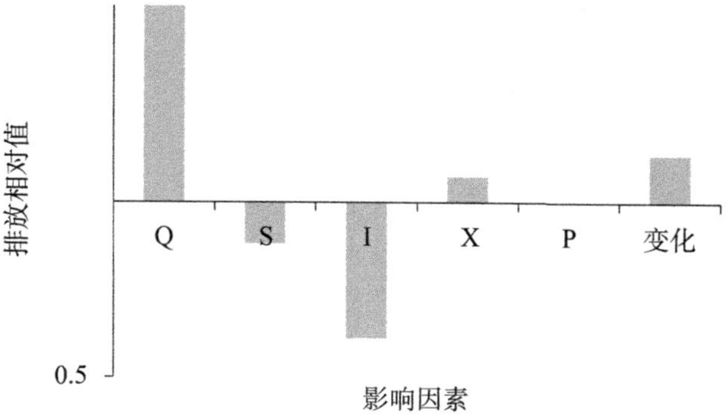

图 3-10　2008—2016 年东莞市制造业碳排放量乘法分解结果（基于工业增加值）

可见，无论从加法分解还是减法分解结果来看，经济规模因素是导致制造业碳排放增长的主导因素，能源结构因素虽然对碳排放变化影响比较弱，但是从结果上看仍然导致碳排放量增加。能源强度是抑制碳排放量增加的主导因素，而产业结构对碳排放也起到抑制作用，但影响力小于能源强度。

（二）模型 B（基于企业数）

从加法分解结果来看（图 3-11 至图 3-15），2008—2016 年，因经济规模扩张导致制造业碳排放量增加了 597 万吨，能源强度的降低导致制造业排放量减少了 686 万吨，产业结构调整导致制造业碳排放减少 432 万吨，制造业能源结构相对稳定，能源结构对碳排放变化的影响较小，导致制造业碳排放量增加了 432 万吨。东莞市制造业的能源结构都比较稳定，因此碳排放系数对碳排放变化的影响十分微弱，看作无影响。

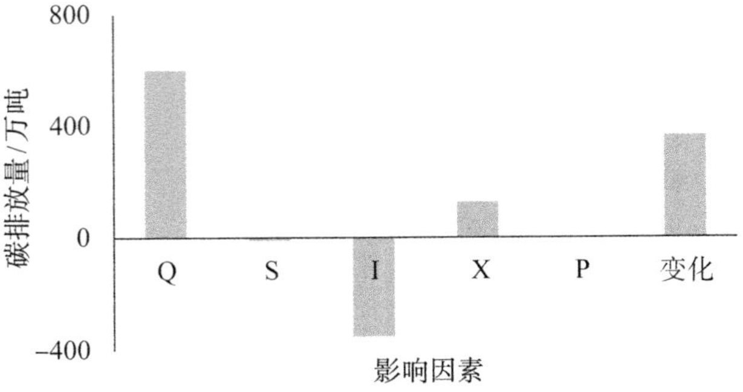

图 3-11　2008—2010 年东莞市制造业碳排放量加法分解结果（基于企业数）

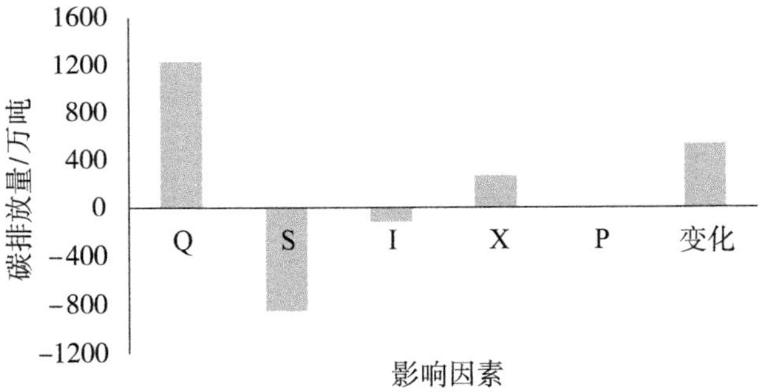

图 3-12　2011—2016 年东莞市制造业碳排放量加法分解结果（基于企业数）

2008—2010 年，经济因经济规模扩张导致制造业碳排放量增加了 600 万吨，能源强度的导致制造业排放量减少了 10 万吨，产业结构调整导致制造业碳排放减少 350 万吨，制造业能源结构相对稳定，能源结构的变化导致制造业碳排放量增加了 126 万吨，整体的变化量为 365 万吨。2011—2016 年，经济因经济规模扩张导致制造业碳排放量增加了 1233 万吨，能源强度的降低导致制造业排放量减少了 850 万吨，产业结构调整导致制造业碳排放减少 121 万吨，制造业能源的变化导致制造业碳排放量增加了 269 万吨，整体的变化量为 531 万吨。可见，在 2011 年后产业结构对碳排放分解量的变化比 2011 年前的

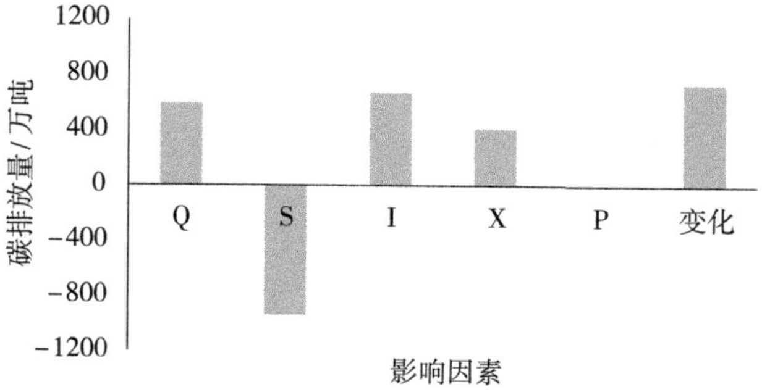

图 3-13　2008—2016 年东莞市制造业碳排放量加法分解结果（基于企业数）

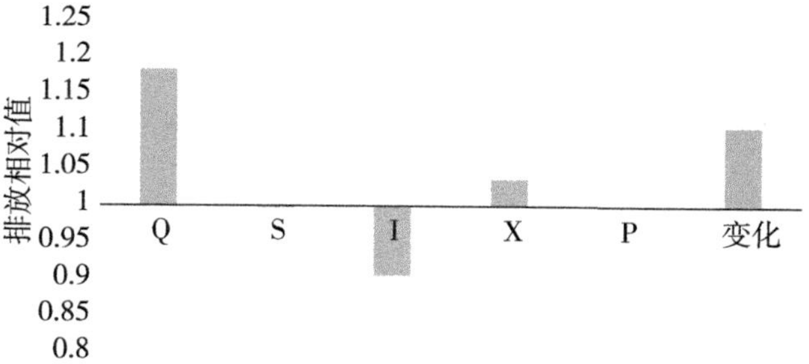

图 3-14　2008—2010 年东莞市制造业碳排放量乘法分解结果（基于企业数）

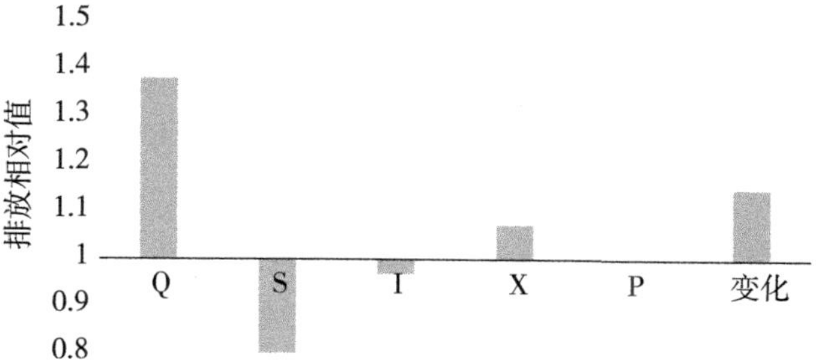

图 3-15　2011—2016 年东莞市制造业碳排放量乘法分解结果（基于企业数）

影响要大很多。

从乘法分解结果来看（图 3-16），2008—2016 年，因经济规模扩张导致制造业碳排放量增长 1.9 倍，能源强度的降低导致制造业排放量降低为原来的 0.68 倍，产业结构调整导致制造业碳排放降低为原来的 0.85 倍，制造业能源结构相对稳定，能源结构对碳排放变化的影响较小，导致制造业碳排放量增加为原来的 1.2 倍。

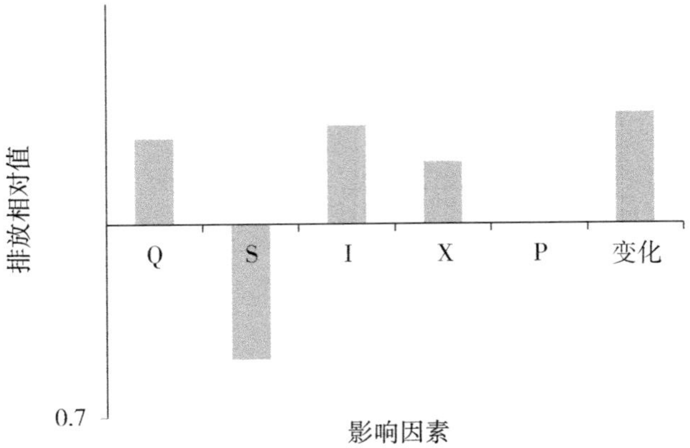

图 3-16　2008—2016 年东莞市制造业碳排放量乘法分解结果（基于企业数）

2008—2010 年（图 3-14），经济因经济规模扩张导致制造业碳排放量增加为原来的 1.18 倍，能源强度的降低导致制造业排放量降低为原来的 0.93 倍，产业结构调整导致制造业碳排放量降低为原来的 0.89 倍，制造业能源结构相对稳定，能源结构的变化导致制造业碳排放量增加了 1.04，整体的变化量为 1.06 倍。2011—2016 年（图 3-15），经济因经济规模扩张导致制造业碳排放量增加为原来的 1.38 倍，能源强度的降低导致制造业排放量降低为原来的 0.97 倍，产业结构调整导致制造业碳排放量降低为原来的 0.80 倍，制造业能源结构相对稳定，能源结构的变化导致制造业碳排放量增加了 1.07 倍，整体的变化量为 1.15 倍。

可见，无论从加法分解还是减法分解结果来看，经济规模因素是导致制造业碳排放增长的主导因素，能源结构因素虽然对碳排放变化影响比较弱，但是从结果上看仍然导致碳排放量增加。能源强度是抑制碳排放量增加的主导因素，而产业结构对碳排放也起到抑制作用，但影响力小于能源强度。

二、相邻年份对比

（一）模型 A（基于工业增加值）

从加法分解结果看（图 3-17），经济规模因素在 2008—2016 年并不是每

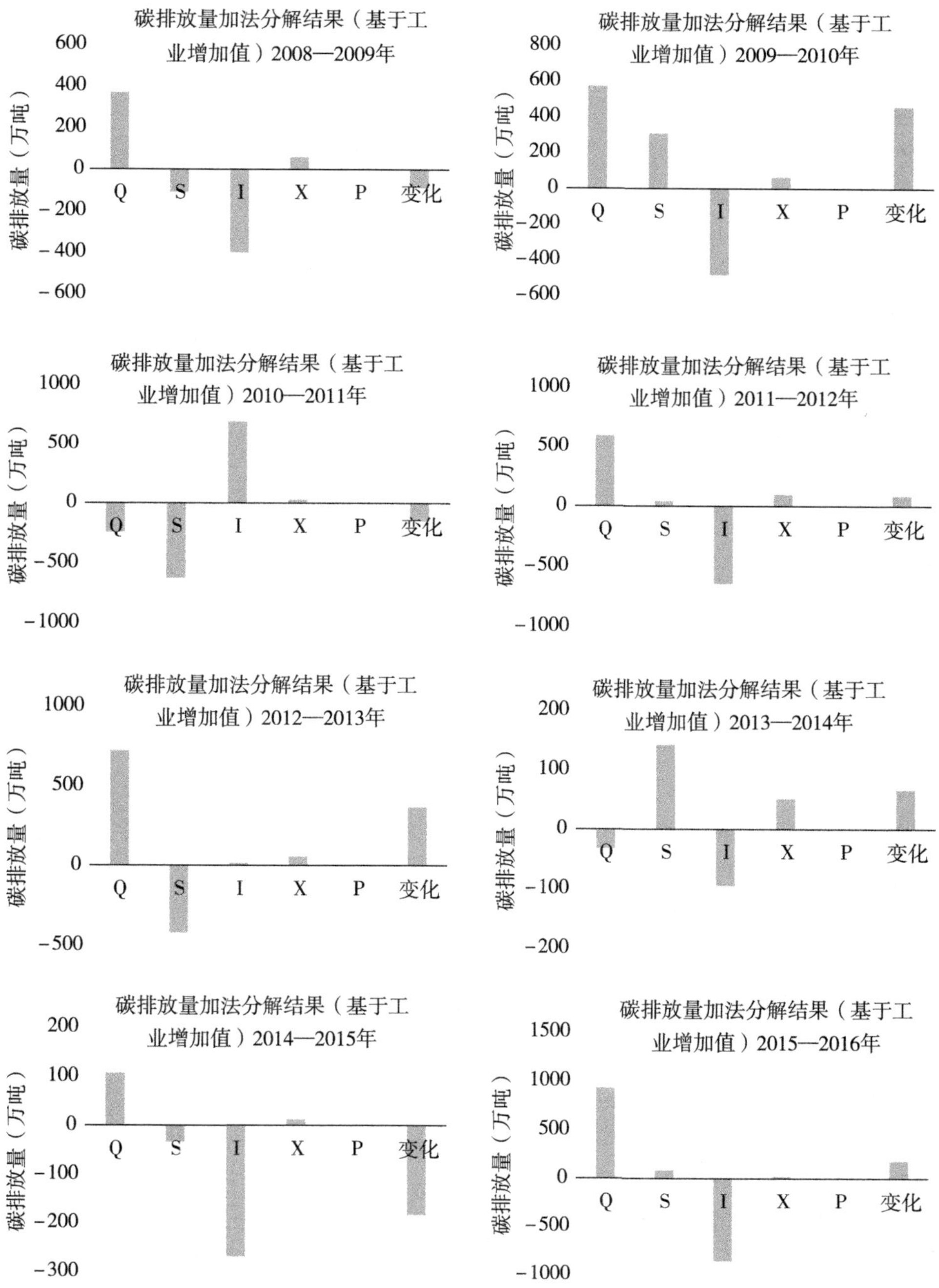

图 3-17　2008—2016 年相邻年份东莞市制造业碳排放量加法分解结果（基于工业增加值）

个阶段都是促进碳排放量增加的，这个主要是因为东莞市的经济规模在某些相邻年份是缩减的（2010—2011 年和 2013—2014 年）。可见，经济规模与碳排放放量的关系是正向相关的，即经济规模扩大，碳排放量增加，反之，经济规模缩减，碳排放量减少。因经济规模扩张导致碳排放量增加最少的是 2014—2015 年的 106 万吨，最多为 2015—2016 年的 928 万吨；因经济规模缩减导致碳排放量减少的最少的是 2013—2014 年的 32 万吨，最多为 2010—2011 年的 242 万吨。产业结构因素对碳排放量的影响波动较大，总体上体现出抑制作用，但是不同阶段的作用表现有所差异，由表 3-2 可知，产业结构因素对碳排放的作用主要由产业结构比重较大且碳排放量比重较大的行业引起的。能源强度因素与碳排放量是也是正相关的关系，对碳排放量起到抑制的作用，能源强度减少，碳排放量减少。因能源强度降低导致碳排放量减少最多的是 2015—2016 年的 856 万吨，最小的是 94 万吨；能源比例因素则是在每个阶段都起到促进碳排放量增加的作用。但是影响作用较小，平均值仅为每年增加 48 万吨。

从乘法分解看（图 3-18），所有因素对碳排放的增长不超过 1.3 倍，对碳排放量的降低作用不小于 0.8 倍。且在乘法分解结果中，各因素变量起伏与加法分解的起伏是一致的，且最大值和最小值出现的时间均相同。

（二）模型 B（基于企业数）

从加法分解结果看（图 3-19），经济规模因素（规上企业数量）促进了碳排放量的增加，其中最多的是 2012—2013 年，经济规模的扩大导致碳排放量增加了 660 万吨。2008—2016 年，经济规模平均导致碳排放量每年增加 260 万吨。产业结构因素（企业单位数比重）除了 2009—2010 年，其他时间段都起到了抑制碳排放增长的作用。这段时间的增加主要是因为碳排放量较多的行业如纺织业（从 5.7%上升到 7.2%），造纸和纸制品业（从 4.9%上升到 5.3%），非金属矿物制品业（从 2.1%上升到 2.3%），计算机、通信和其他电子设备制造业（从 14.9%上升到 15.9%）的比重增加。产业结构平均导致碳排放量每年减少 131 万吨。能源强度因素（单位企业能源消耗量）对碳排放量的影响波动较大，2008—2009 年、2011—2012 年、2012—2013 年、2014—2015 年其起到抑制碳排放量增加的作用，2009—2010 年、2013—2014 年、2015—2016 年其起到促进碳排放量增加的作用。但是能源强度对碳排放量的作用总体趋势上是起抑制作用的，能源强度平均导致碳排放量每年减少 54 万吨。能源结构因素均是起到促进碳排放量增加的作用，但是相对其他因素来说，其作用力较小，最高导致碳排放量增加 96 万吨，最少导致碳排放量增加

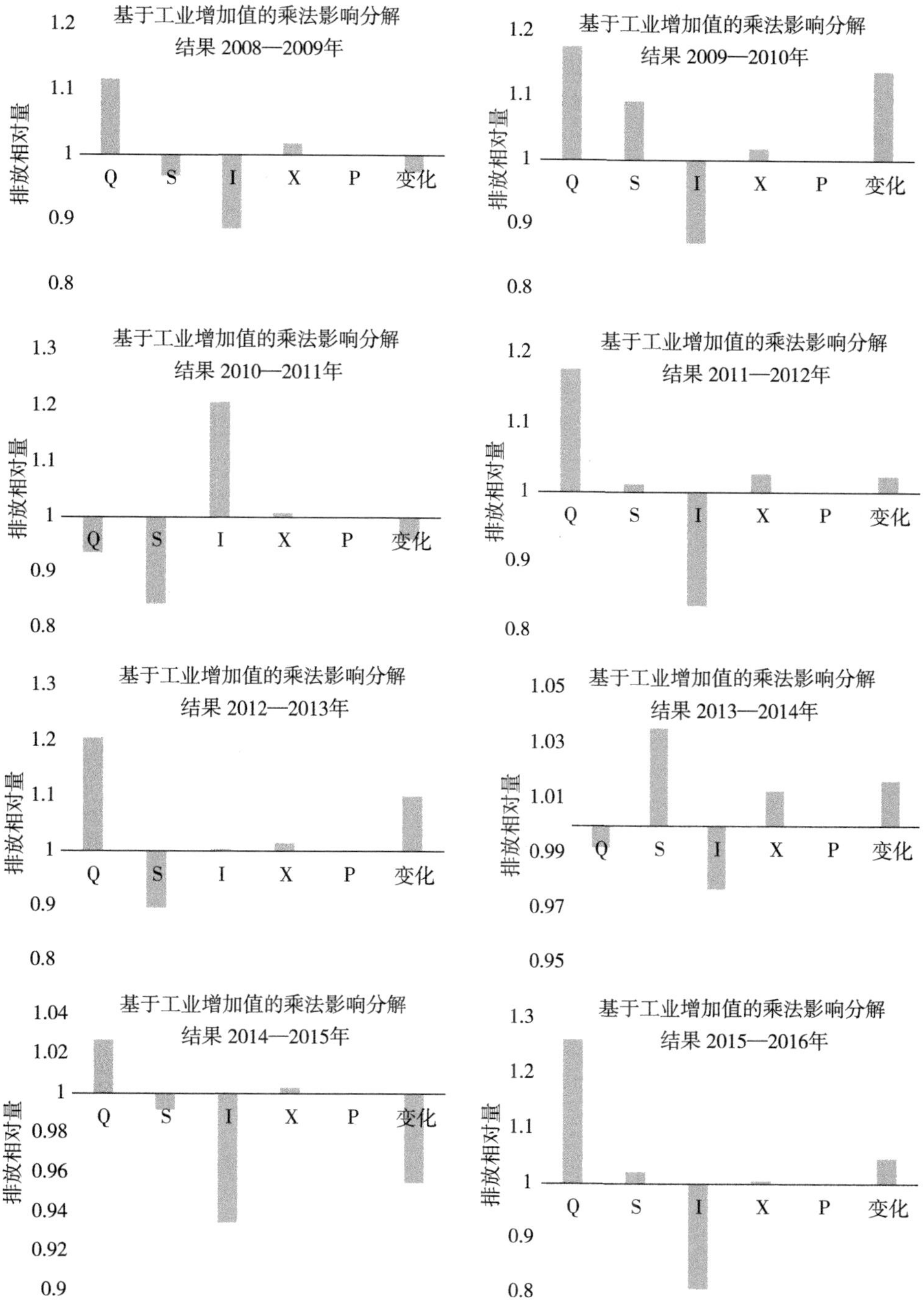

图 3-18　2008—2016 年相邻年份东莞市制造业碳排放量乘法分解结果（基于工业增加值）

12 万吨。

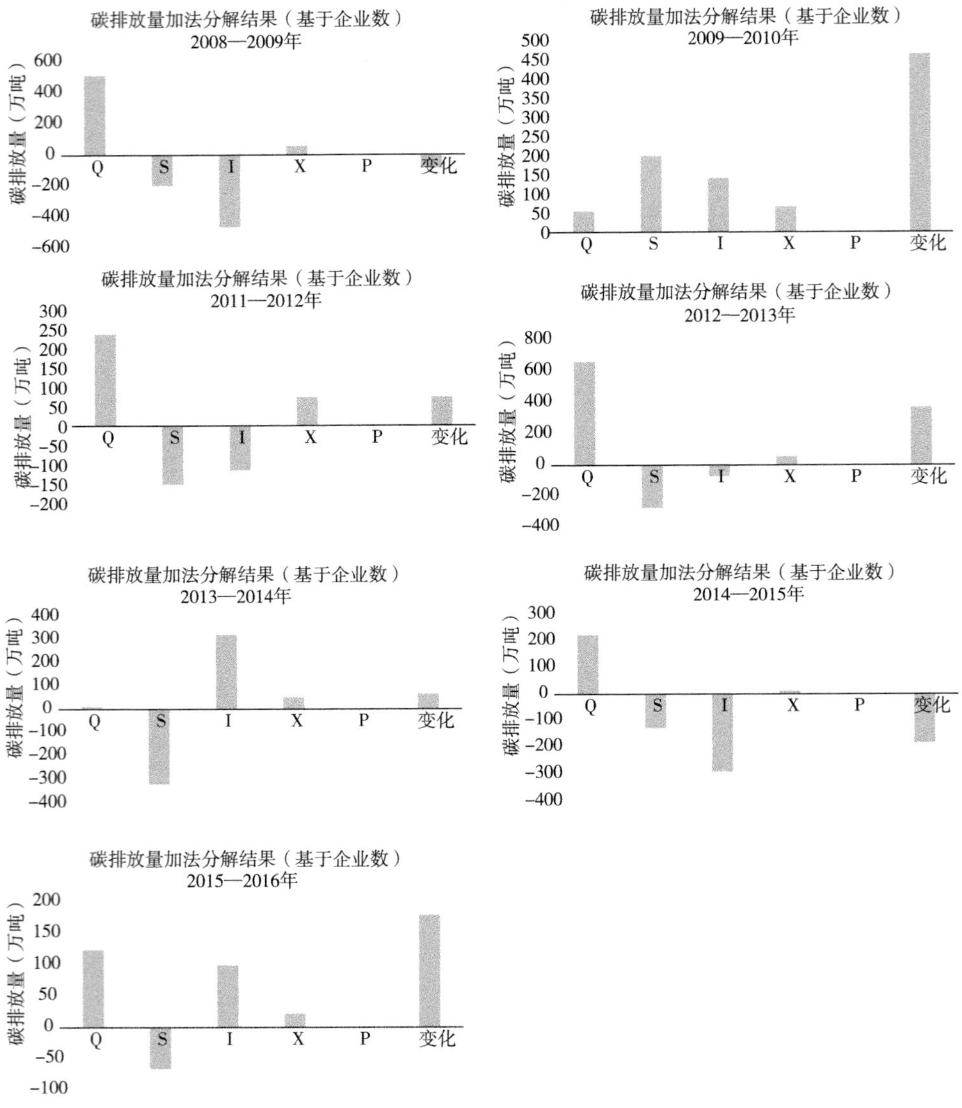

图 3-19　2008—2016 年相邻年份东莞市制造业碳排放量加法分解结果（基于企业数）

从乘法分解结果看（图 3-20），所有因素对碳排放的增长不超过 1.2 倍，对碳排放量的降低作用不小于 0.8 倍，且在乘法分解结果中，各因素变量起伏与加法分解的起伏是一致的，且最大值和最小值出现的时间均相同。

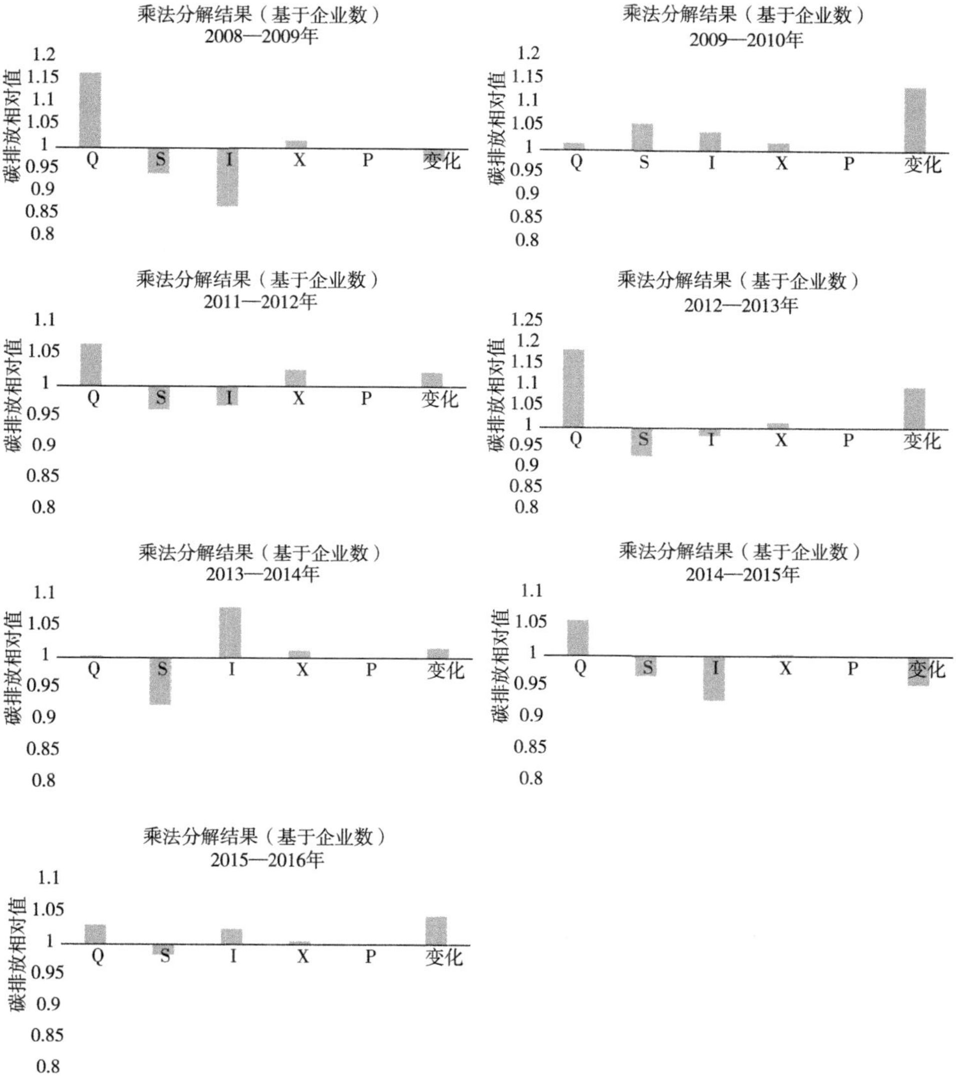

图 3-20　2008—2016 年相邻年份东莞市制造业碳排放量乘法分解结果（基于企业数）

对比两种模型（模型 A，模型 B）的分解结果，发现两者之间还存在一定的差异。在经济规模因素方面，模型 A 总体趋势是促进了碳排放的增加，而模型 B 中始终促进碳排放量的增加，且模型 A 平均导致碳排放量每年增加量大于模型 B；在产业结构因素方面，模型 A 对碳排放影响的波动比较大，模型 B 总体呈现抑制作用，且模型 B 平均导致碳排放量每年减少量大于模型 A；在能源强度因素方面，模型 A 总体趋势是抑制碳排放的增加，而模型 B 中对碳排放影响的波动比较大，且模型 A 平均导致碳排放量每年减少量大于模型 B；两者之间的能源结构对碳排放量的抑制作用相当，并没有很大的差距。从结果上看，与规上企业数和单个企业能源消费量相比，工业增加值和能源强度（万元产值能耗）的变动对碳排放量的影响更加显著。

第四节　制造业不同行业碳排放变化的驱动力差异分析

本章除了对比 2008—2016 年不同行业碳排放变化的驱动力差异外，还将重点分析造纸和纸制品业，计算机、通信和其他电子设备制造业，橡胶和塑料制品业，纺织业，非金属矿物制品业，电气机械和器材制造业 6 个行业，且以加法分解为主。

一、模型 A（基于工业增加值）

从经济规模因素来看（表 3-5），东莞市制造业各行业的经济规模因素碳排放加法结果均大于零，除了黑色金属冶炼和压延加工业外，且不同行业曲线变化趋势也非常相似。经济规模因素碳排放分解量在百万吨级别以上的行业有纸和纸制品业，计算机、通信和其他电子设备制造业，橡胶和塑料制品业，纺织业，非金属矿物制品业，电气机械和器材制造业 6 个行业。虽然制造业各行业之间碳排放差异明显，但是这种差异并没有明显地扩大和缩小的趋势。从图 3-21 可以看到，相邻年份经济规模因素的碳排放分解量呈现波动变化，而且这 6 个行业的经济增长速度也呈现波动变化。这一方面可以说明这些重点行业的经济增长与能源消耗有密切关系，也体现了东莞市制造业发展路径依赖性比较明显。

表 3-5　**2008—2016 年东莞市制造业分行业碳排放量加法分解结果**

（基于工业增加值）　（单位：万吨 CO_2）

行业名称		经济规模 Q	产业结构 S	能源强度 I	能源结构 X	综合变化
制造业总计	02	2934.09	−605.6	−2005.26	379.09	702.34
农副食品加工业	13	68.46	−47.3	33.06	10.94	65.19
食品制造业	14	26.14	−6.7	−26.14	10.96	4.22
酒、饮料和精制茶制造业	15	15.80	−24.3	2.75	10.29	4.55

续表

行业名称		经济规模 Q	产业结构 S	能源强度 I	能源结构 X	综合变化
烟草制品业	16	0.00	0.0	0.00	0.00	0.00
纺织业	**17**	**205.35**	**-248.0**	**-122.30**	**13.03**	**-151.95**
纺织服装、服饰业	18	33.66	-9.0	-34.86	9.24	-0.97
皮革、毛皮、羽毛及其制品和制鞋业	19	52.27	-6.5	-69.72	14.44	-9.56
木材加工和木、竹、藤、棕、草制品业	20	5.74	-0.9	-7.39	0.33	-2.22
家具制造业	21	35.15	-3.6	-36.19	6.06	1.42
造纸和纸制品业	**22**	**1333.73**	**-347.8**	**-475.66**	**13.22**	**523.49**
印刷和记录媒介复制业	23	26.09	-0.4	-24.05	5.37	7.02
文教、工美、体育和娱乐用品制造业	24	54.69	6.6	-72.85	10.21	-1.30
石油加工、炼焦和核燃料加工业	25	3.37	0.4	-16.95	-34.81	-47.94
化学原料和化学制品制造业	26	49.19	-7.4	-65.80	11.32	-12.68
医药制造业	27	2.84	1.3	-2.96	1.71	2.87
化学纤维制造业	28	3.71	-7.0	9.53	0.91	7.10
橡胶和塑料制品业	**29**	**176.16**	**25.9**	**-236.81**	**45.42**	**10.66**
非金属矿物制品业	**30**	**173.51**	**-56.1**	**-117.13**	**90.52**	**90.78**
黑色金属冶炼和压延加工业	31	-0.73	0.4	0.13	16.14	15.96
有色金属冶炼和压延加工业	32	15.34	-3.3	-19.20	6.45	-0.69
金属制品业	33	67.42	21.0	-62.53	14.61	40.53
通用设备制造业	34	35.23	35.1	-66.29	17.93	21.95
专用设备制造业	35	42.87	9.9	-60.20	21.49	14.10
交通运输设备制造业	36	22.36	13.4	-28.45	7.56	14.88
电气机械和器材制造业	**37**	**123.80**	**-74.5**	**-58.36**	**19.55**	**10.45**
计算机、通信和其他电子设备制造业	**38**	**328.78**	**153.1**	**-406.34**	**53.12**	**128.70**
仪器仪表制造业	39	22.90	-15.2	-20.27	2.92	-9.60
其他制造业	40	10.73	-14.7	-20.29	0.15	-24.15

续表

行业名称		经济规模 Q	产业结构 S	能源强度 I	能源结构 X	综合变化
废弃资源综合利用业	41	−0.02	0.0	0.00	0.00	−0.02
金属制品、机械和设备修理业	42	−0.44	0.0	0.00	0.00	−0.44

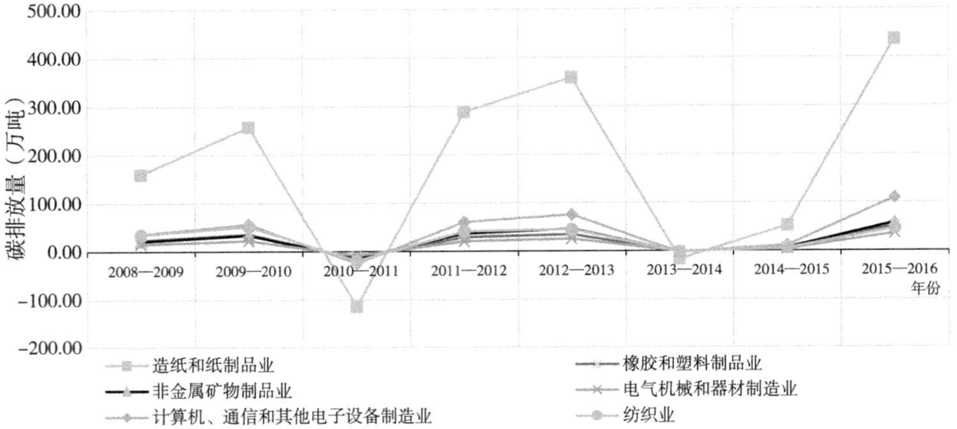

图 3-21　2008—2016 年东莞市制造业 6 个行业经济规模因素碳排放量分解结果（基于工业增加值）

从产业结构因素来看，产业结构是指工业增加值占整体制造业的比重，因此合计必然等于 100%，所以部分行业比重升高，必然导致部分行业比重下降，因此产业结构因素的碳排放分解结果必然是部分行业为正，部分行业为负。2008—2016 年，因产业结构调整导致碳排放量减少过百万吨的有纺织业、造纸和纸制品业这 2 个行业；导致碳排放增加过百万吨的有计算机、通信和其他电子设备制造业。

由于各行业产业结构因素的碳排放量分解量受自身经济比重变化的影响，所以相邻年份碳排放分解量起伏比较大。由图 3-22 可知，纺织业从 2008—2010 年的产业结构碳排放分解量大于 0，2010—2016 年，产业结构碳排放分解量小于 0，平均升高 1%，碳排放量增加 97 万吨；造纸和纸制品业的波动比较大，但是波动的幅度在逐年减少，平均每升高 1%，碳排放量增加 300 万吨。可见该行业是能源密度型行业，其碳排放量变化对产业结构因素的响应更为敏锐，且在当前制造业中的地位不断下降，产业结构可以很好地发挥碳减排作用。橡胶和塑料制品业、非金属矿物制品业和电气机械和器材制造业的波动不大，产业结构对碳排放分解量的影响较小。计算机、通信和其他电子设备制造业虽然所占比重较大，但是由于这部分行业基本使用电力清洁能源，因此该行业的产业结构对碳排放分解量的影响最小，平均每升高 1%，碳排放量增加 13 万吨。

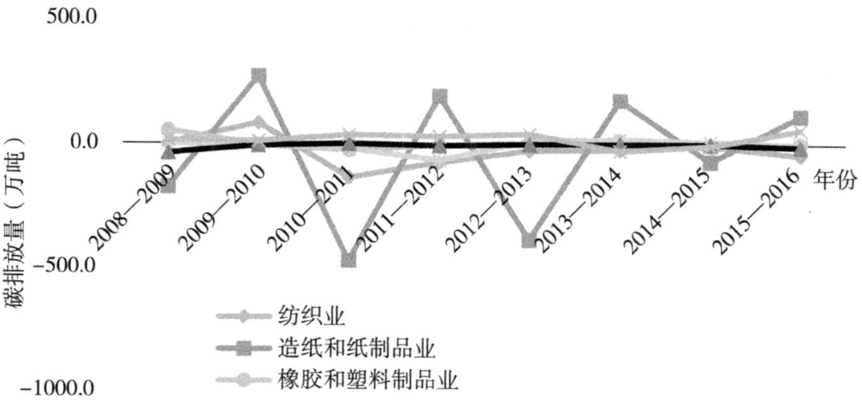

图 3-22　2008—2016 年东莞市制造业 6 个行业产业结构因素碳排放量分解结果（基于工业增加值）

从能源强度因素看，2008—2016 年，能源强度因素对大部分行业都起到了减少碳排放量的作用，除了农副食品加工业，酒、饮料和精制茶制造业，化学纤维制造业，黑色金属冶炼和压延加工业这 4 个行业，但是其影响的力度较小，甚至可忽略不计。从图 3-23 可以看出，能源强度对造纸和纸制品业，非金属矿物制品业，计算机、通信和其他电子设备制造业的影响波动范围较大，可见能源强度的碳减排作用效果非常明显，未来可重点推动这些行业的能源强度的下降。而能源强度对纺织业、橡胶和塑料制品业、电气机械和器材制造业的影响波动范围较小，能源强度因素下降的空间比较有限。

从能源结构因素来看，由于大多数行业自身的能源结构变化并不明显，所以能源结构因素的碳排放分解量相对比较小。从相邻年份能源结构因素的碳排放分解量来看（图 3-24），起伏较大的行业是非金属制造业和计算机、通信和其他电子设备制造业。计算机、通信和其他电子设备制造业的能源结构的变化主要是由石油和天然气的消耗增加而电力消耗的减少引起的；非金属制造业的能源结构的变化主要是由石油用量的减少而电力消耗的增加引起的；橡胶和塑料制品业等能源结构变化主要是由煤和石油用量的减少而电力消耗的增加引起

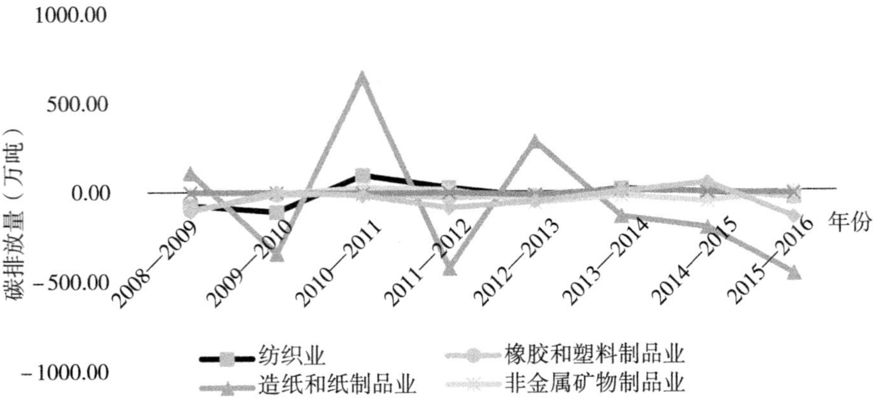

图 3-23　2008—2016 年东莞市制造业 6 个行业能源强度因素碳排放量分解结果（基于工业增加值）

的；纺织业、造纸和纸制品业、电气机械和器材制造业能源结构非常稳定，导致能源强度因素对碳排放变化的影响十分微弱。

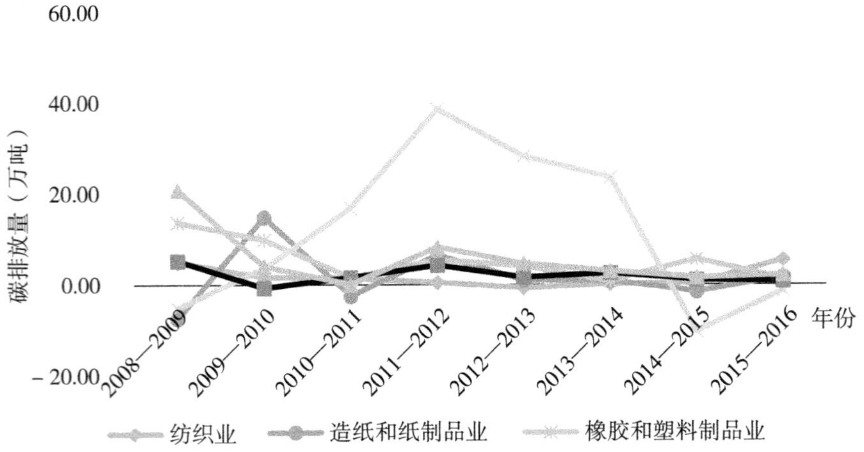

图 3-24　2008—2016 年东莞市制造业 6 个行业能源结构因素碳排放量分解结果（基于工业增加值）

二、模型 B（基于企业数）

将 2010—2011 年这段时间剔除，表 3-6 中将碳排放因素分解结果分为 2008—2010 年和 2011—2016 年两个时间段。

表 3-6　**2008—2016 年东莞市制造业分行业碳排放量加法分解结果（基于企业数）**　（单位：万 tCO_2）

行业名称	行业代码	2008—2010 年					2011—2016 年				
		经济规模 Q	产业结构 S	能源强度 I	能源结构 X	综合变化	经济规模 Q	产业结构 S	能源强度 I	能源结构 X	综合变化
制造业总计	02	600. 14	-10. 05	-350. 95	126. 20	365. 34	1233. 64	-850. 30	-121. 52	269. 88	531. 71
农副食品加工业	13	11. 48	15. 98	-9. 66	2. 92	20. 72	35. 18	0. 74	-16. 09	7. 76	27. 58
食品制造业	14	6. 62	-4. 96	4. 48	7. 65	13. 79	11. 63	-0. 27	-17. 54	4. 70	-1. 47
酒、饮料和精制茶制造业	15	3. 63	-1. 77	-0. 77	3. 23	4. 32	7. 89	0. 26	-14. 99	5. 25	-1. 60
烟草制品业	16	0. 00	0. 00	0. 00	0. 00	0. 00	0. 00	0. 00	0. 00	0. 00	0. 00
纺织业	17	56. 44	50. 88	-126. 42	6. 96	-12. 14	72. 38	-181. 43	27. 85	6. 37	-74. 83
纺织服装、服饰业	18	5. 83	-13. 85	-10. 72	1. 51	-17. 23	9. 66	3. 11	1. 79	6. 49	21. 05
皮革、毛皮、羽毛及其制品和制鞋业	19	13. 93	-1. 52	0. 51	10. 81	23. 73	23. 63	-9. 82	-40. 03	3. 34	-22. 87
木材加工和木、竹、藤、棕、草制品业	20	1. 80	-2. 05	6. 92	-0. 57	6. 09	2. 57	-0. 55	-7. 86	0. 49	-5. 35
家具制造业	21	8. 00	12. 03	-15. 77	3. 73	7. 99	14. 08	4. 91	-19. 55	3. 27	2. 72
造纸和纸制品业	22	260. 95	-98. 19	111. 53	6. 70	281. 00	596. 33	-744. 20	329. 99	8. 82	190. 95
印刷和记录媒介复制业	23	4. 59	-0. 22	-10. 82	2. 31	-4. 14	9. 27	4. 48	-1. 60	2. 30	14. 46

续表

行业名称	行业代码	2008—2010年					2011—2016年				
		经济规模 Q	产业结构 S	能源强度 I	能源结构 X	综合变化	经济规模 Q	产业结构 S	能源强度 I	能源结构 X	综合变化
文教、工美、体育和娱乐用品制造业	24	11.00	-6.33	-17.96	4.29	-9.01	19.21	2.98	-11.05	5.93	17.07
石油加工、炼焦和核燃料加工业	25	0.42	0.42	-8.80	-3.43	-11.39	0.12	-0.27	0.17	0.93	0.95
化学原料和化学制品制造业	26	13.64	11.99	-8.66	2.88	19.85	22.29	1.39	-61.48	9.45	-28.34
医药制造业	27	0.42	-0.18	-0.29	-0.23	-0.28	0.98	-0.71	1.01	1.63	2.90
化学纤维制造业	28	0.48	-1.88	3.26	-0.35	1.51	3.01	4.82	0.43	6.75	15.02
橡胶和塑料制品业	29	38.05	20.50	-70.27	24.78	13.06	67.11	-1.57	-41.10	18.76	43.20
非金属矿物制品业	30	34.07	10.02	-12.45	-1.71	29.92	77.31	16.99	-116.35	79.70	57.65
黑色金属冶炼和压延加工业	31	1.37	0.31	-3.29	-0.98	-2.59	-0.95	1.78	-2.41	17.44	15.87
有色金属冶炼和压延加工业	32	3.30	4.60	-13.55	4.43	-1.22	6.10	-1.16	-4.08	2.17	3.03
金属制品业	33	11.20	-11.20	-2.73	2.60	-0.13	24.51	9.71	7.74	13.13	55.09
通用设备制造业	34	6.03	13.56	-25.11	2.99	-2.53	13.59	2.68	-4.45	14.35	26.18
专用设备制造业	35	7.67	-8.92	-17.61	15.06	-3.80	14.32	16.46	-13.87	3.36	20.28
交通运输设备制造业	36	3.54	2.73	-9.01	1.48	-1.26	9.26	6.33	-5.40	4.39	14.58
电气机械和器材制造业	37	24.69	-17.78	-22.65	4.92	-10.83	45.61	7.59	-27.56	11.66	37.30

续表

行业名称	行业代码	2008—2010年					2011—2016年				
		经济规模Q	产业结构S	能源强度I	能源结构X	综合变化	经济规模Q	产业结构S	能源强度I	能源结构X	综合变化
计算机、通信和其他电子设备制造业	38	61.89	22.15	-81.98	27.52	29.59	136.91	3.34	-49.66	21.43	112.02
仪器仪表制造业	39	5.89	-6.22	1.80	0.61	2.09	8.85	4.02	-20.84	1.43	-6.53
其他制造业	40	3.19	-0.14	-10.92	-3.89	-11.76	2.96	-1.85	-11.47	8.56	-1.79
废弃资源综合利用业	41	0.00	0.00	0.00	0.00	0.00	-0.01	-0.01	-0.09	0.00	-0.11
金属制品、机械和设备修理业	42	0.00	0.00	0.00	0.00	0.00	-0.18	-0.04	-3.05	0.00	-3.27

从经济规模因素（规上企业数）来看，东莞市制造业各行业的经济规模因素碳排放加法结果均大于零。与工业增加值相比，规上企业数变化波动相对较小。2008—2010年，经济规模导致碳排放分解量在百万吨级别以上的行业有纸和纸制品业；2011—2016年，经济规模导致碳排放分解量在百万吨级别以上的行业有纸和纸制品业，计算机、通信和其他电子设备制造业2个行业。对比图3-21和图3-25发现，两种不同计算方式的经济规模变化趋势存在2个主要不同点。第一，模型B（基于企业数）的分解结果在2009—2010年、2013—2014年、2015—2016年均比前一个相隔年的碳排放量有所下降，而模型A（基于工业增加值）仅在2013—2014年出现最低值，并且出现负值，其他时间段均是上升的趋势。第二，在2009—2010年、2015—2016年这两个时间段变化趋势呈现相反的方向。这说明企业的工业增加值的增速比企业数的增速要快。

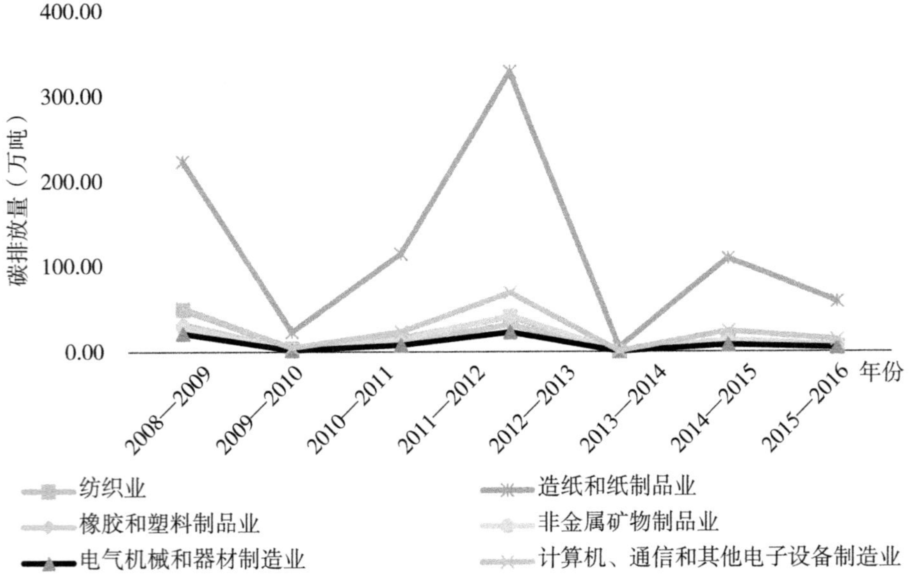

图3-25　2008—2016年东莞市制造业6个行业经济规模因素碳排放量分解结果（基于企业数）

从产业结构（规上企业数比重）因素看，2008—2010年和2011—2016年产业结构因素的碳排放量绝对值最大的出现在造纸和纸制品业，碳排放量分别减少98万吨和744万吨，其次是纺织业，2008—2010年碳排放量增加51万吨，2011—2016 年碳排放量减少 181 万吨。其他四个行业的对碳排放量的影响效果不显著。从这方面可以看出，产业结构对能源密集型行业起到抑制的作用。对比图 3-22 和图 3-26 发现：(1) 与工业增加值比重相比，规上企业数比重对碳排放影响的效果要小。(2) 造纸和纸制品业在 2013—2014 年和 2014—2015 年这两个时间段的作用效果相反。

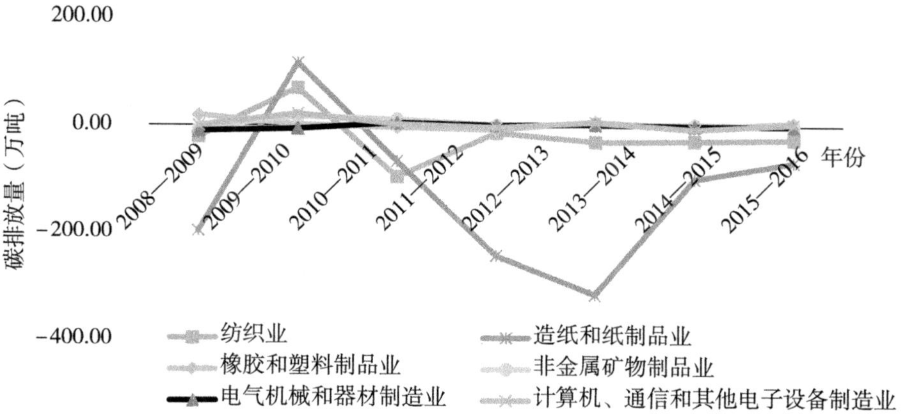

图 3-26 2008—2016 年东莞市制造业 6 个行业产业结构因素碳排放量分解结果（基于企业数）

从能源强度（单位企业的能源消耗量）因素来看，与工业增加值比重相比，规上企业数比重对碳排放影响的效果要小，但是同样呈现显著的波动性。这是因素企业规模在不断扩大（减少），但是相应的能源强度并不是平衡增长（减少），而是表现出一定的波动性。在企业规模扩张早期，必然导致能源消费量的成倍增长。随着企业专业化和集约化水平的不断提升，技术水平不断提升，能源强度就会不断下降。于是呈现企业不断扩张，技术不断更新，再扩张，再更新的循环发展过程，从而出现能源强度的波动性变化。2008—2010 年能源强度最大导致纺织业减少碳排放量 126 万吨，造纸和纸制品业增加碳排放量 112 万吨；2011—2016 年能源强度最大导致计算机、通信和其他电子设备制造业减少碳排放 50 万吨，造纸和纸制品业增加碳排放量 323 万吨；造纸和纸制品业对能源强度的影响总体是促进碳排放的增长，与模型 A 相比呈现总体抑制碳排放的增长刚好相反。而实际上模型 B 更能反映当前制造业碳减排的阻力。造纸和纸制品业的企业数量在不断减少，而能源消耗量在不断增长，实际上单位企业碳排放量在不断增加，事实上该行业碳排放量在不断增加。而由于该行业的工业增加值在不断增加，导致单位产值能耗在波动下降，掩盖了能源消费量增加的事实。

模型 B 的能源结构因素影响与模型 A 的相似，因此不再作重复的分析。

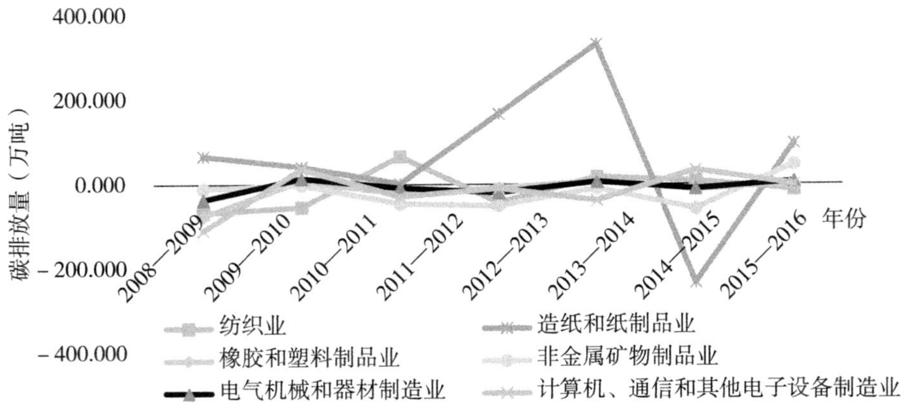

图 3-27　2008—2016 年东莞市制造业 6 个行业能源强度因素碳排放量分解结果（基于企业数）

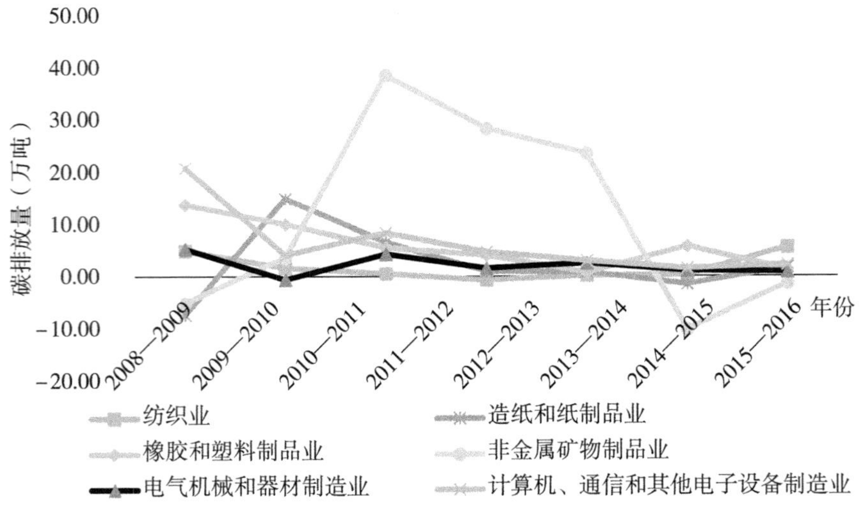

图 3-28　2008—2016 年东莞市制造业 6 个行业能源结构因素碳排放量分解结果（基于企业数）

结合两个模型的碳排放驱动因素的分析可知：（1）模型 A 对碳排放的影

响效果总体上大于模型 B 的影响效果。（2）对于碳排放量较大的 6 个行业来说，两个模型的经济规模和能源结构始终是促进碳排放量的增加，而能源强度和产业结构对碳排放的影响则不尽相同。能源强度在模型 A 中始终对碳排放起到抑制作用，在模型 B 中对造纸业始终是促进作用，对纺织业是先抑制后增长，而对其他 4 个行业始终起抑制作用。产业结构在模型 A 中对橡胶和塑料制品业，计算机、通信和其他电子设备制造业两个行业的碳排放量起促进作用外，对其他 4 个行业起抑制作用。在模型 B 中，2008—2010 年，能源强度对造纸和纸制品业、电气机械和器材制造业的碳排放量起抑制作用外，对其他 4 个行业起促进作用，2011—2016 年，能源强度则对非金属矿物制品业，电气机械和器材制造业，计算机、通信和其他电子设备制造业这 3 个行业的碳排放量起促进作用，对纺织业、造纸和纸制品业、橡胶和塑料制品业这 3 个行业的碳排放量起抑制作用。（3）从各因素的绝对值影响效果来看，一般地，经济规模对碳排放的影响最大，能源结构对碳排放的影响最小，其次是能源强度，最后是产业结构。（4）经济规模、能源结构、产业结构等因素对造纸和纸制品业的影响最大，能源结构对非金属矿物制品业的影响最大。

第四章　东莞市制造业碳排放情景模拟分析

第一节　不同模式下的制造业碳排放变化情景设定

一、路径依赖模式

之所以会出现路径依赖，事实上也表明这种发展模式在早期一定是十分符合区域发展的，不然也不会出现依赖的情况。然而资源是有限的，不可能长期地促进一个区域的繁荣。当资源枯竭，而技术积累比较欠缺时，就要进行产业升级转型。东莞市自 2008 年开始，一直走在产业升级转型的前列。由前面的分析可知，无论是市场环境，还是国家节能减排、淘汰落后产能等政策要求，东莞市都在加速产业结构调整，引导“两高一低”的退出。

对于制造业而言，路径依赖在产业发展后期所产生的影响，首先是技术约束。技术约束所导致的产业升级困难，是产业结构失衡的深层原因。制造业能源强度的下降可以看作技术进步的体现，但是也有可能是规模化生产、产品日趋成熟等造成生产成本的降低。产品销量导致经济规模扩张迅速使得能源强度下降。其实，不论是从东莞市整体制造业，还是从制造业各行业的能源消费结构来看，近十年的改变都非常小，其能源结构没有明显表现出向低碳方向转变的趋势。

越是宏观数据，其波动性越小，变化曲线越平滑，也越能体现路径依赖效果。因此依赖路径，本书采用自上而下的方式，对经济和能源数据进行预测。首先能源结构最为稳定，并且前人的研究成果表明，能源结构变动可以看作一个马尔科夫过程，所以本书采用马尔科夫链预测方法对东莞市制造业能源结构进行预测。其次是能源与经济数据。本书采用 G（1，1）模型发展的预测方法，对东莞市制造业能源和工业增加值进行模拟预测 2017—2030 年数据。关于分行业的经济数据，以马尔科夫链对经济结构进行预测，再根据预测的制造业的值重新计算得到各行业的工业增加值。

二、路径优化模式

既然要优化，就要确定优化的方向和目标。2016 年 10 月 27 日国务院发布《“十三五”控制温室气体排放工作方案》，指出到 2020 年单位工业增加值二氧化碳排放量比 2015 年下降 22%。2020 年战略性新兴产业增加值占国内生产总值的比重力争达到 15%。随后广东省人民政府在 2017 年 5 月 5 日发布《广东省“十三五”控制温室气体排放工作实施方案》，方案提出到 2020 年单位 GDP 二氧化碳排放（碳强度）比 2015 年下降 20.5%。其中，广州、深圳、佛山、东莞、中山市碳排放强度分别下降 23.0%。2020 年战略性新兴产业增加值占国内生产总值的比重力争达到 16%。东莞市人民政府在 2017 年 1 月 10 日发布《东莞市低碳发展“十三五”规划》，规划指出到 2020 年单位 GDP 二氧化碳排放（碳强度）比 2015 年下降 21.5%（但是最终以省下达的为准），峰值出现在“十四五”期间。在产业方面，指出要促进产业低碳化和低碳产业化，打造低碳产业体系。一是加快布局高端智能装备、汽车及关键零部件制造、3D 打印、检测试验设备等高端装备制造产业。发展高端电子信息、云计算（电子政务云、智慧城市云等）、物联网等战略新兴产业。先进制造业增加值占规模以上工业增加值比重达 52%，高技术制造业增加值占规模以上工业增加值比重达 38% 以上。二是以“两高一低”企业退出为契机，促进造纸、非金属矿物制造、纺织印染等高能耗行业的产能布局调整和优化。《东莞市“十三五”能源规划》指出能源强度 2020 年比 2015 年下降 20%。

在该规划的指导下，对于路径优化模式下经济与能源数据的预测，采用自下而上的方式，首先根据不同制造业行业的发展目标、发展前景和东莞市地区生产总值增速，分阶段制定各行业 2017—2030 年的工业增加值平均增速。关于分阶段平均增速的设定，参考历史变化趋势、规划提出的行业发展目标、从业人员的数量变化，全市的经济发展速率。制造业各行业碳排放量，通过能源强度和碳排放系数推算。能源强度以 2015—2020 年累计下降 20%。2025 年能源强度比 2020 年下降 15%，2030 年能源强度比 2025 年下降 10%。由于各行业能源结构比较稳定，所以行业碳排放系数取 2008—2016 年的平均值。

三、路径突破模式

路径突破模式，就是在路径优化模式的基础上，在两个方面实现突破。一是快速淘汰过剩产能，调整能源密集型产业结构。2019 年 4 月 1 日，广东省人民政府印发《广东省 2019 年推动落后产能退出工作方案》。文件中指出要以钢铁、水泥、电解铝、平板玻璃、造纸、印染、制革、铅蓄电池、铜冶炼、铅冶炼、小火电、陶瓷 12 个行业为重点，着力推动能耗、环保、质量、安全、技术达不到标准和生产不合格产品或淘汰类产能，依法依规关停退出。东莞市推出“两高一低”机制，重点以造纸、漂染、洗水、印花、电镀、制革等企业为整治退出对象。可见，对于能源密集型企行业，要解决淘汰过生产能，进一步提高这些行业的能源利用效率。所以在路径优化的基础上，对于农副食品加工业、造纸和纸制品业、纺织业、化学纤维制造业、非金属矿物制品业的能源强度下降目标由累计下降 20%提高到 25%。二是大力发展高端智能装备、汽车及关键零部件制造、3D 打印、检测试验设备等高端装备制造产业。发展高端电子信息、云计算（电子政务云、智慧城市云等）、物联网等战略新兴产业。主要涉及的行业有：计算机、通信和其他电子设备制造业，电气机械及器材制造业，交通运输设备制造业。

综上所述，对于路径突破模式，一是要对部分能源密集型行业加速淘汰，二是加快先进制造业崛起。因此路径突破模式的参数设定是在路径优化模式的基础上加以修改的。

第二节　情景模拟的分析方法

一、路径依赖模式情景模拟分析方法

（一）马尔科夫链预测

马尔科夫预测方法，是基于马尔科夫链的一种预测事情发生概率的方法。马尔科夫链是具有马尔科夫性质的随机变量的一个数列。其性质可以简单描述为：如果某一个事件的发展过程中，每次状态的转移都只仅与前一时刻的状态有关，而与过去的状态无关，这样的状态转移过程成为马尔科夫过程。结合本书的研究对象，具体的预测过程，可分为以下几个步骤。

（1）建立能源结构状态的向量。

设 t 时刻，制造业的能源消费总量为 $\mathrm{EC}(t)$ ，则

$$\mathrm{EC}(t) = \sum_{i} \mathrm{EC}_i(t) \tag{4-1}$$

这里的 $\mathrm{EC}_i(t)$ 是指 t 时刻 i 种能源的消费量。结合本书的数据特征，选用

A、B、C、D、E 这 5 个大写字母来表示 5 种能源大类、分别是煤、天然气、石油、电力、其他能源。各种能源消费量所占比重 $ES_i(t)$ 为：

$$ES_i(t) = \frac{EC_i(t)}{EC(t)} \tag{4-2}$$

于是制造业能源结构的状态向量可以表示为 $ES(t) = \{ES_i(t)\}$。

（2）建立转移概率矩阵。

设 $t+1$ 时刻，制造业能源结构中的 i 转移为 j 的概率为 $P_{i\to j}(t+1)$，由此构建转移概率矩阵 $P(t+1)$ 为：

$$P(t+1) = \begin{bmatrix} P_{A\to A}(t+1) & P_{A\to B}(t+1) & \cdots & P_{A\to U}(t+1) \\ P_{B\to A}(t+1) & P_{B\to B}(t+1) & \cdots & P_{B\to U}(t+1) \\ \vdots & \vdots & \vdots & \vdots \\ P_{U\to A}(t+1) & P_{U\to B}(t+1) & \cdots & P_{U\to U}(t+1) \end{bmatrix} \tag{4-3}$$

对于 P（t+1）中的每一行，由于是某一种能源转化为其他能源的概率，所以显然 P（t+1）中每一行元素之和为 1。基于转移矩阵 P（t+1），通过求出历年的转移矩阵概率，可以得到某些年的平均转移概率矩阵。根据平均转移概率矩阵，就可以预测未来某一年的能源结构。平均转移概率矩阵计算公式为：

$$\overline{P} = [P(1) \cdot P(2) \cdot \cdots \cdot P(t)]^{\frac{1}{t}} \tag{4-4}$$

于是，基于平均转移概率矩阵的任意年份能源结构可以表示为：

$$ES(t+m) = ES(t) \cdot \overline{P}^m \tag{4-5}$$

（3）计算转移概率矩阵中的元素。

对于 P（t+1）中对角线上的元素，即当 i=j 时，$P_{i\to j}(t+1)$ 的值满足以下条件：

$$P_{i\to j}(t+1) = \begin{cases} 1 & ES_i(t+1) > ES_i(t) \\ \dfrac{ES_i(t+1)}{ES_i(t)} & ES_i(t+1) < ES_i(t) \end{cases} \tag{4-6}$$

当某一对角线元素的值为 1 时，则其他所在行和列的其他元素的值都为 0。

$$P_{i\to j}(t+1) = 1,\ i = j \Rightarrow \begin{cases} P_{i\to k}(t+1) = 1,\ k \neq i \\ P_{q\to j}(t+1) = 1,\ q \neq j \end{cases} \tag{4-7}$$

当某一对角线元素的值不等于 1 时，则其所在列的其他元素的值都为 0；该对角线元素所在行的其他元素的值可以通过以下公式进行计算：

$$P_{i\to j}(t+1)=\frac{[1-P_{i\to j}(t+1)][\mathrm{ES}_k(t+1)-\mathrm{ES}_k(t)]}{\sum_k [\mathrm{ES}_k(t+1)-\mathrm{ES}_k(t)]}$$

$$k\neq i,\ \mathrm{ES}_k(t+1)-\mathrm{ES}_k(t)>0,\ i=j \tag{4-8}$$

（二）灰色预测

本文利用 GM（1，1）模型，结合东莞市制造业历史数据，对制造业能与消耗和工业增加值进行预测。具体的计算过程分为以下几个步骤。

（1）构建原始数据序列。

$$X^{(0)}=\{X^{(0)}(1),\ X^{(0)}(2),\ \cdots,\ X^{(0)}(n),\} \tag{4-9}$$

（2）通过一次累加，生产新的序列。

$$X^{(0)}=\{X^{(0)}(1),\ X^{(0)}(2),\ \cdots,\ X^{(0)}(n),\} \tag{4-10}$$

$$X^{(1)}k=\sum_{i=1}^{k}X^{(0)}(1),\ k=1,\ 2,\ \cdots,\ n \tag{4-11}$$

（3）构建背景值序列（通常取 $T=0.5$）。

$$Z^{(1)}k=TX^{(1)}(k-1)+(1-T)X^{(1)}(k)\,k=2,\ 3,\ \cdots,\ n \tag{4-12}$$

（4）假设 $X^{(1)}$ 具有近似指数变化规律，则基于 GM（1，1）构建白化方程：

$$\frac{\mathrm{d}X^{(1)}}{\mathrm{d}t}+aX^{(1)}=u \tag{4-13}$$

$$X^{(0)}+aZ^{(1)}(k)=u \tag{4-14}$$

（5）设定初始值。本书选择预测序列与原始序列初始值相等，即 $X^{(0)}(1)=X^{(0)}(1)$。然后利用最小二乘法求解上面方程的参数 a 和 u，从而得出预测序列 $X^{(0)}$：

$$\hat{X}^{(1)}(k+1)=\left[X^{(0)}(1)-\frac{u}{a}\right]e^{-ak}+\frac{u}{a} \tag{4-15}$$

$$\hat{X}^{(0)}(k+1)=\hat{X}^{(1)}(k+1)-\hat{X}^{(1)}(k)=(1-e^{a})\left[X^{(0)}(1)-\frac{u}{a}\right]e^{-ak} \tag{4-16}$$

二、路径优化模式情景模拟分析方法

东莞市制造业各行业 2018—2030 年工业增加值平均设定如表 4-1 所示，其中纺织业、造纸和纸制品制造业、非金属矿物制造业（平板玻璃）、电气机械及器材制造业（铅酸电池）4 个碳排放量集中和碳排放强度大的行业，则坚决实施过剩产能淘汰政策，不断减少增长速度及增长规模。对于皮革、毛皮、羽毛及其制品和制鞋业，木材加工和木、竹、藤、棕、草制品业，家具制造业，造纸和纸制品业，石油加工，炼焦和核燃料加工业，化学原料和化学制品制造业，橡胶和塑料制品业的经济呈现正增长，而从业人员数呈现负增长，因此会适当降低其增长速度。

表 4-1　东莞市制造业各行业 2017—2030 年平均经济增速和碳排放系数（路径优化模式）

行业名称	工业增加值增长率（%）			碳排放系数（tCO_2/tce）
	2017—2020 年	2021—2025 年	2026—2030 年	
农副食品加工业	5.14	4.00	3.00	3.8
食品制造业	6.00	4.00	2.00	3.3
酒、饮料和精制茶制造业	-9.00	-11.00	-12.00	3.2
烟草制品业	0.00	0.00	0.00	0.0
纺织业	-4.00	-6.50	-8.00	3.8
纺织服装、服饰业	2.00	1.00	-1.00	4.5
皮革、毛皮、羽毛及其制品和制鞋业	-3.00	-4.00	-5.00	4.8
木材加工和木、竹、藤、棕、草制品业	-3.00	-4.00	-5.00	4.2
家具制造业	5.00	4.00	3.00	5.1
造纸和纸制品业	8.00	2.00	-1.00	3.8
印刷和记录媒介复制业	7.25	6.00	5.00	5.1
文教、工美、体育和娱乐用品制造业	13.35	10.00	8.00	5.3
石油加工、炼焦和核燃料加工业	30.00	25.00	20.00	2.8
化学原料和化学制品制造业	5.93	5.60	5.00	4.2
医药制造业	11.08	12.00	15.00	3.1
化学纤维制造业	24.91	26.00	25.00	4.6
橡胶和塑料制品业	13.60	12.00	10.00	5.0
非金属矿物制品业	9.00	5.00	1.00	3.2
黑色金属冶炼和压延加工业	17.74	15.00	13.00	4.5
有色金属冶炼和压延加工业	10.53	10.00	9.00	4.0

续表

行业名称	工业增加值增长率（%）			碳排放系数（tCO_2/tce）
	2017—2020 年	2021—2025 年	2026—2030 年	
金属制品业	25.88	23.00	22.00	4.9
通用设备制造业	12.80	10.00	9.00	5.1
专用设备制造业	23.00	19.00	16.00	5.1
交通运输设备制造业	5.43	6.00	8.00	4.4
电气机械和器材制造业	9.00	8.00	7.00	5.2
计算机、通信和其他电子设备制造业	14.00	12.00	9.00	5.4
仪器仪表制造业	12.00	11.00	9.00	5.4
其他制造业	-2.74	-5.00	-6.00	4.5
废弃资源综合利用业	-8.86	-10.00	-8.00	5.8
金属制品、机械和设备修理业	30.00	25.00	20.00	5.8

制造业各行业碳排放量，通过能源强度和碳排放系数推算。其中能源强度以 2017—2020 年累计下降 20%。2021—2025 年能源强度累计下降 15%，2026—2030 年能源强度累计下降 10%。

各行业碳排放系数，是在 2008—2016 年历年各行业碳排放量与能源消费量的比值的基础上再求平均数得到的。

三、路径突破模式情景模拟分析方法

路径突破模式下制造业各行业增速的设定是在路径优化模式上修改的。修改主要针对第三章重点分析的 6 个行业和先进制造业。对于农副食品加工业、纺织业、造纸和纸制品制造业、非金属矿物制造业（平板玻璃）进一步加速了产能淘汰速度。提高计算机、通信和其他电子设备、仪器仪表制造业等 9 个先进制造业的增速，增加先进制造业在东莞市的经济地位。制造业各行业的碳排放系数跟路径模式保持一致。

农副食品加工业、纺织业、造纸和纸制品制造业、非金属矿物制造业（平板玻璃）的能源强度在 2017—2020 年、2021—2025 年、2026—2030 年累计下降强度分别为 25%、25%、15%；其他行业的能源强度下降与路径优化模式相同。

表 4-2　**东莞市制造业各行业 2017—2030 年平均经济增速和碳排放系数（路径突破模式）**

行业名称	工业增加值增长率（%）			碳排放系数（tCO_2/tce）
	2017—2020 年	2021—2025 年	2026—2030 年	
农副食品加工业	5.14	3.00	2.00	3.8
食品制造业	6.00	4.00	2.00	3.3
酒、饮料和精制茶制造业	-10.00	-12.00	-14.00	3.2
烟草制品业	0	0	0	0
纺织业	-5.00	-7.00	-10.00	3.8
纺织服装、服饰业	9.62	7.50	6.50	4.5
皮革、毛皮、羽毛及其制品和制鞋业	-3.00	-4.00	-5.00	4.8
木材加工和木、竹、藤、棕、草制品业	-3.00	-4.00	-5.00	4.2
家具制造业	5.00	4.00	3.00	5.1
造纸和纸制品业	6.00	-1.00	-3.00	3.8
印刷和记录媒介复制业	7.25	6.00	5.00	5.1
文教、工美、体育和娱乐用品制造业	13.35	10.00	8.00	5.3
石油加工、炼焦和核燃料加工业	30.00	25.00	20.00	2.8
化学原料和化学制品制造业	5.93	5.60	5.00	4.2
医药制造业	13.00	14.00	15.00	3.1
化学纤维制造业	24.91	26.00	25.00	4.6
橡胶和塑料制品业	14.00	13.50	13.00	5.0
非金属矿物制品业	8.00	3.00	-1.00	3.2
黑色金属冶炼和压延加工业	17.74	15.00	13.00	4.5
有色金属冶炼和压延加工业	10.53	10.00	9.00	4.0
金属制品业	25.88	23.00	22.00	4.9
通用设备制造业	12.80	10.00	9.00	5.1
专用设备制造业	23.00	19.00	16.00	5.1

续表

行业名称	工业增加值增长率（%）			碳排放系数（tCO_2/tce）
	2017—2020 年	2021—2025 年	2026—2030 年	
交通运输设备制造业	5.43	7.00	9.00	4.4
电气机械和器材制造业	8.00	6.00	4.00	5.2
计算机、通信和其他电子设备制造业	18.00	13.00	11.00	5.4
仪器仪表制造业	14.00	12.00	10.00	5.4
其他制造业	-2.74	-5.00	-6.00	4.5
废弃资源综合利用业	-8.86	-10.00	-8.00	5.8
金属制品、机械和设备修理业	30.00	25.00	20.00	5.8

第三节　情景模拟结果对比分析

前文分析数据集中于 2008—2016 年，情景模拟分析预测时间为 2017—2030 年，因此为了检验模拟可靠性，将预测结果与 2017 年东莞市统计数据进行对比。

一、制造业经济发展对比

从路径依赖模式的预测结果来看，基于 GM（1，1）的预测模型的建模精度为 94.852%>90%、极比偏差值为<15%，平均极比偏差值为 9.26%<10%、关联度为 0.909>0.6 和最小误差概率为 1>0.75。可见残差检验、级别比偏差检验、关联度检验、后验差检验都通过，说明模型有足够的精度，可作为预测模型。

在路径依赖模型下，2017—2030 年东莞市制造业工业增加值的年均增速为 9.7%，由 2799.56 亿元增长到 9343.04 亿元（如表 4-3 所示）。相比之下，路径优化模式和路径突破模式的年均增长率相对较高，分别是 11.4% 和 12.3%。路径优化模式制造业工业增加值由 2999.14 亿元增长到 12218.51 亿元，路径突破模式制造业工业增加值由 3032.62 亿元增长到 13594.79 亿元。可见到 2030 年路径优化和路径突破这两个模式的工业增加值将超过 10000 亿元。根据东莞市统计年鉴数据，2017 年的制造业工业增加值 3296.56 亿元

（2015 年不变价），与上年同比增长 22.8%，仍然处于高速发展状态。依赖、优化和突破模式预测的 2017 年制造业工业增加值分别是 2799.56 亿元、2990.02 亿元、3032.62 亿元，可见突破模式比较接近实际情况（具体见图4-1）。

表 4-3　基于 GM（1，1）的东莞市制造业工业增加值预测结果检验

年份	原始值	预测值	残差	平均相对误差	相对极比偏差值	关联度	小误差概率
2011	14707087	14707087	0	0.000	0.000	0.000	1.00
2012	17317583	17610942	−293359	1.694	6.819	0.837	
2013	20884444	19321641	1562803	7.483	9.018	0.774	
2014	20718522	21198514	−479993	2.317	10.600	1.088	
2015	21278149	23257704	−1979556	9.303	6.835	1.000	
2016	26843238	25516920	1326318	4.941	13.026	0.848	
2017		27995593					
2018		30715040					
2019		33698650					
2020		36972083					
2021		40563492					
2022		44503765					
2023		48826790					
2024		53569746					
2025		58773426					
2026		64482582					
2020		36972083					
2021		40563492					
2022		44503765					
2027		70746317					
2028		77618501					
2029		85158238					
2030		93430373					

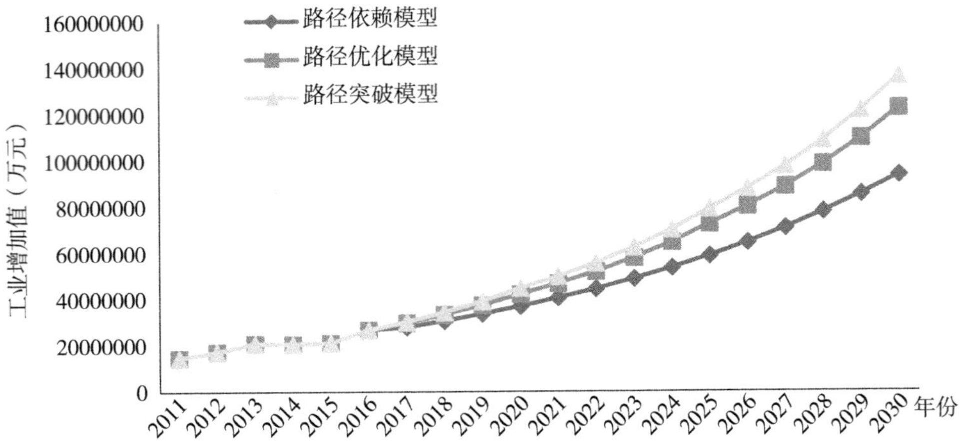

图 4-1　不同情景下 2011—2030 年东莞市制造业工业增加值预测

从分行业来看，重点分析碳排放量集中的 7 个行业。从不同模式的预测结果来看，橡胶和塑料制品业，电气机械和器材制造业，计算机、通信和其他电子设备制造业发展趋势向上，但绝对值相差较大。农副食品加工业、纺织业、造纸和纸制品业、非金属矿物制品业 4 个行业的发展趋势相反。从这几个能源密集型行业的变化可以看到，路径依赖模式之所以能够保持较高的增长率，其前提是这几个行业能够保持上涨的趋势。但是从历史数据和实际的发展规划来看，这几个行业很难成为新的增长点。从 2017 年制造业同比经济增长 22.81%，主要原因是计算机、通信和其他电子设备制造业，橡胶和塑料制品业在东莞市所占比重比较大，从而导致整个制造业经济规模上升。东莞市正在大力推进节能减排工作，淘汰过剩产能，必将调整能耗大的产业，如农副食品加工业、纺织业、造纸和纸制品业、非金属矿物制品业。从整体来看，优化和突破模式更加符合实际情况。

表 4-4　**2017 年东莞市制造业分行业经济和能源数据**

行业分类	工业增加值（万元）	工业增加值增速（%）	碳排放量（万吨）	综合能耗（万 tce）
制造业总计	32965647	22.81	5352.69	1311.08
农副食品加工业	341210	5.20	101.17	25.44

续表

行业分类	工业增加值（万元）	工业增加值增速（%）	碳排放量（万吨）	综合能耗（万 tce）
食品制造业	334237	-3.89	26.13	7.10
酒、饮料和精制茶制造业	194116	29.24	16.25	4.74
烟草制品业	0	0.00	0.00	0.00
纺织业	455059	9.86	237.42	69.08
纺织服装、服饰业	1181201	-1.24	38.16	7.99
皮革、毛皮、羽毛及其制品和制鞋业	1092442	0.71	58.79	11.18
木材加工和木、竹、藤、棕、草制品业	84999	40.71	6.10	1.50
家具制造业	787650	15.02	46.65	9.27
造纸和纸制品业	1862925	40.70	3086.31	816.69
印刷和记录媒介复制业	570206	14.41	41.72	8.01
文教、工美、体育和娱乐用品制造业	1111141	4.95	74.70	13.54
石油加工、炼焦和核燃料加工业	41675	77.01	0.83	0.38
化学原料和化学制品制造业	649894	10.61	58.34	13.67
医药制造业	126714	65.15	3.40	1.06
化学纤维制造业	31842	61.25	6.20	1.82
橡胶和塑料制品业	2118202	20.84	233.01	44.84
非金属矿物制品业	592616	15.60	211.64	70.34
黑色金属冶炼和压延加工业	123846	17.04	11.79	2.64
有色金属冶炼和压延加工业	212248	88.12	18.93	4.66
金属制品业	1822268	23.75	130.32	25.30
通用设备制造业	1216242	18.28	58.39	10.84
专用设备制造业	1259559	32.88	67.65	13.01
交通运输设备制造业	631854	38.37	9.71	2.21
电气机械和器材制造业	2790912	18.12	181.40	32.86

续表

行业分类	工业增加值（万元）	工业增加值增速（%）	碳排放量（万吨）	综合能耗（万 tce）
计算机、通信和其他电子设备制造业	12623808	31.00	557.05	99.32
仪器仪表制造业	572169	14.67	30.17	5.40
其他制造业	126748	29.85	9.23	1.64
废弃资源综合利用业	3254	128.86	0.09	0.01
金属制品、机械和设备修理业	6609	23.71	0.59	0.10

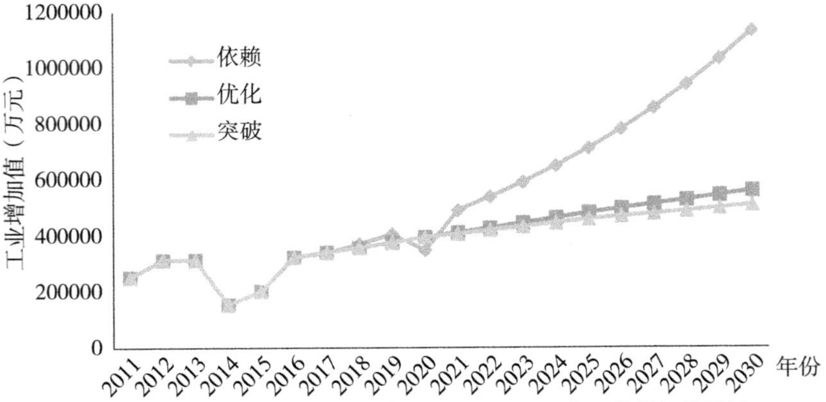

（a）不同情景下农副食品加工业2011—2030年工业增加值预测

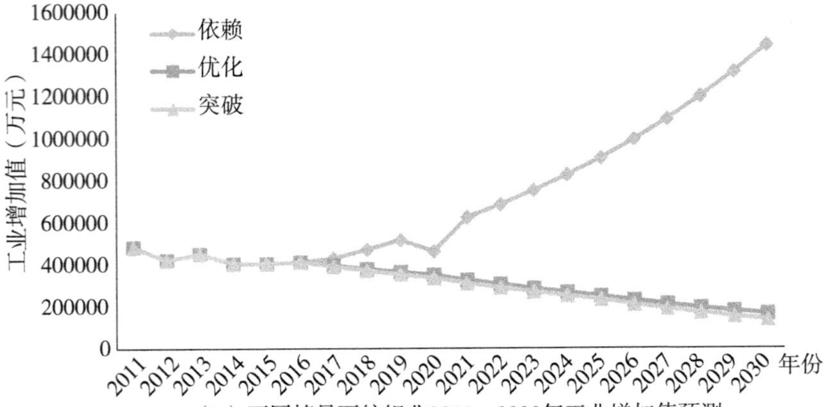

（b）不同情景下纺织业2011—2030年工业增加值预测

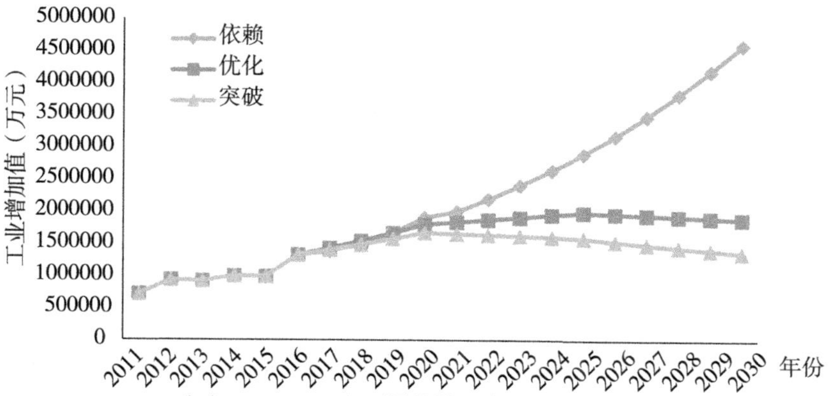

（c）2011—2030年不同情景下造纸业工业增加值预测

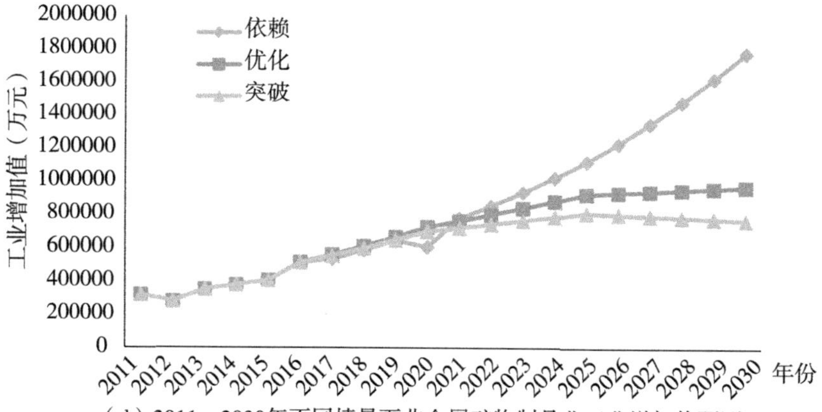

（d）2011—2030年不同情景下非金属矿物制品业工业增加值预测

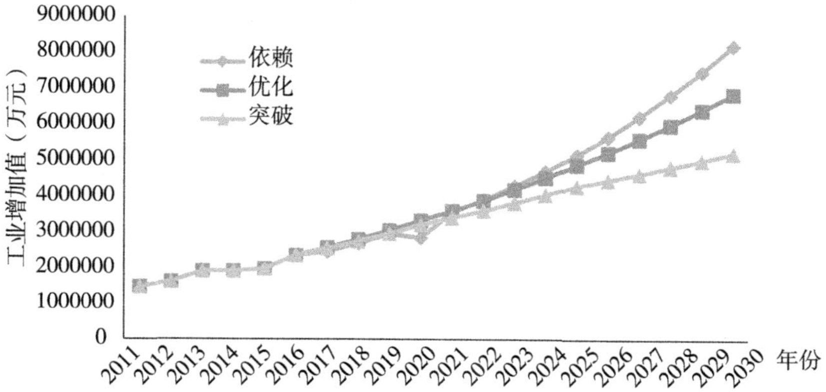

（e）2011—2030年不同情景下电气机械和器材制造业工业增加值预测

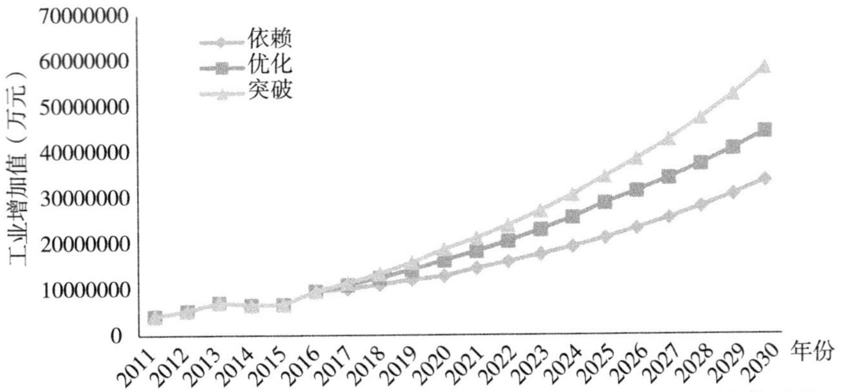

（f）2011—2030年不同情景下计算机、通信与电子设备制造业工业增加值预测

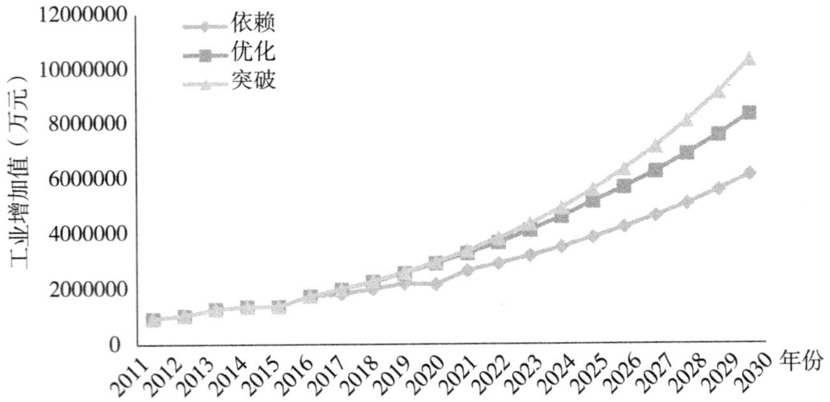

（g）2011—2030年不同情景下橡胶和塑胶制品业工业增加值预测

图 4-2　2011—2030 年不同情景下 7 个制造业工业增加值预测

二、制造业碳排放对比

使用马尔科夫链对能源结构进行预测，根据前面的公式和 2008—2016 年的能源比例，可以算出能源东莞市能源结构平均转移概率矩阵 $\overline{P}$，然后将得到的平均概率矩阵预测 2017—2030 年的东莞市制造业能源结构。预测结构显示（表 4-5），将其归为煤、天然气、石油、电力和其他能源来看，煤、石油的使用比例不断下降，天然气、电力和其他能源的比例不断上升。2017—2030 年，煤的比例由 44. 18%下降到 24. 38%，石油的比例由 1. 37%下降到 0. 30%，

表 4-5 **2017—2030 年东莞市制造业能源结构预测结果**

年份	原煤	洗精	其他洗煤	煤制品	焦炭	天然气	液化天然气	汽油	煤油	柴油	燃料油	液化石油气	润滑油	石蜡	溶剂油	石油焦	热力	电力	生物质能	余热余压	其他燃料
2017	0.431443	0.000000	0.000000	0.010003	0.000364	0.051157	0.000803	0.001892	0.000003	0.006506	0.004314	0.000936	0.000045	0.000000	0.000009	0.000000	0.170313	0.312643	0.007219	0.002195	0.431443
2018	0.421791	0.000006	0.000004	0.010130	0.000323	0.053276	0.000848	0.001689	0.000012	0.005135	0.003281	0.000771	0.000048	0.000005	0.000009	0.000028	0.181738	0.311073	0.007267	0.002424	0.000142
2019	0.412306	0.000010	0.000007	0.010221	0.000288	0.055196	0.000889	0.001509	0.000017	0.004053	0.002532	0.000637	0.000050	0.000008	0.000009	0.000047	0.192762	0.309396	0.007288	0.002646	0.000131
2020	0.403005	0.000012	0.000009	0.010282	0.000258	0.056946	0.000927	0.001347	0.000019	0.003199	0.001990	0.000527	0.000052	0.000010	0.000008	0.000060	0.203437	0.307639	0.007286	0.002862	0.000123
2021	0.393900	0.000014	0.000010	0.010320	0.000234	0.058552	0.000962	0.001203	0.000021	0.002525	0.001596	0.000437	0.000054	0.000011	0.000008	0.000068	0.213806	0.305820	0.007268	0.003073	0.000115
2022	0.384999	0.000014	0.000011	0.010338	0.000213	0.060033	0.000994	0.001075	0.000022	0.001993	0.001310	0.000364	0.000056	0.000012	0.000008	0.000074	0.223899	0.303957	0.007238	0.003279	0.000109
2023	0.376305	0.000015	0.000012	0.010341	0.000196	0.061404	0.001023	0.000960	0.000022	0.001573	0.001102	0.000305	0.000057	0.000012	0.000008	0.000077	0.233744	0.302059	0.007198	0.003481	0.000104
2024	0.367820	0.000015	0.000013	0.010331	0.000182	0.062677	0.001050	0.000857	0.000022	0.001242	0.000951	0.000256	0.000059	0.000012	0.000008	0.000079	0.243359	0.300138	0.007150	0.003678	0.000100
2025	0.359545	0.000015	0.000013	0.010310	0.000170	0.063861	0.001075	0.000765	0.000022	0.000980	0.000841	0.000216	0.000060	0.000012	0.000008	0.000080	0.252761	0.298198	0.007097	0.003872	0.000097
2026	0.351477	0.000015	0.000013	0.010281	0.000160	0.064964	0.001098	0.000683	0.000022	0.000774	0.000761	0.000183	0.000061	0.000012	0.000008	0.000080	0.261964	0.296248	0.007039	0.004062	0.000094
2027	0.343614	0.000015	0.000013	0.010244	0.000151	0.065994	0.001119	0.000610	0.000022	0.000611	0.000702	0.000157	0.000062	0.000012	0.000007	0.000080	0.270979	0.294289	0.006978	0.004248	0.000091
2028	0.335953	0.000015	0.000014	0.010201	0.000144	0.066954	0.001139	0.000545	0.000021	0.000482	0.000659	0.000135	0.000063	0.000012	0.000007	0.000079	0.279814	0.292327	0.006914	0.004431	0.000089
2029	0.328490	0.000015	0.000014	0.010153	0.000138	0.067851	0.001156	0.000487	0.000021	0.000381	0.000627	0.000117	0.000064	0.000012	0.000007	0.000078	0.288478	0.290363	0.006849	0.004611	0.000087
2030	0.321221	0.000015	0.000014	0.010101	0.000133	0.068687	0.001173	0.000435	0.000021	0.000300	0.000603	0.000102	0.000064	0.000012	0.000007	0.000078	0.296976	0.288400	0.006783	0.004788	0.000085

天然气的比例由 5.20% 上升到 12.29%，电力的比例由 31.26% 上升到 41.35%%，其他能源的比例由 17.99%上升到 21.68%。

路径依赖模式下的能源消费量通过灰色预测方法进行预测，使用 2008—2016 年的数据作为原始数据，基于 GM（1，1）的预测模型的建模精度为 95.35%>90%、极比偏差值为<15%，平均极比偏差值为 6.28%<10%、关联度为 1.116>0.6 和最小误差概率为 1>0.75。可见残差检验、级别比偏差检验、关联度检验、后验差检验都通过了，说明模型有足够的精度，可作为预测模型。结合表 4-5 和表 4-6，可以得到 2017—2030 年东莞市制造业碳排放量的预测值。

表 4-6　**基于 GM（1，1）的东莞市制造业能源消费量预测结果检验**

年份	原始值	预测值	残差	平均相对误差	相对极比偏差值	关联度	小误差概率
2008	9417550	9417550	0	0.000	0.000	0.000	1.00
2009	9261008	10134357	-873348	9.430	5.872	1.000	
2010	11112345	10551056	561289	5.051	13.233	0.892	
2011	10922526	10984889	-62363	0.571	5.922	1.141	
2012	11087555	11436560	-349005	3.148	2.563	1.187	
2013	12866345	11906803	959542	7.458	10.281	0.831	
2014	13013586	12396381	617206	4.743	2.934	1.678	
2015	12605323	12906089	-300766	2.386	7.484	1.077	
2016	12870774	13436755	-565981	4.397	1.965	1.125	
2017		13989240					
2018		14564443					
2019		15163296					
2020		15786773					
2021		16435886					
2022		17111688					
2023		17815278					
2024		18547797					

续表

年份	原始值	预测值	残差	平均相对误差	相对极比偏差值	关联度	小误差概率
2025		19310436					
2026		20104433					
2027		20931077					
2028		21791711					
2029		22687731					
2030		23620594					

从碳排放的预测结果看（图 4-3），碳排放量由低到高的模式分别是：路径突破模式、路径优化模式、路径依赖模式，2030 年碳排放量比 2016 年碳排放量增长率分别是：36%、51%、88%，年均增长率分别是 2.2%、3.0%、4.6%。2030 年路径突破模式下碳排放量为 7138 万吨，路径依赖模式高达 9849 万吨。根据 2017 年统计数据计算得到东莞市制造业碳排放量为 5353 万吨（见表 4-4），低于依赖模型的碳排放量 5739 万吨，但高于优化模式（5229 万吨）和突破模式（5109 万吨），需要进一步从行业层面进行对比分析。

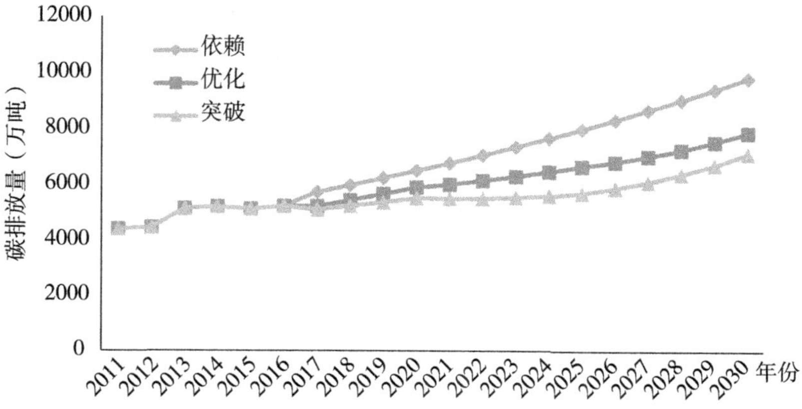

图 4-3　2011—2030 年不同情景下东莞市制造业碳排放量预测

从分行业看（见图 4-4），农副食品加工业、纺织业、造纸和纸制品业、非金属矿物制品业预测结果趋势相反，电气机械与器材制造业预测结果相近，橡胶和塑胶制品业，计算机、通信和电子设备制造业的预测结果有所分离。从前面的碳排放驱动因素分析可以看出（第三章第四小节），碳排放的增长主要受经济规模和能源强度的影响，且经济规模的影响度是能源强度影响度的 4 倍。在依赖路径模式下，农副食品加工业，纺织业，造纸和纸制品业，非金属矿物制品业使得经济规模呈现快速增长态势。而在优化模式和突破模式下的这 4 个行业的经济增速不断下降，导致经济规模增速缓慢或者在不断下降。因为经济规模的增大，从而导致碳排放量增大而非碳排放量减少。能源强度在三个模式上的下降速度不同，依赖、优化、突破模式下制造业的能源强度到 2030 年分别是 0. 25tce/万元、0. 15tce/万元、0. 11tce/万元，比 2011 年的 0. 74tce/万元分别下降 66%、79%、85%。在三种模式下农副食品加工业，纺织业，造纸和纸制品业，非金属矿物制品业，橡胶和塑胶制品业，计算机、通信和电子设备制造业，电气机械与器材制造业的能源强度都有不同程度下降，除了农副食品加工业下降幅度比较慢之外，其他 6 个行业的能源强度 2030 年比 2011 年下降率达 44%以上。对于能源密集型行业，纺织业、造纸和纸制品业、非金属矿物制品业的能源强度对碳排放量的抑制作用非常强，但还是随着经济规模的扩张/缩小导致碳排放量增加/减少。除了农副食品加工业出现经济增长和碳排放“弱脱钩”的现象外，其他碳排放量变化趋势预测基本符合实际的情况。

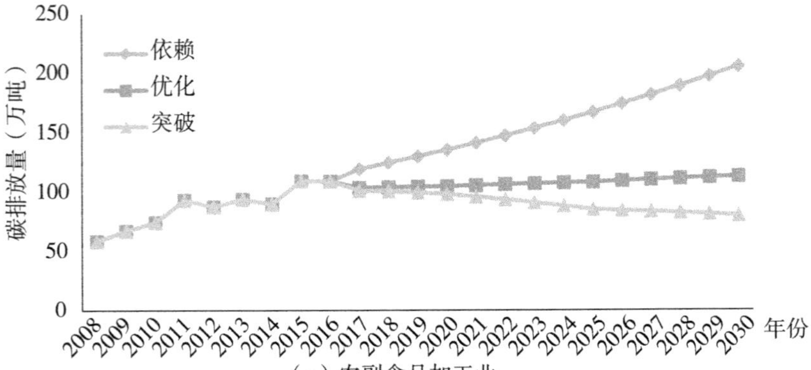

（a）农副食品加工业

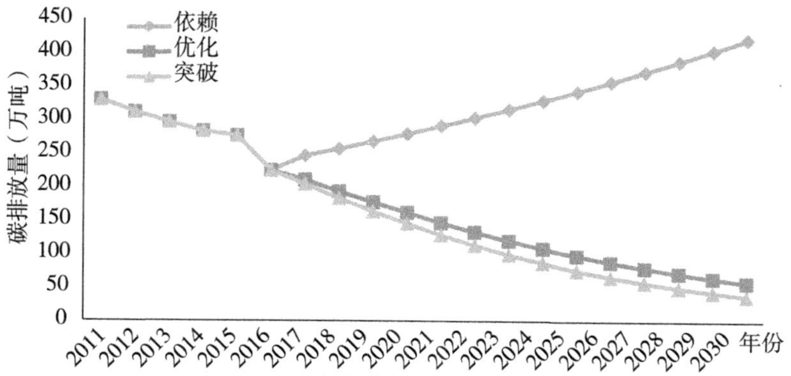

（b）纺织业

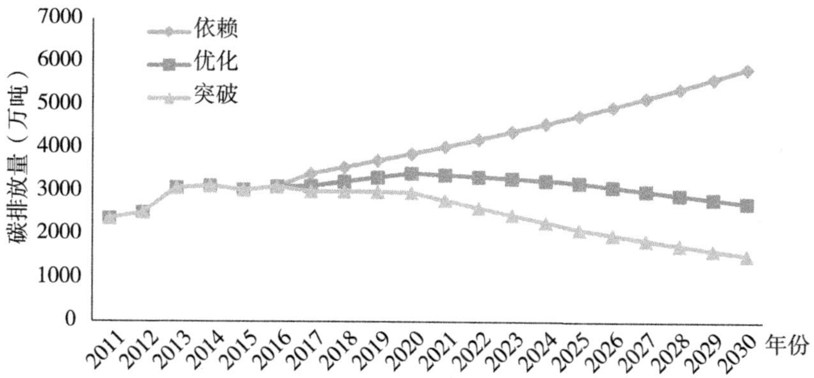

（c）造纸和纸制品业

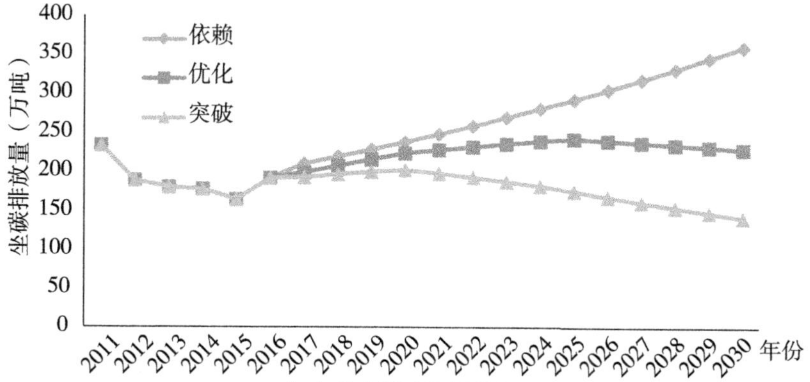

（d）非金属矿物制品业

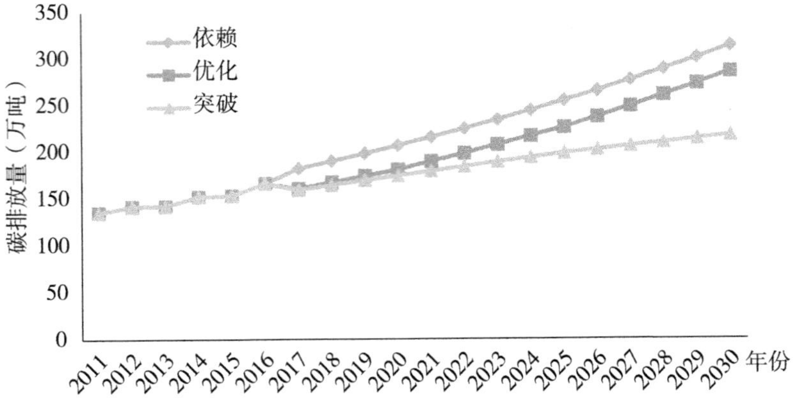

（e）电气机械与器材制造业

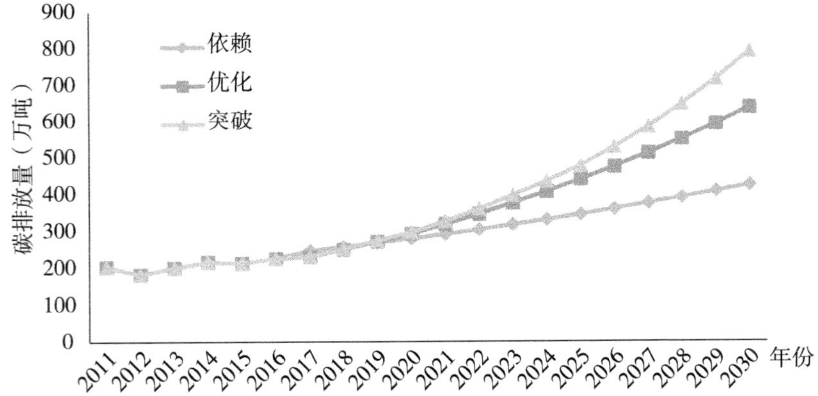

（f）橡胶和塑胶制品业

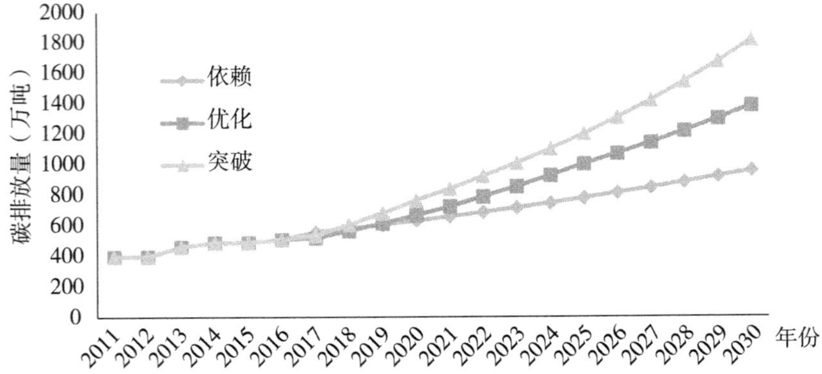

（g）计算机、通信和电子设备制造业

图 4-4　2011—2030 年不同情景下东莞市 7 个制造业行业碳排放量预测

三、制造业产业结构调整与碳排放协调度对比

产业结构对于经济增长的积极意义毋庸置疑，产业结构调整或者产业升级转型就是为了更好地促进区域经济高质量增长而实施的一系列措施。产业结构调整必须符合区域现状、特点和发展规律，努力向既定目标稳步前景，不盲目攀比。从前文的分析可知，2016 年东莞市产业多样性为 2.49，珠三角为 2.69。从前文区位商判断东莞市相对于珠三角的主要产业有：东莞市的皮革、毛皮、羽毛及其制品和制鞋业，家具制造业，造纸和纸制品业，文教、工美、体育和娱乐用品制造业，计算机、通信和其他电子设备制造业，仪器仪表制造业 6 个行业。这些行业的飞速发展使得整个制造业保持了较高的经济增长速度。虽然部分行业处于萎缩状态（如纺织业、酒、饮料和精制茶制造业，其他制造业，废弃资源综合利用业），但是和整体利益相比较可以忽略。那么从制造业低碳发展的角度来看，调整产业结构的目的，就要实现经济平稳发展，又要兼顾节能减排。本书使用 TOPSIS 方法对三个不同模式下，产业结构调整与碳排放之间的协调度进行测算与评价。

（一）TOPSIS 方法

TOPSIS 方法是多目标决策分析中一种常见的有效方法，通过检测评价对象与最优解、最劣解的距离来进行排序，若评价对象最靠近最优解的同时又最远离最劣解，则为最好，否则不为最优。具体的实施步骤如下。

（1）构建决策矩阵：

$$M = \begin{bmatrix} A_1 & A_2 & \cdots & A_{20} \\ B_1 & B_2 & \cdots & B_{20} \\ C_1 & C_2 & \cdots & C_{20} \end{bmatrix} \tag{4-17}$$

其中，M 是一个 $3*20$ 的决策矩阵，A 代表产业多样性（使用预测数据的工业增加值比重作为多样性测算）；B 为主导产业比重，选择工业增加值比重最大的数值；C 为制造业碳排放量。评价时间宽度为 2011—2030 年，每一种情景都可以构建一个决策矩阵。记 U、V、W 为三个决策矩阵。UA_i、VA_i、WA_i 代表不同决策矩阵的产业多样性；UB_i、VB_i、WB_i 代表不同决策矩阵的主导产业比重；UC_i、VC_i、WC_i 代表不同决策矩阵的碳排放量。因计算过程相同，下面的计算步骤都以决策矩阵 U 为主。

（2）决策矩阵中各元素进行标准化处理：

$$UC_i' = \frac{UA_i}{\sqrt{\frac{UA_i + VA_i + WA_i}{3}}} \tag{4-18}$$

其中，UA′为标准化处理后的产业多样性，UB_i'、UC_i'采用相同的标准化方法。

（3）确定正理想解和负理想解：

$$z_j^+ = \{p_1 \quad p_2 \quad p_3\} \tag{4-19}$$

$$z_j^- = \{q_1 \quad q_2 \quad q_3\} \tag{4-20}$$

其中，z_j^+ 为正理想解，z_j^- 为负理想解。对于正理想解，碳排放量、主导产业和产业多样性分别选择三个模式中 2030 年预测的碳排放量最小值、主导产业比重最大值、产业多样性最小值对应的标准化值。对于负理想解，选择 2030 年预测中碳排放量最大值、主导产业比重最小值、产业多样性最大值对应的标准化值。

（4）分别计算正理想距离和负理想距离：

$$D_i^+ = \sqrt{\sum_i \{(UA_i' - p_1)^2 + (UB_i' - p_2)^2 + (UC_i' - p_3)^2\}} \tag{4-21}$$

$$D_i^- = \sqrt{\sum_i \{(UA_i' - q_1)^2 + (UB_i' - q_2)^2 + (UC_i' - q_3)^2\}} \tag{4-22}$$

其中，D_i^+为正理想距离；D_i^-为负理想距离。

（5）计算各属性值与负理想解的距离，即协调度：

$$S_i = \frac{D_i^-}{D_i^- + D_i^+} \tag{4-23}$$

其中 S_i 为协调度。显然，其数值介于 0 到 1 之间，数值越接近于 1，则表明协调度越大；反之，则表明协调度越小。为了便于比较，将协调度划分为 5 个不同的等级（见表 4-7）。

表 4-7　　**协调度等级划分**

协调度等级	严重不协调	不协调	一般协调	比较协调	高度协调
协调度	0.00—0.19	0.20—0.39	0.40—0.59	0.60—0.79	0.80—1.00

（二）协调度对比分析

根据不同模式的测算结果，可以进一步计算出不同模式下东莞市制造业的产业多样性和主导产业比重，从而构建决策矩阵（表 4-8）。产业多样性结果表明，三种模式下的产业多样性的数值越来越小（见图 4-5），表明产业越来越集中，其中路径突破模式的产业多样性最小，路径依赖模式的产业多样性最大。三种模式的主导产业都是计算机、通信和其他电子设备制造业。路径依赖模式的主导产业比重呈现线性上升态势，到 2030 年达到 46.3%；路径优化模式和路径突破模式的主导产业比重呈现抛物线态势，先缓慢上升到 2025 年接近最大值后缓慢下降，且路径优化模式下的主导产业比重始终高于路径突破模式（见图 4-6）。由此进一步计算不同模式下的产业结构与碳排放协调度（见图 4-7）。2011—2015 年处于一般协调状态，2016—2025 年处于比较协调状态，随后不同模式开始分离。路径依赖模式在 2026—2029 年返回到一般协调状态，2030 年跌落到不协调状态；路径优化模式在 2026—2028 年仍处于比较协调状态，2029—2030 年返回到一般协调状态；路径突破模式在 2026—2027 年仍处于比较协调状态，2028—2030 年达到高度协调状态。路径突破模式下协调度显著提升，甚至达到高度协调水平，主要是得益于对高碳行业（即能源密集型行业）的严格控制和低碳行业（即先进制造业和高端装备制造业）的崛起。从短期来看，路径优化模式的产业结构调整力度和能源强度下降力度会比较温和，从实现的操作性和可能性上，更加符合东莞市制造业的发展趋势。路径突破模式可看作优化模式的延续，未来 10 年甚至是 15 年的相对较长期的规划期内，东莞市制造业产业结构调整和能源强度可达成目标（具体参见表 4-9）。

表 4-8　　　　**东莞市制造业三种模式下的决策矩阵原始数据**

年份	路径依赖模式			路径优化模式			路径突破模式		
	UA-产业多样性	UB-主导产业比重	UC-制造业碳排放量	VA-产业多样性	VB-主导产业比重	VC-制造业碳排放量	WA-产业多样性	WB-主导产业比重	WC-制造业碳排放量
2011	2.67	0.287	4411	2.67	0.287	4411	2.67	0.287	4411
2012	2.62	0.310	4472	2.62	0.310	4472	2.62	0.310	4472
2013	2.54	0.341	5138	2.54	0.341	5138	2.54	0.341	5138
2014	2.59	0.320	5221	2.59	0.318	5221	2.59	0.318	5221

续表

年份	路径依赖模式			路径优化模式			路径突破模式		
	UA-产业多样性	UB-主导产业比重	UC-制造业碳排放量	VA-产业多样性	VB-主导产业比重	VC-制造业碳排放量	WA-产业多样性	WB-主导产业比重	WC-制造业碳排放量
2015	2.60	0.316	5129	2.60	0.316	5129	2.60	0.316	5129
2016	2.49	0.359	5235	2.49	0.359	5235	2.49	0.359	5235
2017	2.47	0.368	5739	2.46	0.367	5229	2.44	0.375	5110
2018	2.45	0.377	5986	2.43	0.375	5445	2.40	0.390	5241
2019	2.43	0.386	6242	2.40	0.381	5670	2.35	0.404	5378
2020	2.41	0.394	6509	2.37	0.385	5903	2.30	0.416	5522
2021	2.39	0.402	6786	2.34	0.390	6022	2.27	0.423	5506
2022	2.37	0.410	7075	2.31	0.393	6158	2.24	0.428	5516
2023	2.35	0.418	7375	2.28	0.395	6311	2.20	0.432	5552
2024	2.33	0.425	7688	2.26	0.396	6484	2.17	0.435	5618
2025	2.31	0.432	8013	2.23	0.395	6679	2.14	0.436	5715
2026	2.29	0.438	8351	2.21	0.391	6842	2.11	0.435	5894
2027	2.27	0.445	8704	2.18	0.385	7042	2.09	0.433	6120
2028	2.25	0.451	9070	2.16	0.378	7281	2.06	0.430	6398
2029	2.23	0.457	9452	2.13	0.370	7567	2.03	0.425	6735
2030	2.21	0.463	9849	2.11	0.361	7904	2.01	0.420	7138

表 4-9　**不同情景下 2011—2030 年产业结构与碳排放协调度及等级**

年份	依赖		优化		突破	
	协调度	协调度等级划分	协调度	协调度等级划分	协调度	协调度等级划分
2011	0.57	一般协调	0.57	一般协调	0.57	一般协调
2012	0.58		0.58		0.58	
2013	0.60		0.60		0.60	
2014	0.59		0.59		0.59	
2015	0.58		0.58		0.58	

续表

年份	依赖		优化		突破	
	协调度	协调度等级划分	协调度	协调度等级划分	协调度	协调度等级划分
2016	0.62	比较协调	0.62	比较协调	0.62	比较协调
2017	0.63		0.63		0.64	
2018	0.65		0.64		0.65	
2019	0.66		0.65		0.67	
2020	0.67		0.67		0.69	
2021	0.69		0.68		0.70	
2022	0.70		0.69		0.71	
2023	0.69		0.70		0.72	
2024	0.67		0.71		0.73	
2025	0.63		0.71		0.74	
2026	0.57	一般协调	0.70		0.75	
2027	0.51		0.68		0.77	
2028	0.45		0.64		0.80	高度协调
2029	0.40		0.59	一般协调	0.82	
2030	0.37	不协调	0.52		0.81	

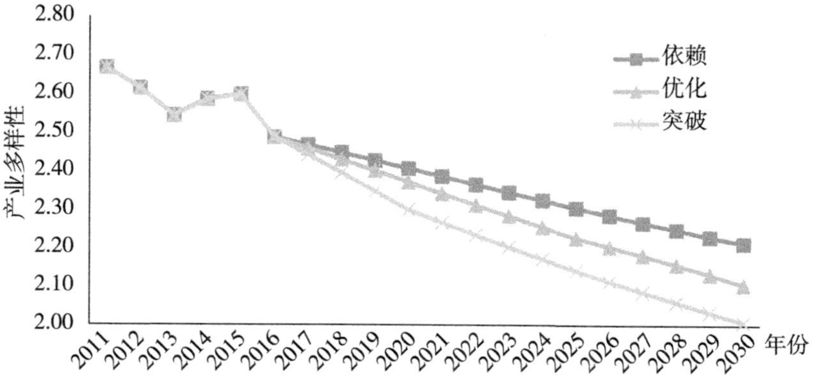

图 4-5　2011—2030 年不同情景下东莞市制造业产业多样性

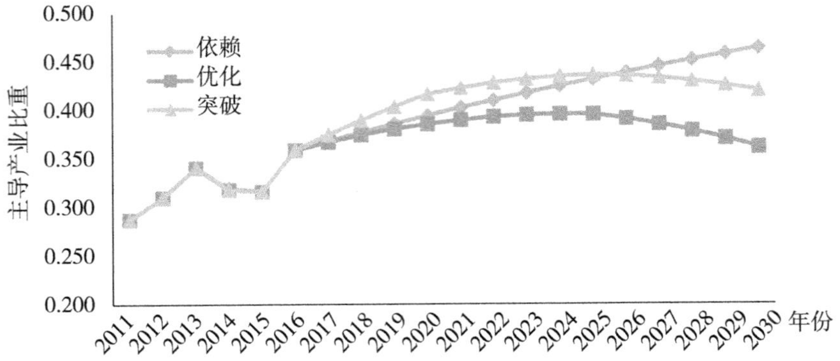

图 4-6　2011—2030 年不同情景下东莞市制造业主导产业比重

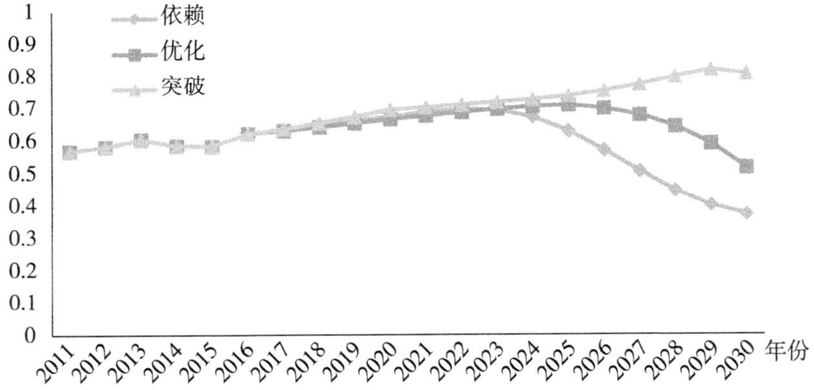

图 4-7　2011—2030 年不同情景下东莞市产业结构调整与碳排放协调度

第四节　珠三角碳排放情景预测与分析

根据上述的方法，按路径依赖模式、路径优化模式、路径突破模式对珠三角碳排放量进行预测。

由于各市公布的分能源品种的能源数据和不一致，没有中山市公布的分行业分能源品种的数据。目前的处理方法是将已经获得的各市（广州、深圳、珠海、肇庆、东莞、佛山、江门、惠州）的分行业分能源品种的各种能源进行相加，再根据各种能源的标煤转化系数和碳排放系数进行核算。而工业增加值用历年统计年鉴公布的珠三角工业增加值（当年价），没有做不变价处理。

参照东莞市三种模式的设定和计算方法，对2017—2030年珠三角的制造业的碳排放量进行预测。在优化和突破模式下，对高碳行业的经济规模进行严格控制和进一步加大能源强度的下降力度。对于珠三角来说，高碳行业主要涉及的行业有：农副食品加工业，纺织业，造纸和纸制品业，石油加工，炼焦和核燃料加工业，橡胶和塑料制品业，非金属矿物制品业，黑色金属冶炼和压延加工业，有色金属冶炼和压延加工业8个行业。适当保持和提升低碳行业的经济规模和降低能源强度。占比较大的低碳行业有：电气机械和器材制造业和计算机、通信和其他电子设备制造业2个行业。

在工业增加值预测方面（见图4-8），路径依赖模式下，制造业的工业增加值年均增速为7.9%，由25153.75亿元增长到62761.89亿元。相比之下，路径优化模式和路径突破模式的年均增长率相对较低，年均增速分7.1%和6.7%。路径以优化模式由24907.60亿元增长到56754.58亿元，路径突破模式由24828.37亿元增长到54064.63亿元。

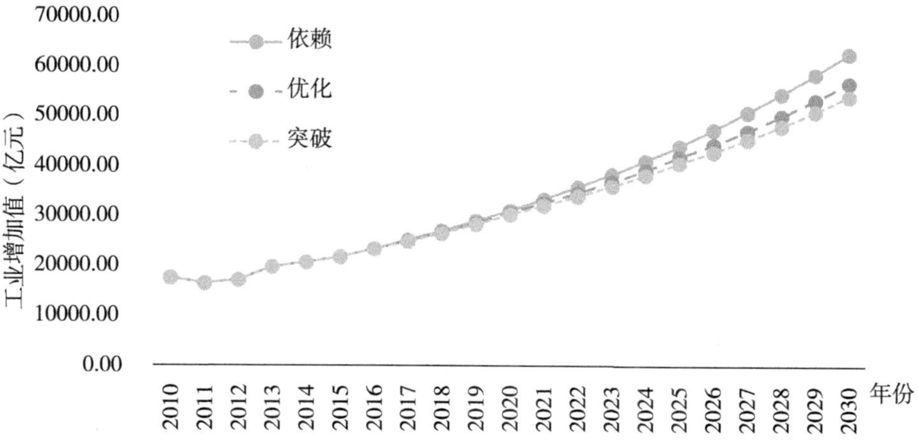

图4-8 不同情景下2010—2030年珠三角制造业工业增加值预测

在碳排放量预测方面（见图4-9），路径突破模式下的碳排放量最低，由2017年的21364.53万吨下降到16464.74万吨。路径依赖模式的碳排放量由21386.63万吨下降到17744.60万吨。路径优化模式的碳排放量由21779.23万吨下降到19149.50万吨。依赖、优化、突破三种模式的年均下降率为1.5%、1.0%和2.1%。

在碳排放强度预测方面（图5-3），根据工业增加值和碳排放量的预测模型，2017—2030年珠三角制造业出现了明显的经济增长和碳排放量“脱钩”

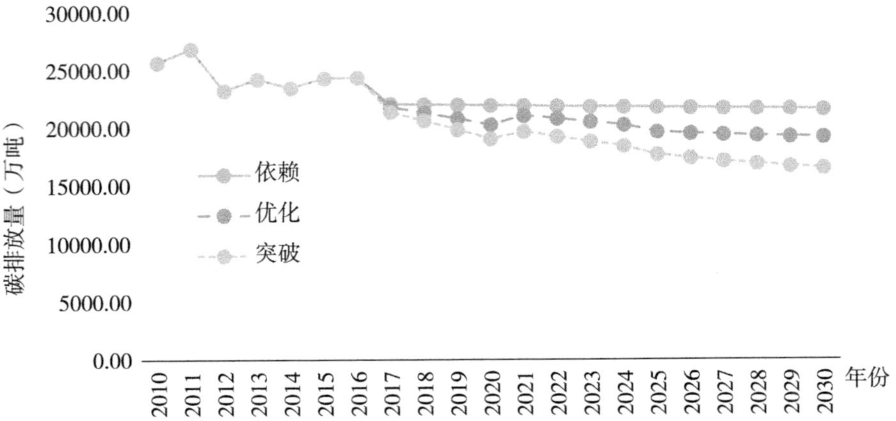

图 4-9　不同情景下 2010—2030 年珠三角制造业碳排放量预测

现象，即经济不断增长，碳排放量不断下降。由于工业增加值的增速比碳排放量的减速大，因此碳排放强度也是不断下降。依赖模式下的碳排放强度最低，优化模式下的碳排放强度最高。

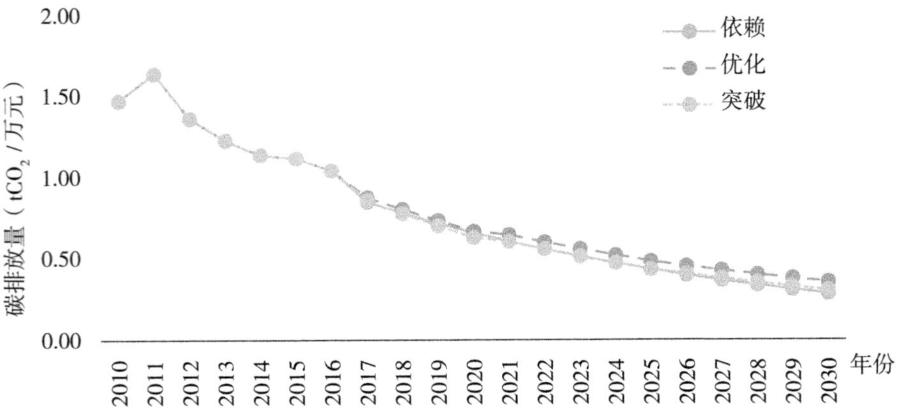

图 4-10　不同情景下 2010—2030 年珠三角制造业碳排放强度预测

第五章　低碳经济背景下东莞市制造业转型升级的调控路径

第一节　东莞市制造业以低碳为导向的转型升级的总体思路

一、控制碳排放总量增速

在前文中的分析可知，在《巴黎协定》中承诺中国将于2030年左右使二氧化碳排放达到峰值并争取尽早实现，2030年单位国内生产总值二氧化碳排放比2005年下降60%—65%，非化石能源占一次能源消费比重达到20%左右。2016年10月27日国务院发布《“十三五”控制温室气体排放工作方案》，指出到2020年单位工业增加值二氧化碳排放量比2015年下降22%。广东省人民政府在2017年5月5日发布《广东省“十三五”控制温室气体排放工作实施方案》，方案提出到2020年单位GDP二氧化碳排放（碳强度）比2015年下降20.5%。其中，广州、深圳、佛山、东莞、中山市碳排放强度分别下降23.0%。从国家发布的政策或者相关规划可以发现，中国对碳排放的总量变化没有作明确的要求，但是一直强调单位GDP二氧化碳排放量，即碳排放强度。这与中国所处的发展阶段有密切的关系。

中国目前仍然是发展中国家，与欧美发达国家相比，中国还有很长的工业化道路要走。制造业既是经济发展的动力，又是能源消费的集中部门。在全球经济增长疲软的形势下，中国GDP还能够保持8.7%的年均增长率（2011—2016年），这与中国制造业的不断强大密不可分。能源作为主要的生产原料，在这种趋势下必然保持增长。且前文的研究结果表明，经济规模的不断扩张始终是碳排放量增加的主要因素。

东莞市既要保持经济规模不断增长，必然碳排放量会不断增加。2011—

2016 年经济增速为 12.8%，碳排放量增速为 3.5%。但是可以进行宏观调控，达到降低碳排放总量增速的目的。前文的不同模式的预测结果表明，2017—2030 年在路径依赖、优化、突破模式下的经济年均增速分别是 9.7%、11.4%、12.4%，但其碳排放量年均增速分别是：4.6%、3.0%、2.2%。因此，在 2017—2030 年，东莞市对于低碳产业给予宽裕的发展环境，对于能源密集型行业严格控制其发展规模，从而降低碳排放总量增长速度。

类似地，珠三角地区的经济和碳排放量还处于增长的态势，2011—2016 年的经济年均增速为 7.2%，碳排放量年均增速为 0.07%。可通过宏观调控，促进低碳行业经济增长速度，约束能源密集型行业发展规模，达到控制碳排放量增速的目的。

二、降强度和调结构双管齐下

从前文分析可知，能源强度是抑制碳排放量增加的主导因素，无论从工业增加值能源消费量，还是从单位规上企业能源消费量的角度分析，能源强度几乎发挥着碳减排的作用。然而不同的行业对能源强度的变化影响有所差异，特别是单位规上企业能源消耗量的变化。从前文可知，基于模型 A（工业增加值）的能源强度对碳排放强度的影响来看，能源强度对造纸和纸制品业，非金属矿物制品业，计算机、通信和其他电子设备制造业的影响波动范围较大，可见能源强度对碳减排作用效果非常明显。而能源强度对纺织业、橡胶和塑料制品业、电气机械和器材制造业的影响波动范围较小，能源强度因素的下降空间比较有限。基于模型 B（企业数量）的能源强度对碳排放的影响跟行业的扩张很有关系，即企业规模在不断扩大（减少），但是相应的能源强度并不是平衡增长（减少），而是表现出一定的波动性。在企业规模扩张早期，必然导致能源消费量的成倍增长。随着企业专业化和集约化水平的不断提升，技术水平不断提升，能源强度就会不断下降。于是呈现企业不断扩张，技术不断更新，再扩张，再更新的循环发展过程，从而出现能源强度的波动性变化。因此，对于规上企业数量多，能源消费量较小的行业，要继续挖掘能源强度下降的潜力，如计算机、通信和其他电子设备制造业等低碳行业。对于规上企业数量少，能源消耗较大的行业，应该加快淘汰盈利能力差、设备落后、预期市场占有较小的企业，保留技术含量高、市场占有份额大的企业，从而降低整个行业的能源消耗量和碳排放量，如造纸和纸制品、纺织业等高碳行业。

从整体上来看，产业结构对碳排放起到抑制作用，但影响力小于能源强度。从前文的分析可知，产业结构因素对碳排放的作用主要由产业结构比重较大且碳排放量比重较大的行业引起的。因此，对产业结构进行调整可以从以下几个方面影响制造业的碳排放量。首先，加快淘汰产能过剩的行业，有利于制造业整体碳减排。其次，限制高碳行业（能源密集型行业）的发展规模，加快低碳行业（能源强度低的行业）的发展，从而拉低整体制造业的能源强度，相应地拉低碳排放强度。最后，产业结构调整可以直接或者间接地影响制造业的能源结构，提高能源利用率，推动新能源产业的发展，提高非化石能源的使用比例。

因此，对于东莞来说，在降强度方面主要以工业节能降耗，提高能源利用效率为低碳发展的重要载体，加快推进结构节能、管理节能，减少资源能源消耗，提高能源利用效率。主要的内容有以下几点。

（1）分阶段分行业提出能源强度下降目标，并加大高碳行业同期的能源强度下降目标。目前路径优化模式下设定的能源强度下降目标分别是 2017—2020 年累计下降 20%。2021—2025 年能源强度累计下降 15%，2026—2030 年能源强度累计下降 10%。路径突破模式下农副食品加工业、纺织业、造纸和纸制品制造业、非金属矿物制造业（平板玻璃）的能源强度在 2017—2020 年、2021—2025 年、2026—2030 年的累计下降强度分别为 25%、25%、15%；其他行业的能源强度下降与路径优化模式相同。

（2）对现有工业企业，通过企业节能规划、能源审计等，推动节能改造。加强对年耗能在 1000tce 以上的重点用能单位和单位工业增加值能耗高于全市行业平均水平的工业行业中，年综合能源消费量 500 tce 以上（含）的用能单位的节能监管，落实能源利用状况报告制度，推进能效水平对标活动，开展能源管理师和能源管理体系试点。加大资金投入，引导企业开展节能技术研发，组织开展重点用能单位节能降耗服务活动，提高用能单位计量检测能力和水平，开展重点用能单位能源计量装置检定和能源计量数据核查。

（3）对引进工业项目，引导进行生态设计，厂房采用绿色建筑标准。引进技术咨询服务机构，对固定资产投资项目加强节能评估和审查，落实工业固定资产投资项目能耗“双红线”，引导企业进行符合清洁生产的设计，引导进行产业链耦合设计和绿色建筑设计，从新项目入驻上提高能源利用效率。

（4）通过企业碳盘查试点，建立碳交易市场，推动企业向低碳发展。东莞目前能耗超过 10000tce 的企业纳入总量控制与交易范围，超过 5000tce 的企业纳入碳信息报告范围。除此之外，东莞应该鼓励能耗超过 5000tce 的企业进行碳交易，超过3000tce的报告碳信息。适时将纺织、有色、化工、造纸等行业纳入碳排放管理和交易范围。逐步建立碳交易市场，对进行自愿性碳交易的企业进行奖励，推动火力发电的清洁化和高效化，并提高水电、风电等清洁电源装机比例，实现电力行业向低碳化发展方式转变；推动造纸、玻璃、纺织等制造业提高能源利用效率和降低污染物产生量，实现制造业向低碳化方向发展。

在调结构方面，主要是要优化产业结构，以大力发展低碳型新兴产业为核心，以推动高技术产业和制造业高端化为重点，以传统产业低碳化为基础，加快形成低碳产业体系。

加快先进制造业加速崛起。大力发展高端智能装备、汽车及关键零部件制造、3D打印、检测试验设备等高端装备制造产业。发展高端电子信息、云计算（电子政务云、智慧城市云等）、物联网等战略新兴产业，追赶绿色经济发展新潮流。主要涉及的行业有：计算机、通信和其他电子设备制造业，电气机械及器材制造业，交通运输设备制造业。

约束高碳行业的经济发展规模。要严格控制造纸及纸制品业、纺织业、非金属矿物制品业、农副食品加工业等高碳行业的经济增速，特别是针对造纸及纸制品业、纺织业、非金属矿物制品业、农副食品加工业4个行业要采取转移、关停、改造等措施逐步淘汰四大高耗能行业中相对落后的企业，并将四大高耗能行业规模以上工业增加值占全市规模以上工业增加值的比重到2030年控制在12%以内。

加快发展服务业，优先服务制造业转型升级。立足东莞加工制造业根基，重点扶持科技服务、金融服务、创意设计、物流会展、信息服务等生产性服务业；发展研发孵化、检验检测、低碳金融等为低碳制造业发展提供全面支持的低碳服务业。

推动传统产业节能减碳发展。推动东莞加工贸易行业的转型升级，提高自有企业、自有品牌或自有知识产权的制造业比例，使东莞传统制造业激发新的活力，完成传统制造业粗放式、资源消耗性向集约式和资源节约型转变。同时引进优质大项目，重点发展高端电子信息和发展装备制造业，大力重点突破数控机床、数控系统、关键功能部件等产业共性技术，着力推进面向传统产业制造装备数字化的示范应用工程。

加快培育减碳产业。（1）对重点企业提出减少固体废弃物产生量和消除固体废弃物污染的方法，从源头控制废弃物的产生量。（2）加强废旧电子电器等可资源化再生利用废物规范化处理处置，支持建立废弃资源交易网络平台，提高固体废物回收利用和处理能力，推进企业加强资源综合利用。（3）加强工业固体废弃物处理。充分利用粉煤灰炉渣等废弃物的资源优势，扶持和培养一批具有一定规模的中大型建材企业作为试点工程，使该类企业成为粉煤灰炉渣废弃物资源化消纳主体。（4）推进循环经济工作，以国家和省级园区和造纸等行业为重点，加快推广循环经济示范工程。

类似地，关于珠三角的在降强度和调结构方面，可借鉴参考东莞的做法降低能源强度和优化产业结构，从而降低制造业碳排放总量和提高各行业的能源利用率。可以从以下几个方面着手：（1）严控高碳行业（能源密集型行业）能源消耗和经济规模，重点涉及的行业有农副食品加工业，纺织业，造纸和纸制品业，石油加工、炼焦和核燃料加工业，橡胶和塑料制品业，非金属矿物制品业，黑色金属冶炼和压延加工业，有色金属冶炼和压延加工业8个行业。（2）加快淘汰过剩产能行业。淘汰落后产能、产能过剩行业，如以钢铁、水泥、电解铝、平板玻璃、造纸、印染、制革、铅蓄电池、铜冶炼、铅冶炼、小火电、陶瓷12个行业为重点，着力推动能耗、环保、质量、安全、技术达不到标准和生产不合格产品或淘汰类产能，依法依规关停退出。（3）加快低碳产业的增速，打造低碳产业体系。加快布局高端智能装备、汽车及关键零部件制造、3D打印、检测试验设备等高端装备制造产业。发展高端电子信息、云计算（电子政务云、智慧城市云等）、物联网等战略新兴产业。

第二节　东莞市制造业重点行业的产业升级转型的调控路径

一、造纸和纸制品业

东莞的造纸业主要集中在水乡片区，聚集了一批龙头企业（玖龙、理文、建晖、金洲），成为我国以高档、环保包装纸为主，重要的生活用纸、纸板和特种纸生产基地，也成为了东莞市的支柱产业。然而，目前造纸和纸制品也面临着明显问题。（1）产能过剩成为该行业最大的敌人。2016年，单水乡片区淘汰560万吨造纸产能，但同年也新增530万吨产能。2017年新增450万吨，2018年新增900万吨。即便是需求不变的情况下，2018年的产能利用率也低于75%，属于产能过剩的状态。考虑到当前内需的疲软，海外订单的转移，以及纸张上涨导致“万次箱”“ZerOBox绿色环保循环周转箱”“共享纸箱”

“箱箱共同”等迅速崛起，2018年的包装类工业原纸需求势必出现明显萎缩。从而加剧造纸业的产能过剩。进入2018年，虽然环保整治依然严格，但高利润将诱使大量中小纸业拼命保生产，去产能形势将更加复杂。（2）高能耗、低效率现象未得到缓解。2011—2016年，造纸和纸制品能源消耗量占制造业的62%，碳排放量占58%，而工业增加值的贡献度只有5%。从前文驱动因素分析可知，经济规模对造纸和纸制品的碳排放量起促进作用，经济规模每增加1%，碳排放量增加1333万吨。（3）从能源结构来，造纸和纸制品的主要能源消耗仍然为煤，虽然占比有所下降，但是仍在66%以上。因此通过寻找替代能源，调整能源结构的碳减排空间很大。然而需要较长的时间才能够实现。当前造纸和纸制品产业升级转型的路径，应该从内部产业结构调整和科技创新。

要实现淘汰落后产能、提高纸制品附加值这一目标，一方面关停小规模企业，2016年造纸和纸制品行业有3227家，规上企业112家，可见大部分企业规模较小。二要注重高性能纸基功能材料开发，在特种纸及纸板、电子信息等功能纸开发上取得新的进展；注重高阻隔、安全、卫生食品包装纸与纸板和包装容器的开发；注重生活类用纸市场细分化的深度开发；注重在低定量基础上的包装物结构减重的研究与开发、注重产业链的合理延伸、注重单纯生产型向生产服务型的转变等。而降低能耗的重要手段是推进技术进步和科技创新。力争在新一代清洁制浆技术、创新与集成制浆造纸节能减排技术、高效利用纤维原料的复合型生物精炼技术等方面取得突破。要加大制浆造纸工业基础理论和前沿技术研究力度，大力推广新技术、新工艺；力争在关键共性技术、装备与控制、低定量化和结构减重等方面取得新的突破，不断缩小与国外先进技术差距，为造纸工业深度调整和加快产业升级提供技术支持，为此要加快以企业为主的创新体系建设；加强“政、产、学、研、用”的结合、加强协同创新。

二、纺织业

“三来一补”以来，纺织业得到快速发展，并使东莞市成为华南地区和中国主要的纺织品出口城市之一，其中以虎门服装和大朗毛织较为突出。但在金融危机的爆发、劳动力成本猛增和跨太平洋伙伴关系协定（TPP）的多重影响下，外贸型为主的纺织业受到了重创，2011—2016年纺织业工业增加值呈现波动性下降。目前纺织业除了碳排放强度高等问题外，还面临着其他一系列问题：（1）技术相对落后，纺织技术多半仍旧依赖于传统手工制作，以至于技术远落后于欧美等制造业强国。(2）产品附加值低，中高端产品有效供给不足，部分行业存在阶段性、结构性产能过剩；该行业的全民劳动生产率没有达到制造业平均水平。(3）产业创新投入偏低，创新型人才缺乏，综合创新能力较弱。(4）要素成本持续上涨，国际比较优势削弱；中高端产品有效供给不足，部分行业存在阶段性、结构性产能过剩。(5）质量标准管理体系有待进一步完善，品牌影响力有待提高。

因此，未来纺织业主要产业升级转型的方向是：一是提高发展质量，发展中高端产品，以创立自主品牌为重点，增加产品附加值；二是增强产业创新能力，推进纺织业的智能制造和绿色制造，降低碳排放强度。

在增加产品附加值方面，推动信息化技术在纺织生产、研发、管理、仓储、物流等各环节广泛运用。研究制定纺织智能制造体系架构、数字工厂（车间）参考模型、通用技术条件、评价验证等智能制造标准。在棉纺、印染、化纤、服装、针织、家纺等行业，开展以自动化和智能化生产、在线工艺和质量监控、自动输送包装、智能仓储、智能管理为主要特征的数字化、智能化工厂（车间）试点示范。通过智能化生产和信息化集成管理，提高劳动生产率和产品质量稳定性。

在创新能力方面，加强行业关键技术突破。把握全球纺织发展趋势，跟踪前沿和高端技术，加强行业科技创新研发。进一步突破高性能纤维高品质低成本技术以及生物基原料和纤维绿色加工技术，突破新型非织造、多种材料多层复合、立体织造等关键技术，推动高性能纤维及其复合材料在建筑交通、国防军工及航空航天等领域应用技术研发。研究无水少水印染、高速低成本数码印花技术，功能性面料整理技术，大幅提高纺织绿色制造技术及应用水平。加大纺织智能装备（生产线）及智能产品的研发推广，开发纺织专业应用软件。

推进纺织行业绿色制造、绿色产品标准体系建设，适时制修订重点产品能耗、水耗及重点行业污染物排放标准。进一步完善纺织清洁生产评价体系，推动印染、化纤等重点行业清洁生产审核。建设废旧纺织品回收和再利用体系，规范废旧纺织品回收、分拣、分级利用机制和“旧衣零抛弃”活动流程。按照国家统一的绿色产品合格评定体系建设要求，推进包括原液着色纤维、循环再利用化学纤维、生物基化学纤维等产品在内的“绿色纤维”及绿色纺织品的认证。制定行业节能减排共性关键技术研发和推广路线图，建设行业节能减排数据库，加强印染、粘胶、再生纤维行业规范管理，从而降低碳排放强度。

三、非金属制品业

随着城镇化的不断推进，以及城市大型设施建设的需要，非金属矿物质制造业，特别是水泥、玻璃、建材行业成为东莞制造业，乃至珠三角中迅速发展的行业。正是由于其发展速度过快，产能过剩问题显得尤为突出，且东莞市的非金属矿物质制品业的能源消耗和碳排放量超过平均水平，对于该行业的结构调整迫在眉睫。

从前文的分行业碳排放驱动因素分析结果（表 3-5 和表 3-6）可以看出，经济规模和产业结构促进了非金属制品业碳排放量的增加，同时结合 2011—2016 年该行业的经济增速为 10%可知，不论当前的市场需求，还是其在东莞市的经济地位，都会使得该行业在未来依然会保持上升的趋势。近年来，东莞市大力推进节能减排、锅炉改造、电机能效提升等节能减排措施，非金属制品业的能源结构在 2008—2016 年发生较大的改变，主要体现在天然气使用量由 2008 年的 4%上升到 2016 年的 56%，石油使用量由 2008 年的 62%下降到 2016 年的 10%。煤的比例下降 8%，电力的比例上升 7%。同时从前文能源强度和能源结构对碳排放强度的影响结果可知，能源强度和能源结构对非金属矿物制品业的影响波动范围较大，碳减排作用效果非常明显。未来可继续采用碳排放系数（转标系数）较低的能源来替代碳排放系数（转标系数）较高的能源，但是需要较长的时间。

从上述分析可知，随着城镇化建设的推进，通过控制非金属矿物制品业的产值、产量来控制碳排放量难以实现，未来非金属矿物制品业的产业升级转型，应该从内部结构调整，提高技术创新和应用、市场监督管理等几个方面入手。

针对非金属矿物制品业行业内部，应支持技术、市场、营业水平为标准，规范和提升准入门槛。在行业内部，针对不同产品，实施不同的方针。如针对建材行业实施技术创新和应用更有利于碳减排预期的实现。针对水泥行业，以去产能、淘汰落后产能为突破，全面谋划整体提升技术水平进步装备水平，实现水泥行业的升级转型。玻璃行业应重点发展电子工业用超薄、太阳能产业用超白、在线镀膜玻璃和低福射等特殊浮法玻璃生产线，研发和应用信息、新能源、国防、航天航空等领域用高品质人工晶体、制品及特种玻璃制造技术，推进相关新品种能快速形成产能。在墙体材料方面，研发生产新型墙体和屋绝热隔音、建筑防水和密封等材料，重点发展环保、节能、耐久型建材，力争新型墙体材料产量占墙材总量比例达到 80%。

2016年非金属矿物制品业有1361家企业，但规上企业仅有8家，占比只有0.6%，可见绝大部分企业规模较小。这将会导致两个问题：一是加剧市场竞争，容易导致行业发展波动；二是过度竞争会导致企业更加关注如何打开销路，减少对技术创新的投入。东莞可重点扶持几个发展潜力大的企业，鼓励技术创新，做大做强。通过大企业对市场的调控能力，提高行业门槛，解决去产能问题，从技术上达到节能减排的目的。

四、计算机、通信和其他电子设备制造业

随着科学技术的不断发展和进步，人类已经步入了智能时代。计算机、通信和其他电子设备已经遍及了人们生活的各个领域。该行业的碳排放强度低且逐年下降：从2008的1.30tCO_2/万元下降到2016年的0.53tCO_2/万元，但由于受经济规模的影响，碳排放总量逐年增加，从2008年的384万吨上升到2016年的504万吨。从能源结构上看，该行业虽然使用多种能源，但是绝大部分使用电力清洁能源，通过能源结构调整来达到减碳空间比较少。由于大数据和人工智能时代的到来，该行业的产业升级转型的未来方向是：以“互联网+”为行动抓手，重点培育物联网、云计算、大数据、下一代互联网等“新型业态”，抢占人工智能、软件、集成电路设计等“高端环节”，将东莞打造成世界级的高端新型电子信息产业基地，推进全市电子信息产业向价值链高端迈进，并为东莞其他行业的产业升级转型提供新的路径。

在新一代通信方面，网络系统架构技术研发，推进技术测试项目落地，形成以“研发驱动制造发展”的模式，实现产业结构优化升级。以东莞通信终端制造优势为依托，大力发展智能终端设备制造和移动通信设备制造业，重点整合电池、触摸屏、线路板、晶体振荡器等配套企业，进一步完善新一代移动通信产业链条。大力推广短距离无线通信（如NFC技术），实现相关芯片、系统集成等产业的高端引领。推动新一代通信在电子商务、通信运营、金融服务、企业信息化等领域的应用。积极探索特种光缆产品研发及生产。

新型芯片方面：重点发展面向新一代电子信息产品的核心存储、处理、通信、控制等领域的核心芯片，实现新型芯片设计、封装、测试等环节的核心技术突破，打造若干款具有国际先进水平、销售量过亿片的芯片产品。支持集成计算与通信功能的芯片、新一代通信芯片、北斗、GPS等导航芯片、便携终端主控多媒体处理器芯片、信息安全专用芯片、大容量存储芯片等产品的研发及生产。

关键电子元器件及组件方面：重点支持半导体功率器件、高性能传感器、新型光通信器件、高性能芯片、新型半导体分立器件、超导电子器件及功能组件，重点突破新一代集成电源组件，掌握相关核心技术。重点支持高效率功率器件，宽量程、高精度、高性能传感器，应用于网络与通信设备的新一代集成电源组件，移动终端的高性能触摸屏，移动通信及移动互联网的超导电子器件及功能组件以及基于移动互联网的安全组件。

软件及服务外包产业方面：配合全省计划，培育软件百强企业，建设一批软件应用重点公共服务平台。加快发展面向4G、5G领域的移动通信、无线通信、宽带接入、数字视听等产品的应用软件，推进嵌入式软件开发及应用。发展面向电子政务、电子商务、农村信息化、城市及社区信息化、企业信息化和动漫文化创意产业等领域的专用软件。扶持工业行业软件发展，着力推动三维计算机辅助设计软件开发，推动行业应用软件整体解决方案在通信、电力、交通等领域全面应用。积极推进软件服务外包产业发展，着力承接信息通信相关产品嵌入式软件和集成电路的开发、设计和测试业务，大力承接中间件、系统软件、应用软件的开发和测试外包业务。

集成电路设计方面：围绕移动互联网、物联网、云计算、信息家电等新兴产业的应用需求，强化产业创新能力建设，推进集成电路设计、制造、封测、设备仪器、材料和EDA工具等产业链各环节的紧密协作，带动集成电路设计产业发展。依托松山湖高新区集成电路产业基地，搭建集成电路设计产业发展孵化平台，加快EDA平台、培训中心等基础设施建设，健全松山湖高新区ICC平台服务功能。多渠道吸引投资进入集成电路设计领域，引导产业资源向有基础、有条件的企业和园区集聚，积极引进国内外知名集成电路企业在东莞设立总部和研发中心。

物联网方面：立足东莞物联网产业基地，坚持以企业为核心，联合全市高校、科研机构、物联网产业促进会和优势企业，推进政产学研合作，支持相关单位建立物联网技术（研发）中心及工程实验室，开展关键技术项目攻关，率先突破RFID、传感器、海量信息处理等产业关键技术，形成相关技术标准。依托专业院校及研究机构，大力推动物联网技术研发和科研成果的产业化，重点发展嵌入式芯片、射频识别、传感器和网络设备等物联网设备制造业，加快形成从材料、技术、器件、系统到传输网络等较完整的物联网制造产业链。以建设“智慧东莞”重大工程为抓手，逐步发展电力、交通、物流、水利、环保、家居、医疗、安防等领域的物联网服务，结合物联网服务运营、软件设计及技术管理，打造国家级物联网推广示范基地。加强物联网架构安全、异构网络安全、数据安全、个人信息安全等关键技术和产品的研发，促进安全技术成果转化。加强物联网安全技术服务平台建设，大力发展第三方安全评估和保障服务。建立健全物联网安全防护制度，开展物联网产品和系统安全测评与评估。研究制定“早发现、能防御、快恢复”的安全保障机制，确保重要系统的安全可控。对医疗、健康、养老、家居等物联网应用，加强相关产品和服务的评估测评和监督管理，强化个人信息保护。

大数据方面：强化大数据与网络信息安全保障。加快大数据产业基地建设，推动大数据与移动互联网、云计算、物联网、智慧城市等融合发展，带动大数据清洗、挖掘、分析、展示、应用和服务产业化。加快政府数据共享及开放步伐，运用大数据提升政府治理水平，全面推动大数据在政务、信用、交通、医疗、卫生、就业、社保、地理、教育、环境、金融等领域的应用，带动社会公众开展大数据增值性、公益性开发和创新应用，充分释放数据红利，激发大众创业、万众创新活力。通过“产学研用”方式，建立大数据研究机构和产业联盟，重点突破大数据关键技术的研究。重点推进工业大数据开发利用，建设工业大数据平台，推动工业生产制造智能化升级和工业生产服务柔性化改造。积极引进国内外大数据龙头企业，深化合作，加快工业、商业及民生等领域的大数据产品的商业化。全力引进建设大数据产业重点项目，培育大数据骨干企业和创新型中小企业，加快建设大数据公共服务平台。

云计算方面：提升优化云计算布局，以产业升级云促进制造业转型升级，以政务应用云打造创新共享资源平台，以民生服务云提高人民生活质量。重点突破云制造平台中的云端站点自动加载、数据安全加密、状态动态监控、资源动态分配及协同分布设计等一批核心关键技术，支持企业及科研院所建立安全可控的云操作系统，构建电子政务云平台。支持企业及科研院所建立医疗“健康云”系统，推进远程医疗、远程会诊等医疗服务和远程健康管理、自助健康体检等健康管理服务。支持在云安全、服务质量、开放接口、体系架构、评估认证等方面设立标准和规范，完善检验检测体系。努力拓展云计算服务，支持云计算中心运营企业发展基于 IaaS 和 PaaS 模式的计算、存储和网络资源等租用业务，积极开发灾难备份、网络加速、数据挖掘、信息安全等增值服务。

人工智能方面：依托珠三角人工智能创业创新氛围，以华为布局人工智能领域为引领，加速培育人工智能产业生态，推动人工智能基础科学研究，加快视频、地图及行业应用数据等人工智能海量训练资源库和基础资源服务公共平台建设，鼓励领先企业或机构提供人工智能研发工具以及检验评测、创业咨询、人才培养等服务。发展多元化、个性化、定制化智能硬件和智能化系统，重点推进智能家居、智能汽车、智能安防、智慧健康、智能机器人等研发和产业化发展。

高端消费电子产品方面：积极布局健康保健、医疗看护、信息娱乐等领域的可穿戴设备。打造无人机总部基地，提升无人机研发水平，推进电商物流、环境监测、城市安全监控等领域的无人机产业化发展。抢先布局虚拟现实（VR）蓝海，培育 VR 领军型企业，推动虚拟现实技术应用到视频游戏、医疗保健、零售、教育等领域，打造全方位的 VR 生态圈。

五、交通运输设备制造业

截至 2018 年年底，东莞市民用汽车保有量为 298.2 万辆，跃居全省汽车保有量第二城市。据不完全统计，2014—2017 年东莞市汽车保有量年均增速为 40%。① 汽车保有量的快速增长，给东莞市的交通运输带来了极大的压力。全过程控制交通部门的碳排放是重中之重。因此交通运输制造业的产业升级转型，抓住两个方面：一是节能与新能源汽车生产，二是优化公共交通运输系统。

针对节能与新能源汽车生产领域，一是要抓技术，提升新能源汽车的整体性能；二是完善配套设施，拓展销路，壮大企业生产规模。在技术层面，首先，努力实现传统汽车向节能汽车的转型升级。通过采用高效内燃机、轻量化材料和混合动力等先进技术，提高核心零部件配套能力，优化整车产品结构，提升整车节能效率。其次，在核心技术领域要有所突破。主攻整车控制、燃料电池等核心部件研发及产业化，形成关键部件到整车的完整制造体系和创新体系，实现与国际先进水平接轨。最后，要加快轨道新材料、新技术和新工艺的应用，重点突破体系化安全保障、节能环保、数字化、智能化、网络化技术，研制先进可靠适用的产品和轻量化、模块化、谱系化产品。吸引轨道交通材料、车轮和车轴、轮对等龙头企业来莞，建设集轨道交通关键零部件研发设计、金属材料、机械加工、装备制造及光机电与系统集成服务的产业基地，打造国内领先的先进轨道交通装备制造基地。

除了技术创新，完善配套设施是相关新能源汽车制造业发展壮大的基础。

---

① 数据由东莞市交通局提供。

如比亚迪以深圳作为试点，正是因为该城市在充电桩、充电站等配套设备建设领先于其他城市，能够使车主享受到便捷的服务。截至2018年，东莞市充电站建成约229座，包含充电桩1935条。① 充电站已经基本覆盖整个东莞，覆盖范围广，但密度低，与《东莞市“十三五”电动汽车充电基础设施规划》中要求到2020年全市新建充电站将超300座、新建充电桩约53000个，仍有一段距离。因此在相关配套方面仍然要加强。

① 数据由东莞市交通局提供。

第六章　低碳经济背景下东莞市制造业转型升级保障措施建议

第一节　强化节能减排目标责任

各级政府部门应在节能减排工作中充分发挥主导作用，正确认识节能减排约束性指标的重要性，以此明确政府责任，真正从根本上确保节能减排工作任务的实现。建立节能减排工作责任制和问责制，逐级管理落实，形成完整有效的工作体系。将节能减排各项工作目标和任务逐级分解，分发落实到各镇街的重点企业。主要包括：第一，分解各镇街制造业各行业的节能分配指标，并对重点用能单位的节能管理，实施目标责任制、能源审计制度、能源利用状况报告制度；第二，完善能源统计监测考核体系，对重点能耗企业落实能管中心建设，坚强能源在线监控；第三，进一步完善温室气体统计核算体系，研究制定控制温室气体排放的工作方案和考核办法，对完成减碳任务的企业或单位给予表彰奖励。

企业作为碳排放的主体，其节能减排责任应得到明确和强化，针对制定严格的节能环保的法律法规及标准，通过强化管理、签订节能减排目标责任书等手段，最终达到使企业自觉承担节能减排责任的目的。对重点用能单位加强监督管理，确保节能减排目标的完成。贯彻“谁污染、谁治理”原则，对未按规定进行节能减排改造的企业和单位，公开通报，限期整改；对恶意排污的企业施以重罚，追究企业节能减排主要领导和直接责任人的责任，极为严重、构成犯罪的依法移送司法机关。同时，呼吁强调公民等各类社会主体的责任，形成以政府为主导、企业为主体、全社会共同推进的节能减排工作格局。

第二节　建立温室气体核算体系

一、建立东莞碳排放统计核算体系

第一，政府加快编制和出台《东莞市温室气体清单编制指南》和《组织的温室气体排放量化和报告规范及指南》等标准化指导性技术文件，规范东莞市及各类组织温室气体排放的量化和报告，为碳排放权交易及减排行动提供信息支持。第二，制定温室气体统计核算范围。针对制造业，将能源消耗、工业生产过程等碳源纳入统计的范围，并形成分行业的碳排放信息报告，对碳排放量多的企业（参考重能耗企业名单）建立月上报制度。第三，纳入碳排放管理和交易范围的行业企业认真按照《广东省碳排放管理试行办法》《广东省发展改革委关于企业碳排放信息报告与核查的实施细则》《广东省发展改革委关于碳排放配额管理的实施细则》等文件的规定，进行碳排放信息报告与核查、配额清缴履约等工作。第四，加强统计队伍建设。增加专职碳排放统计人员，配备必要的软硬件，加强碳排放数据的管理，保证统计数据的完备和可靠性。政府行政各部门要配备专门的碳统计人员，重污染重能耗企业等要至少配备一个碳统计专职人员。

二、推动企业碳盘查、碳交易和低碳认证

第一，对东莞温室气体排放数据进行深入研究，分门别类建立各个行业、产品的碳排放数据库，确定具有针对性的碳排放系数，助推企业碳盘查和低碳认证的开展。第二，根据国际和国内碳盘查和低碳认证标准，以及东莞市企业和产品类型，分门别类地制订用于东莞的企业碳盘查和产品低碳认证标准。第三，鼓励企业开展低碳产品认证，选择重点领域开展低碳产品认证和碳标识试点，建立东莞低碳、绿色壁垒预警防控体系和技术支持服务体系。第四，开展低碳产品认证和碳标识服务，对开展低碳认证的企业进行资助。扶持低碳认证服务行业的发展，扶持培育东莞本地的第三方认证机构的发展。

第三节　优化产业结构助推转型升级

第一，加快淘汰结构性去产能行业。政府部门要加快完善化解过剩产能和

脱困发展工作协调机制，加强综合协调，督促任务落实，统筹推进各项工作。不断完善和严格执行去产能相关政策措施，强化监督问责，加强监测分析，强化社会监督，严肃处理弄虚作假、死灰复燃、责任落实不到位的地方政府和企业，确保产能真去真退。

第二，抑制“两高”行业经济增长规模。针对“高能耗、高排放”等高碳行业，提高行业准入门槛、严格固定资产节能评估、控制“两高”行业贷款、控制“两高”产品出口。从管理节能、结构节能和技术节能入手，严把项目准入关，重点对“三高”企业进行监管，降低高耗能产业比重。

第三，全面打造智能制造全生态链。整合资源，打造智能制造全生态链，推动制造业高质量发展；以机器人及其关键零部件、高速高精加工装备和智能成套装备为重点，大力发展智能制造装备和产品，培育一批具有系统集成能力、智能装备开发能力和关键部件研发生产能力的智能制造骨干企业。支持装备制造、汽车、计算机、通信和其他电子设备制造等优势产业做强做精，推动制造业从加工生产环节向研发、设计、品牌、营销、再制造等环节延伸，打造具有全球影响力和竞争力的电子信息等世界级先进制造业产业集群。

第四，培育壮大战略性新兴产业，推动新一代信息技术、生物技术、高端装备制造、新材料等发展壮大为新支柱产业，在新型显示、新一代通信技术、5G 和移动互联网、蛋白类等生物医药、高端医学诊疗设备、基因检测、现代中药、智能机器人、3D 打印、北斗卫星应用等重点领域培育一批重大产业项目。发挥龙头企业带动作用，积极发展数字经济和共享经济，促进经济转型升级和社会发展。

第四节　科技创新助推转型升级

创新是引领发展的第一动力，是推动高质量发展的战略支撑。东莞市严格落实《广东创新型省份建设试点方案》《广东省人民政府印发关于进一步促进科技创新若干政策措施的通知》等科技创新驱动政策，深入实施和全方位推动创新驱动发展战略，助推制造业升级转型。

政府方面：（1）要完善创新孵化体系。结合实际情况，加快高新技术产业化服务设施建设，积极鼓励企业、高校、科研机构、服务中介等各类市场主体协同创新，共建科研平台，增强大学科技园、高新技术开发区和科技孵化器的服务功能，形成从科技研发到成果转化的综合服务体系。（2）复合型、创新型人才是制造业转型升级的核心和关键。不仅要加快科教体制改革，创新人才培养模式，而且要重点培养高技术领域紧缺人才，为制造业高技术化提供智力支持。

企业方面：（1）积极发挥企业自主创新和科技研发的能动性，设计出真正适应市场、提升生活品质的高智能、高科技、服务型制造业产品。（2）企业应把握当前大众创业、万众创新的历史发展机遇，把握创业创新的综合性、开放性、跨领域的趋势，不同行业的高技术研发机构共建科研创新平台，突破技术难关，打破技术约束，实现技术创新和改革，推动制造业转型升级。（3）突破绿色发展技术创新。技术创新和节能设备是推进绿色工程建设的关键，因此，围绕绿色节能发展的重大关键技术和适用设备，构建多企业技术研发和设备创新平台，加大对污染物协同处置和对先进环保技术装装备共同研发，培育一批具备绿色制造技术创新竞争力的核心企业，最终形成工业资源循环利用，企业节能技术研发和装备水平升级的绿色制造新局面。（4）构建绿色制造体系。以企业为主体，建立健全绿色标准、创建绿色工厂、开发绿色产品、建设绿色工业园区、打造绿色供应链、建设绿色制造服务平台，发挥产业集群效应，构建绿色制造体系。

第五节　财税引导政策促转型升级

1. 财政引导政策

采取财政手段，通过倾向性的财政政策引导企业和居民消费向低碳方向发展。（1）扩大财政支出，继续加强我市公共性基础建设，特别是有关低碳经济发展的公共性基础设施建设。增加发展和推广低碳技术方面的基础设施建设的财政资金投入，主要包括：化石燃料的低碳化领域（CCS 和 IGCC），新能源与可再生能源领域（太阳能发电、生物质发电、地热等），能源的效率化与低碳化消费领域（智能电网，低碳产品推广等），鼓励企业使用非化石能源（如太阳能光伏发电），提高清洁能源的使用比例，调整能源结构。（2）实施政府低碳绿色采购制度。积极落实和细化国家出台的强制采购节能产品制度，建立健全采购机制，提高节能产品采购的透明度和效能，优先采购列入《节能产品政府采购清单》的达到较高能效标准的节能产品，禁止采购国家明令淘汰的产品和设备。（3）扶持中小型企业低碳转型，设立专项资金补助。中小型企业的低碳转型升级是东莞市产业转型升级的重点，同时，东莞市制造业低碳转型升级需要核心的低碳技术和充足的资金支持。但东莞市对中小型企业的前期投入的资金扶持政策仍是空白，东莞市政府可设立专项扶持资金，对中小型企业在前期低碳技术投入资金上进行补贴，减轻中小型企业的运行成本，提高中小型企业转型升级的积极性。（4）政府建立政策性专项资金，为重点科研机构、科技服务企业提供科技研发启动资金等，突破技术难关，为制造业产业升级提供技术支撑。

2. 税收引导政策

根据国家政策，东莞市可以采取以下政策来引导企业向低碳方向发展。（1）对从事符合条件的环境保护、节能节水项目的所得，在经营的前 5 年可以减免企业所得税。（2）对外商投资企业在节约能源和防治环境污染方面提供的专有技术所收取的使用费，可扣除 10%的所得税。（3）对按照《资源综合利用企业所得税优惠目录》规定的资源作为主要原材料，生产符合国家产业政策规定的产品所取得的收入，在经营的前 5 年可实行所得税减免。（4）企业购置用于环境保护、节能节水、安全生产等专用设备的投资额，可以按一定比例实行税额抵免。（5）经过政府有关部门认定的节能环保高新技术企业可以享受 15%的企业所得税优惠税率。（6）落实《关于再生资源增值税政策的通知》，对再生资源回收与利用的企业可享受再生资源优惠税收政策。（7）以工业废气为原料生产的高纯度二氧化碳产品，以废旧沥青混凝土为原料生产的再生沥青混凝土的企业的销售所得可享受增值税即征即退政策。

3. 融资引导政策

（1）建立多元化投入激励机制。建立“政府引导、企业为主、市场运作”的多元筹资机制。各级政府设立引导资金，吸引更多社会资金进入低碳经济建设，加快推进有利于低碳产业体系和低碳社会发展的市场化配置机制；鼓励保险机构积极开展低碳方面的保险业务，为低碳发展分担风险；鼓励东莞市企业、科研机构积极承担国家、省低碳发展重大专项和科技计划，市政府提供配套资助。（2）实施多层次融资机制。探索建立绿色信贷、绿色证券、绿色保险、绿色信托等绿色金融体系，拓宽低碳发展企业融资渠道。加强与国外政府、机构、企业的交流合作，积极争取国内外资金支持。

4. 建立碳排放交易制度

考虑到短期内征收碳税给企业带来的负面经济影响，碳交易作为缓和的手段是目前最有效的引导企业参与低碳经济的方式。东莞市可合理利用市场机制，加强碳排放交易市场的研究，根据国家下发给东莞市的碳减排总目标，确定减排总量和减排强度，并适当投入财政资金建立专门的从事碳排放服务和标准认证的公共部门，向市场中企业逐步分发碳排放许可证，并允许企业在碳排放交易市场中自由交易。

参 考 文 献

[1] 赵虎．“借力‘一带一路’加快汽车行业转型升级”研讨会召开［N］．中国设备工程，2017（4）．

[2] 中国造纸协会．中国造纸工业2018年度报告［R］．2019．

[3] 中国造纸协会、中国造纸学会．中国造纸工业可持续发展白皮书［R］．2019．

[4] 张晶．产业生态系统的定量解析与评价及仿真［D］．徐州：中国矿业大学，2012．

[5] 李晓菲．陈爱莲：智能制造是汽车行业转型升级契机［N］．商用汽车新闻，2018-3-19．

[6] 赵宇、岳红．促进节能减排的税收政策研究［J］．现代营销，2019（9）．

[7] 杜恒．大数据时代人工智能在计算机网络技术中的应用［J］．互联网+应用，2019（6）．

[8] 张璇．低碳环境下的多式联运路径优化研究［D］．开封：河南大学，2017．

[9] 潘援．低碳经济下造纸企业的战略选择［D］．南京：南京林业大学，2012．

[10] 黎柱声．东莞市造纸产业转型升级路径分析［D］．广州：广州大学，2017．

[11] 东莞市战略性新兴产业发展“十三五”规划［EB/OL］．（2017-12-22）［2019-4-21］．http：//dgdp. dg. gov. cn/gkmlpt/content/12/post_2610. html#14．

[12] 肖怡文．福建省制造业转型升级路径选择——基于“中国制造2025”的分析［J］．广西民族师范学院学报，2019，36（2）．

[13] 林金钱．广东省碳排放影响因素分析与峰值预测［D］．广州：暨南大

学，2016.
[14] 陈竹．广东造纸业：打造转型升级新高地［N］．中国新闻出版广电报，2016-9-26.
[15] 晏永刚、马铭．基于 AHP-EM-TOPSIS 组评价研究的区域低碳竞争力评价研究——以重庆市实证评价研究为例［J］．科技管理研究，2015（7）.
[16] 朱宇恩．基于 IPAT 模型和情景分析法的山西省碳排放峰值年预测［J］．资源科学，2016，38（12）.
[17] 渠慎宁、郭朝先．基于 STIRPAT 模型的中国碳排放峰值预测研究［J］．中国人口·资源与环境，2010，20（12）.
[18] 周勇．基于能源消费和 CO_2 排放峰值的中国未来经济增长速度预测［J］．科学与管理，2016，36（4）.
[19] 张传平、高伟．基于熵权—灰色关联—TOPSIS 方法的山东省低碳经济综合评价［J］．科学管理研究，2014（17）.
[20] 马卓．吉林省碳排放峰值预测与控制策略研究［D］．吉林：吉林大学，2012.
[21] 喻超．吉林省制造业碳排放变化的动力机制与调控路径研究［D］．北京：中国科学院大学，2017.
[22] 张国林．江苏产业结构低碳化调整路径与发展战略研究［D］．南京：南京农业大学，2015.
[23] 乔龙德．紧紧扭住“去产能、提升技术、稳增长”三大任务 形成六个工作格局，全面推进五项具体工作——在中国水泥行业大型企业领导人圆桌会议（C12+3 峰会）上的讲话［N］．中国建材，2019. 5.
[24] 张筱梅．聚焦产业升级，谋行业发展——2018 年中国专用汽车产业发展国际论坛圆满闭幕［N］．专用汽车，2018. 12.
[25] 杨明．模块化背景下我国电子信息制造业产业升级研究［D］．北京：首都经济贸易大学，2015.
[26] 刘欣．模块化生产网络下中国制造业升级研究［D］．上海：上海社会科学研究院，2016.
[27] 刘晓辉、闫二旺．能源与产业结构调整下我国工业碳排放峰值调节机制研究［J］．工业技术经济，2016：12（278）.
[28] 冯光．汽车产业转型升级下的新能源行业变革趋势［J］．新型工业化，2018，8（1）.

[29] 席昱梅．汽车行业进入转型升级重要关口［N］．中华工商时报，2018-11-1.

[30] 史同文．全球价值链下山东省纺织业的产业升级问题研究［D］．济南：山东师范大学，2018.

[31] 宋玉晓．山东造纸产业转型升级目标定位及发展路径研究［D］．济南：齐鲁工业大学，2017.

[32] 张皓月、张静文、何彦雨．碳交易和碳税模式的对比研究［J］．煤炭经济研究，2019，39（3）.

[33] 谭英双．信息技术为产业转型升级添薪续力［N］．台州日报，2019-4-24.

[34] 陈莹莹．运用财税政策促进我国低碳经济发展的观点综述［J］．经济研究参考，2016（54）.

[35] 马丁、陈文颖．中国2030年碳排放峰值水平及达峰路径研究［J］．中国人口·资源与环境，2016，26（5）.

[36] 李健、周慧．中国碳排放强度与产业结构的关联分析［J］．中国人口·资源与环境，2012，22（1）.

[37] 刘肆．中国自主品牌汽车企业创新能力提升策略研究［D］．福州：福建师范大学，2015.

[38] 东莞实施“机器换人”加快企业转型升级［EB/OL］．（2017-6-27）［2019-3-18］．http：//news. sun0769. com/dg/video/201706/t20170627_7446413. shtml.

附　录

附表 1　　**国内应对气候出台的政策**

1998 年，成立国家气候变化协调办公室，正式颁布《节约能源法》。
2004 年，国家发改委颁布《节能中长期专项规划》。
2005 年 2 月 28 日，第十届全国人民代表大会常务委员会第十四次会议上通过《中华人民共和国可再生能源法》，本法的目的是促进可再生能源的开发利用，增加能源供应，改善能源结构，保障能源安全，保护环境，实现经济社会的可持续发展；2009 年 12 月 26 日，对《中华人民共和国可再生能源法》进行了修订，修正案中致力解决阻碍低碳发展的各种不利因素，为开发利用可再生能与提供扶持政策。
2005 年 10 月，对《清洁发展机制项目运行管理暂行办法》进行了修订，制定了清洁发展机制项目运行管理办法。
2006 年 3 月，《中华人民共和国国民经济和社会发展第十一个五年规划纲要》，制定了节能减排的直接指标（3 个）、间接指标（2 个）、提出资源节约型社会、环境友好型社会、发展循环经济。首次提出“开发利用气候资源”政策。
2006 年 12 月，科技部、中国气象局、发改委国家环保总局等六部联合发布了我国第一部《气候变化国家评估报告》，报告中指出“以技术创新为核心手段，发展并推广先进节能技术，提高能源利用效率；积极发展可再生能源技术和先进核能技术，以及高效、洁净、低碳排放的利用技术和氢能技术，加强森林资源的管理并增加森林覆盖面积，保护生态环境并增加碳吸收汇，走‘低碳经济’的发展道路”。
2007 年，《国家十一五能源规划》提出提高能源效率目标。
2007 年 6 月，国务院同意发改委会同有关部门制定《中国应对气候变化国家方案》，这标志着我国形成比较完整的气候变化政策体系，发展中国家率先提出。方案中首次明确了到 2010 年中国应对气候变化的具体目标。紧接着出台了《国务院关于印发中国应对气候变化国家方案的通知（国发〔2007〕17 号）》。
2007 年 9 月 8 日，国家主席胡锦涛在亚太经合组织（APEC）第 15 次领导人会议的重要讲话中曾四度提到“碳”：“发展低碳经济”、研发和推广“低碳能源技术”“增加碳汇”“促进碳吸收技术发展”。

续表

2007 年 9 月,《可再生能源中长期发展规划》提出，到 2010 年使可再生能源消费量达到消费总量的 10%，到 2020 年，达到 15%。
2007 年 10 月，国家主席胡锦涛在党的十七大提出到 2020 年中国绿色战略和目标：建设生态文明。他还提出“可再生能源比重显著上升。主要污染物排放得到有效控制，生态环境质量明显改善”的目标。报告中首次提出“加强应对气候变化能力建设，为保护全球气候作出新的贡献”。
2007 年 10 月 28 日，中华人民共和国第十届全国人民代表大会常务委员会第三十次会修订通过《中华人民共和国节约能源法》，本部法律由七章组成，分别是：总则、节能管理、合理使用与节约能源、节能技术进步、激励措施、法律责任、附则组成。并确定节约资源是我国的基本国策。
2007 年 12 月,《中国能源发展现状和政策白皮书》发布，把可再生能源的发展列入我国能源发展战略重要组成部分和优先发展领域。
2008 年 6 月 27 日，国家主席胡锦涛总书记在中央政治局集体学习上强调，必须充分认识气候变化的中重要性和紧迫性，采取更加有力的政策措施，全面坚强应对气候变化能力建设。
2008 年 10 月，国务院新闻办公室发表《中国应对气候变化的政策与行动白皮书》，全面介绍了气候变化对中国的影响、中国减缓和适应气候变化的政策与行动，以及中国对此进行的体制组织建设；明确了六大原则：在可持续发展的框架下应对气候变化、“共同但又区别的责任原则”、减缓和适应并重、公约和议定书是应对气候变化的主渠道、依靠科技创新和技术转让、全民参与和广泛国际合作。
2009 年,《能源振兴规划（2009—2011）》提出，2010 年可再生能源占一次能源消费总量比重达到 10%。2010 年风能总机容量调整为 2 千万千瓦，2020 年调整为 1 亿千万左右。
2009 年 6 月，国家应对气候变化领导小组暨国务院节能减排工作领导小组会议正式提出，将降低二氧化碳排放强度作为重要的发展指标，这就为这一指标纳入“十二五”规划作为核心指标奠定了基础。
2009 年 8 月 12 日，温家宝总理召开国务院常务会议，提出发展低碳经济的六项政策，明确将二氧化碳排放强度纳入国民经济发展规划。
2009 年 12 月，哥本哈根气候变化大会，温家宝发表了题为《凝聚共识 加强合作 推进应对气候变化历史进程》的主旨报告，明确提出了中国要走低碳发展的道路。
2010 年 7 月 19 日，国家发改委下发《国家发展和改革委员会关于开展低碳省区和低碳城市试点工作的通知》称，将首先在我国五省八市开展低碳省区、低碳城市试点。《通知》显示，开展试点的五省分别为广东、辽宁、湖北、陕西、云南；八市分别为天津、重庆、深圳、厦门、杭州、南昌、贵阳、保定。

续表

2010年10月18日，中华人民共和国国民经济和社会发展第十二个五年规划纲要中明确指出，要“探索建立低碳产品标准、标识和认证制度，建立完善温室气体排放清单编制工作，选择天津、陕西、浙江、湖北、云南、辽宁、广东七个省市作为试点，先行先试，探索省级清单编制经验”。
2011年3月5日，温家宝总理在十一届全国人民代表大会第四次会议上代表国务院向大会作政府工作报告指出：“十二五”期间，我国国内单位生产总值能耗和二氧化碳分别降低16%和17%。
2011年3月，国家发改委气候司召集北京市、上海市、天津市、重庆市、广东省、湖北省发改委开会，安排部署区域碳排放权交易试点工作。
2011年4月，国家发改委应对气候变化司副司长孙翠华表示，2013年前我国将在六省市开展低碳交易试点，并在2015年前成立全国范围的碳交易平台。
2011年7月17日，国家发改委副主任解振华表示，中国将开展碳排放交易试点，逐步建设碳排放交易市场。
2011年12月，国务院关于印发“十二五”控制温室气体排放工作方案的通知（国发〔2011〕41号），《方案》中提到，到2015年全国单位国内生产总值二氧化碳排放比2010年下降17%的预设指标，同时明确了“十二五”期间我国将构建应对气候变化的政策体系，积极推进增加森林碳汇、开展碳排放交易试点等节能减排手段，并设立了具体的预期目标。这标志着我国在控制温室气体排放，发展低碳经济方面有了实质性的进展。
2012年6月，国家发改委正式颁布《温室气体自愿减排交易管理暂行办法》，明确了国内外机构、企业、团体和个人均可参与温室气体自愿减排量交易。充分利用清洁发展机制的管理体制和办法，为自愿减排交易顺利开展铺平道路，是中国碳交易体系和市场建设的重要一步。
2012年9月第三届低碳论坛召开，据悉，我国将强制要求电力、钢铁、水泥和平板玻璃、化工、有色金属、航空等六行业提供碳排放数据，力争“十三五”进一步扩大碳排放权交易试点范围，逐步建立全国性的碳市场。论坛上，国家发改委副主任解振华说，目前我们正在为逐步建立全国性的碳排放权交易市场，做好基础性准备工作。当前正在抓紧研究制定重点行业、企业温室气体排放报告格式和核算方法指南，筹备建设重点企业、事业单位能耗在线监测系统，推进认证核查体系建设，建立和完善交易平台，加紧设计并建立碳排放权交易登记注册系统，开展碳排放权交易的总量设定方法等基础研究。
2013年10月，国家发展改革委办公厅关于印发首批10个行业企业温室气体排放核算方法与报告指南（试行）的通知（发改办气候〔2013〕2526号），已制定首批10个行业企业温室气体排放核算方法与报告指南（试行），供开展碳排放权交易、建立企业温室气体排放报告制度、完善温室气体排放统计核算体系等相关工作参考使用 。
2014年1月，国家发展改革委关于组织开展重点企（事）业单位温室气体排放报告工作的通知（发改气候〔2014〕63号），报告要求实行重点企（事）业单位（以下简称“重

续表

点单位”）温室气体排放报送制度，这是为了全面掌握重点单位温室气体排放情况，加快建立重点单位温室气体排放报告制度，完善国家、地方、企业三级温室气体排放基础统计和核算工作体系，加强重点单位温室气体排放管控，为实行温室气体排放总量控制、开展碳排放权交易等相关工作提供数据支撑。 2016年9月3日，中国全国人大常委会批准中国加入《巴黎气候变化协定》，成为23个完成了批准协定的缔约方。在中国国家自主贡献方案中，明确提出我国二氧化碳排放到2030年左右达到峰值并争取尽早达峰；到2030年单位国内生产总值二氧化碳排放比2005年下降60%—65%；非化石能源占一次能源消费比重达到20%左右。 2016年11月，国务院印发《“十三五”控制温室气体排放工作方案》，提出“十三五”时期低碳发展的核心目标是到2020年碳强度比2015年下降18%，方案对能源体系、产业经济、城乡发展等重点排放领域低碳发展的任务措施进行了全面部署。“十三五”期间我国将仍以控制 CO_2 排放为核心工作。

附表2　**2010年广东省规模以上工业企业碳排量**　（单位：万 tCO_2）

行业名称	合计	煤	天然气	石油	电力	其他燃料
全部工业	84294.37	41732.68	2158.01	22077.29	16824.84	1501.55
制造业	52548.23	14926.70	512.06	21635.00	14237.24	1237.23
农副食品加工业	756.95	255.92	0.43	102.69	216.66	181.25
食品制造业	362.15	111.81	7.98	69.15	150.98	22.23
饮料制造业	264.12	92.17	5.47	36.41	98.58	31.50
烟草制品业	21.47	8.45	1.00	1.89	9.69	0.43
纺织业	2352.44	1389.67	3.66	138.60	713.30	107.22
纺织服装、鞋、帽制造业	732.18	213.75	0.69	122.06	383.27	12.41
皮革、毛皮、羽毛（绒）等	360.92	30.83	0.63	45.21	279.09	5.15
木材加工及木、竹、藤等	225.72	40.68	0.00	13.26	152.94	18.83
家具制造业	225.58	4.74	0.71	36.04	182.09	1.99
造纸及纸制品业	3533.55	2302.19	0.83	82.30	775.42	372.81

续表

行业名称	合计	煤	天然气	石油	电力	其他燃料
印刷业和记录媒介的复制	242.83	6.32	1.31	42.22	192.98	0.00
文教体育用品制造业	325.44	6.42	0.80	54.00	262.87	1.36
石油加工炼焦及核燃料加工业	18346.08	305.39	307.17	17245.44	329.37	158.72
化学原料及化学制品制造业	2210.41	445.24	11.74	758.65	723.69	271.08
医药制造业	281.56	121.35	2.49	43.72	113.14	0.86
化学纤维制造业	127.84	15.52	2.75	25.80	77.84	5.93
橡胶与塑料制品业	254.34	74.39	2.32	36.41	140.21	1.01
非金属矿物制品业	9323.09	5365.11	68.09	1081.49	2798.52	9.87
黑色金属冶炼及压延加工业	4342.52	3468.68	2.06	157.68	696.08	18.01
有色金属冶炼及压延加工业	864.91	247.85	28.57	153.97	432.84	1.68
金属制品业	1208.06	101.14	13.79	237.43	853.90	1.80
通用设备制造业	524.89	135.72	3.73	54.29	330.88	0.26
专用设备制造业	336.56	5.90	1.59	48.17	280.90	0.00
交通运输设备制造业	571.97	10.95	15.71	89.84	452.15	3.31
电气机械及器材制造业	1415.66	26.10	13.08	217.71	1153.35	5.43
通信设备、计算机及其他	2345.50	15.15	13.87	230.80	2082.41	3.27
仪器仪表及文化、办公用	215.36	0.37	0.88	32.87	181.17	0.07
工艺品及其他制造业	270.73	94.08	0.69	38.62	136.62	0.72
废弃资源和废旧材料回收	71.48	28.13	0.01	7.03	36.28	0.03
金属制品、机械和设备修理业	0.00	0.00	0.00	0.00	0.00	0.00

附表 3　**2011 年广东省规模以上工业企业碳排量**　（单位：万 tCO_2）

行业名称	合计	煤	天然气	石油	电力	其他燃料
全部工业	90302. 85	47867. 85	2492. 62	21097. 91	17293. 53	1550. 94
制造业	53152. 98	15764. 48	607. 19	20851. 82	14630. 82	1298. 67
农副食品加工业	761. 86	269. 53	1. 71	35. 20	247. 36	208. 06
食品制造业	340. 96	96. 02	10. 79	50. 70	151. 84	31. 61
饮料制造业	262. 26	95. 09	9. 85	23. 58	106. 89	26. 86
烟草制品业	26. 30	9. 74	1. 64	1. 13	13. 51	0. 29
纺织业	2129. 66	1233. 51	2. 65	99. 31	669. 53	124. 66
纺织服装、鞋、帽制造业	715. 97	225. 39	3. 00	95. 54	379. 02	13. 01
皮革、毛皮、羽毛（绒）等	316. 59	23. 89	0. 90	29. 58	254. 55	7. 67
木材加工及木、竹、藤等	210. 17	29. 79	0. 00	10. 86	157. 08	12. 43
家具制造业	201. 32	4. 71	1. 29	19. 03	175. 30	1. 00
造纸及纸制品业	3459. 54	2313. 43	1. 01	48. 11	761. 28	335. 71
印刷业和记录媒介的复制	219. 30	4. 60	0. 91	21. 19	192. 11	0. 49
文教体育用品制造业	292. 98	6. 64	0. 89	23. 02	261. 25	1. 17
石油加工炼焦及核燃料加工业	18238. 26	271. 05	279. 09	17212. 67	327. 51	147. 95
化学原料及化学制品制造业	3073. 52	444. 76	14. 83	1510. 05	778. 92	324. 95
医药制造业	273. 44	117. 86	2. 78	25. 08	123. 32	4. 40
化学纤维制造业	129. 46	17. 51	4. 06	18. 22	83. 59	6. 07
橡胶与塑料制品业	1537. 60	229. 34	8. 84	115. 74	1179. 89	3. 78
非金属矿物制品业	8399. 50	5695. 91	119. 67	725. 57	1854. 01	4. 35
黑色金属冶炼及压延加工业	5308. 50	4286. 98	8. 62	167. 03	819. 54	26. 34

续表

行业名称	合计	煤	天然气	石油	电力	其他燃料
有色金属冶炼及压延加工业	752. 51	145. 38	64. 40	107. 32	434. 71	0. 69
金属制品业	1066. 54	82. 38	15. 74	96. 07	870. 57	1. 77
通用设备制造业	414. 65	45. 83	4. 83	31. 86	331. 29	0. 84
专用设备制造业	316. 47	5. 92	2. 26	23. 14	285. 14	0. 01
交通运输设备制造业	588. 60	18. 41	17. 38	62. 82	486. 55	3. 44
电气机械及器材制造业	1326. 12	23. 26	15. 51	90. 92	1191. 13	5. 30
通信设备、计算机及其他	2245. 77	15. 45	11. 25	91. 13	2123. 49	4. 45
仪器仪表及文化、办公用	192. 23	0. 12	1. 28	11. 12	179. 71	0. 00
工艺品及其他制造业	191. 14	30. 23	2. 00	18. 67	139. 06	1. 18
废弃资源和废旧材料回收	79. 26	21. 70	0. 01	4. 68	52. 67	0. 20
金属制品、机械和设备修理业	0. 00	0. 00	0. 00	0. 00	0. 00	0. 00

附表 4　　**2012 年广东省规模以上工业企业碳排量**　　（单位：万 tCO_2）

行业名称	合计	煤	天然气	石油	电力	其他燃料
全部工业	86572. 45	45241. 12	2508. 09	21185. 52	15940. 77	1696. 95
制造业	51547. 99	15082. 59	825. 55	20977. 41	13217. 56	1444. 88
农副食品加工业	718. 53	234. 19	2. 62	20. 61	232. 34	228. 77
食品制造业	272. 53	69. 05	16. 92	29. 22	135. 56	21. 78
饮料制造业	226. 43	85. 08	12. 94	12. 99	95. 07	20. 35
烟草制品业	26. 36	10. 27	2. 80	0. 49	12. 80	0. 00
纺织业	1906. 47	1148. 35	3. 59	43. 70	554. 80	156. 03
纺织服装、鞋、帽制造业	637. 07	187. 37	3. 48	64. 14	367. 94	14. 15

续表

行业名称	合计	煤	天然气	石油	电力	其他燃料
皮革、毛皮、羽毛（绒）等	349.24	30.18	2.05	28.27	279.93	8.82
木材加工及木、竹、藤等	177.99	7.39	0.24	9.74	148.45	12.18
家具制造业	156.59	1.35	1.19	13.71	139.83	0.51
造纸及纸制品业	3541.24	2323.89	2.13	30.08	840.75	344.38
印刷业和记录媒介的复制	170.10	7.05	0.81	15.07	146.67	0.51
文教体育用品制造业	322.87	11.41	3.38	27.69	278.48	1.91
石油加工炼焦及核燃料加工业	19145.47	246.01	339.77	18070.84	331.16	157.69
化学原料及化学制品制造业	2953.99	394.92	20.35	1491.11	709.30	338.31
医药制造业	221.20	91.32	6.33	17.67	99.22	6.67
化学纤维制造业	128.41	22.36	7.66	12.26	80.43	5.70
橡胶与塑料制品业	1193.39	191.71	9.29	63.86	919.06	9.47
非金属矿物制品业	7564.41	5044.95	191.22	549.14	1770.69	8.40
黑色金属冶炼及压延加工业	5524.11	4502.29	15.33	64.44	856.41	85.63
有色金属冶炼及压延加工业	904.11	208.80	97.04	84.39	509.47	4.42
金属制品业	865.82	53.24	23.47	81.41	704.99	2.71
通用设备制造业	295.89	2.87	4.54	24.20	263.78	0.51
专用设备制造业	261.50	3.11	2.15	18.01	238.13	0.10
交通运输设备制造业	514.87	17.79	24.67	46.63	422.55	3.23
电气机械及器材制造业	1034.55	18.33	15.21	75.28	918.05	7.67
通信设备、计算机及其他	2061.77	15.89	13.44	63.54	1964.41	4.50

续表

行业名称	合计	煤	天然气	石油	电力	其他燃料
仪器仪表及文化、办公用	100.71	0.14	0.44	3.46	96.66	0.00
工艺品及其他制造业	179.43	129.25	1.09	7.06	41.71	0.31
废弃资源和废旧材料回收	74.63	23.50	0.57	5.88	44.68	0.00
金属制品、机械和设备修理业	18.33	0.57	0.83	2.54	14.23	0.17

附表5 **2013年广东省规模以上工业企业碳排量** （单位：万 tCO_2）

行业名称	合计	煤	天然气	石油	电力	其他燃料
全部工业	90751.48	47087.59	2560.11	22122.26	16991.94	1989.58
制造业	54767.43	16125.24	931.41	21899.07	14189.64	1622.06
农副食品加工业	757.41	241.83	2.64	19.87	244.14	248.94
食品制造业	289.75	71.92	19.41	27.31	150.30	20.81
饮料制造业	232.47	80.34	13.24	11.22	103.18	24.50
烟草制品业	22.09	7.56	2.49	0.47	11.56	0.00
纺织业	1928.69	1181.64	3.88	33.33	554.16	155.67
纺织服装、鞋、帽制造业	586.64	129.23	4.91	42.66	398.99	10.85
皮革、毛皮、羽毛（绒）等	336.96	23.75	2.45	22.15	278.87	9.74
木材加工及木、竹、藤等	160.57	4.79	0.32	7.75	140.20	7.51
家具制造业	172.44	1.32	2.04	13.63	154.72	0.72
造纸及纸制品业	4258.40	2816.96	3.53	25.59	910.72	501.61
印刷业和记录媒介的复制	193.04	7.72	1.04	14.73	168.80	0.75
文教体育用品制造业	347.30	11.15	2.85	24.09	306.77	2.45

续表

行业名称	合计	煤	天然气	石油	电力	其他燃料
石油加工炼焦及核燃料加工业	20374.59	293.10	365.88	19218.19	340.52	156.89
化学原料及化学制品制造业	2986.11	424.38	24.04	1399.71	784.85	353.13
医药制造业	236.09	92.93	9.57	14.41	110.96	8.22
化学纤维制造业	111.20	20.71	8.01	9.51	72.73	0.24
橡胶与塑料制品业	1260.35	186.07	16.64	58.16	989.32	10.17
非金属矿物制品业	8089.41	5418.95	221.94	503.26	1936.19	9.08
黑色金属冶炼及压延加工业	5746.51	4624.34	16.47	75.23	954.60	75.87
有色金属冶炼及压延加工业	957.57	208.00	94.10	72.72	578.34	4.41
金属制品业	975.94	59.84	40.85	79.64	789.37	6.24
通用设备制造业	284.68	3.42	5.13	25.20	250.87	0.07
专用设备制造业	261.63	1.52	3.16	17.05	235.99	3.91
交通运输设备制造业	551.64	8.56	31.96	40.70	470.39	0.03
电气机械及器材制造业	1040.44	16.62	17.14	69.11	930.15	7.43
通信设备、计算机及其他	2248.34	27.48	15.28	55.64	2145.36	4.58
仪器仪表及文化、办公用	97.47	0.20	0.45	4.28	92.27	0.27
工艺品及其他制造业	180.30	140.71	0.13	4.90	34.16	0.39
废弃资源和废旧材料回收	69.07	20.21	1.67	6.16	40.90	0.12
金属制品、机械和设备修理业	12.89	0.00	0.19	2.09	10.60	0.00

附表 6　**2014 年广东省规模以上工业企业碳排量**　（单位：万 tCO_2）

行业名称	合计	煤	天然气	石油	电力	其他燃料
全部工业	91386.81	45515.70	2780.11	23226.43	17793.51	2071.06
制造业	56777.24	16370.53	916.45	22861.06	14941.35	1687.85
农副食品加工业	771.58	256.03	4.87	15.93	261.01	233.73
食品制造业	301.68	72.78	18.56	23.28	166.44	20.62
饮料制造业	244.89	83.34	16.09	8.97	112.78	23.70
烟草制品业	22.34	8.00	2.40	0.39	11.55	0.00
纺织业	1927.79	1143.50	5.18	33.19	572.97	172.96
纺织服装、鞋、帽制造业	574.04	128.35	4.73	33.85	396.94	10.18
皮革、毛皮、羽毛（绒）等	319.09	21.89	1.97	18.65	269.21	7.37
木材加工及木、竹、藤等	157.68	3.77	0.70	6.92	138.92	7.37
家具制造业	183.65	3.02	2.63	12.73	164.60	0.67
造纸及纸制品业	4314.25	2833.46	4.41	21.99	955.86	498.52
印刷业和记录媒介的复制	212.35	8.54	1.44	14.52	186.54	1.31
文教体育用品制造业	361.97	9.66	3.56	21.20	325.13	2.42
石油加工炼焦及核燃料加工业	21161.95	454.03	271.66	19916.83	359.26	160.17
化学原料及化学制品制造业	3672.85	587.18	73.78	1776.89	811.53	423.48
医药制造业	239.99	86.39	13.24	11.00	121.04	8.32
化学纤维制造业	101.79	17.02	9.32	8.67	66.58	0.20
橡胶与塑料制品业	1310.41	182.59	20.66	51.79	1041.36	14.01
非金属矿物制品业	8423.74	5641.57	212.48	490.47	2069.57	9.66
黑色金属冶炼及压延加工业	5509.30	4441.21	18.52	50.75	934.06	64.76

续表

行业名称	合计	煤	天然气	石油	电力	其他燃料
有色金属冶炼及压延加工业	933.65	198.15	92.55	61.75	578.47	2.74
金属制品业	1013.56	53.20	50.71	70.52	834.81	4.31
通用设备制造业	301.93	3.04	5.49	22.82	267.46	3.11
专用设备制造业	289.68	2.33	3.12	18.16	265.91	0.16
交通运输设备制造业	588.01	8.85	35.56	33.98	504.78	4.84
电气机械及器材制造业	1108.16	15.82	21.45	58.95	1003.31	8.64
通信设备、计算机及其他	2430.67	29.37	17.44	53.05	2326.77	4.04
仪器仪表及文化、办公用	105.60	0.10	0.57	3.10	101.58	0.25
工艺品及其他制造业	107.69	62.21	0.33	6.64	38.12	0.39
废弃资源和废旧材料回收	68.30	15.12	2.82	6.99	43.37	0.00
金属制品、机械和设备修理业	13.67	0.00	0.22	2.01	11.44	0.00

附表7　**2015年广东省规模以上工业企业碳排量**　（单位：万 tCO_2）

行业名称	合计	煤	天然气	石油	电力	其他燃料
全部工业	90129.13	43482.63	2996.46	23255.49	18134.09	2260.46
制造业	56865.11	16012.44	949.29	22869.71	15236.37	1797.30
农副食品加工业	729.70	253.20	6.27	15.04	270.95	184.25
食品制造业	300.94	69.39	19.94	19.84	169.03	22.74
饮料制造业	230.09	67.18	15.91	8.29	115.52	23.19
烟草制品业	21.31	7.28	2.20	0.48	11.35	0.00
纺织业	1894.90	1114.59	7.99	33.56	566.27	172.49
纺织服装、鞋、帽制造业	551.87	114.07	3.77	32.73	390.93	10.37

续表

行业名称	合计	煤	天然气	石油	电力	其他燃料
皮革、毛皮、羽毛(绒)等	355.50	30.04	3.00	15.96	301.36	5.14
木材加工及木、竹、藤等	155.92	2.74	1.17	7.12	138.48	6.40
家具制造业	179.94	2.71	3.30	13.24	159.79	0.90
造纸及纸制品业	4337.17	2827.82	4.58	19.27	955.91	529.60
印刷业和记录媒介的复制	214.85	8.48	1.77	14.65	188.45	1.51
文教体育用品制造业	356.60	8.15	3.07	17.49	325.79	2.11
石油加工炼焦及核燃料加工业	21375.97	500.14	289.29	19951.95	371.89	262.70
化学原料及化学制品制造业	3701.08	524.05	68.72	1852.67	807.36	448.28
医药制造业	221.07	65.17	13.18	10.55	123.23	8.94
化学纤维制造业	92.39	17.42	8.64	8.02	57.55	0.76
橡胶与塑料制品业	1282.57	167.20	5.13	52.34	1041.38	16.52
非金属矿物制品业	8142.99	5430.17	207.92	439.15	2061.97	3.79
黑色金属冶炼及压延加工业	5392.75	4394.75	19.31	51.12	854.86	72.72
有色金属冶炼及压延加工业	922.42	181.69	97.45	47.29	593.95	2.05
金属制品业	1098.03	45.62	54.41	67.34	927.59	3.07
通用设备制造业	319.21	2.12	6.00	22.80	286.06	2.24
专用设备制造业	307.97	2.41	4.24	18.13	283.08	0.11
交通运输设备制造业	632.20	8.86	41.40	31.90	544.99	5.05
电气机械及器材制造业	1133.49	16.07	21.10	53.30	1035.20	7.82
通信设备、计算机及其他	2533.38	15.01	16.63	50.46	2447.47	3.81

续表

行业名称	合计	煤	天然气	石油	电力	其他燃料
仪器仪表及文化、办公用	111.39	0.10	0.58	3.28	107.03	0.40
工艺品及其他制造业	107.82	65.40	0.48	5.59	36.01	0.33
废弃资源和废旧材料回收	76.05	16.03	2.87	3.80	53.33	0.03
金属制品、机械和设备修理业	12.12	0.00	0.15	2.37	9.60	0.00

附表 8　**2016 年广东省规模以上工业企业碳排量**　（单位：万 tCO_2）

行业名称	合计	煤	天然气	石油	电力	其他燃料
全部工业	90792.00	26868.16	369.89	36459.51	24120.70	2973.75
制造业	61118.90	18086.97	249.00	24543.63	16237.45	2001.85
农副食品加工业	770.90	280.47	2.40	10.64	290.30	187.10
食品制造业	291.68	70.02	5.35	16.06	177.13	23.12
饮料制造业	225.05	70.01	4.40	6.40	122.16	22.08
烟草制品业	20.80	7.84	0.58	0.38	12.00	0.00
纺织业	1958.24	1183.90	2.09	26.25	553.99	192.00
纺织服装、鞋、帽制造业	551.23	111.68	1.18	26.13	402.10	10.13
皮革、毛皮、羽毛（绒）等	366.27	33.17	0.92	13.46	313.53	5.20
木材加工及木、竹、藤等	153.69	1.78	1.08	6.53	139.09	5.22
家具制造业	175.21	2.69	1.00	11.26	159.49	0.78
造纸及纸制品业	4883.59	3270.94	1.44	14.97	1021.22	575.02
印刷业和记录媒介的复制	224.88	9.98	0.42	12.31	192.16	10.01
文教体育用品制造业	375.63	9.49	0.90	14.50	348.41	2.34

续表

行业名称	合计	煤	天然气	石油	电力	其他燃料
石油加工炼焦及核燃料加工业	22700. 35	612. 77	63. 84	21339. 28	390. 38	294. 08
化学原料及化学制品制造业	4270. 90	601. 02	21. 86	2300. 81	845. 46	501. 74
医药制造业	219. 13	63. 88	4. 11	8. 25	128. 43	14. 47
化学纤维制造业	84. 83	19. 79	2. 43	6. 59	55. 50	0. 51
橡胶与塑料制品业	1900. 60	218. 24	1. 34	58. 46	1593. 33	29. 23
非金属矿物制品业	8472. 07	6042. 53	58. 06	380. 94	1987. 37	3. 17
黑色金属冶炼及压延加工业	6174. 02	5115. 01	6. 75	42. 39	912. 58	97. 30
有色金属冶炼及压延加工业	906. 59	189. 54	27. 82	38. 80	648. 27	2. 16
金属制品业	1083. 21	43. 19	15. 99	54. 36	966. 21	3. 46
通用设备制造业	310. 55	1. 02	1. 47	19. 91	284. 67	3. 47
专用设备制造业	309. 70	2. 24	1. 15	15. 49	290. 47	0. 35
交通运输设备制造业	632. 76	9. 43	11. 22	26. 94	579. 61	5. 56
电气机械及器材制造业	1109. 59	16. 18	5. 19	41. 79	1037. 92	8. 51
通信设备、计算机及其他	2652. 99	16. 63	3. 85	38. 67	2589. 85	3. 98
仪器仪表及文化、办公用	101. 63	0. 09	0. 12	2. 15	98. 70	0. 57
工艺品及其他制造业	100. 11	67. 51	0. 10	3. 95	28. 26	0. 29
废弃资源和废旧材料回收	80. 36	15. 90	1. 93	3. 49	59. 01	0. 03
金属制品、机械和设备修理业	12. 33	0. 00	0. 03	2. 46	9. 84	0. 00

注：《广东省统计年鉴 2017》无公布能源消耗，广东省 2016 年能源消耗情况根据 2016 年能源消耗总量及 2010—2015 年能源消耗情况进行预测计算得到。

附表 9　　**2010—2016 年广州规模以上工业企业碳排放量**（单位：万 tCO_2）

行业代码	2010	2011	2012	2013	2014	2015	2016
01	9402.85	9166.34	7979.43	8177.07	7715.00	7273.34	7085.25
02	4262.44	3831.96	3151.79	3123.45	2918.47	2900.54	2774.79
13	121.47	116.01	110.64	120.32	126.93	118.89	120.62
14	101.28	78.62	60.58	61.49	64.48	61.31	57.76
15	92.64	80.29	63.69	68.25	70.51	62.64	38.57
16	4.29	5.91	5.78	5.04	5.14	5.02	5.01
17	547.35	493.84	436.05	414.33	416.10	378.05	317.70
18	195.28	219.02	161.39	112.27	87.28	76.20	67.71
19	67.53	61.65	54.28	45.26	44.66	42.47	40.54
20	15.04	12.39	10.24	8.79	7.35	7.07	6.83
21	20.44	15.15	12.07	14.73	16.78	16.84	16.68
22	454.55	286.19	197.57	176.82	158.45	184.52	166.98
23	21.37	19.54	17.10	22.37	22.88	22.11	21.08
24	35.21	31.91	41.90	51.50	50.97	47.30	49.82
25	275.25	280.04	236.10	257.75	206.85	244.84	221.89
26	372.64	368.54	314.87	328.12	286.66	282.19	269.08
27	57.07	43.68	40.79	38.68	32.81	34.98	35.89
28	6.65	7.66	3.76	4.14	4.42	4.96	6.43
29	257.48	222.95	173.99	173.68	175.43	171.10	154.53
30	381.23	326.22	265.07	264.57	236.49	242.29	234.44
31	347.08	347.31	256.82	227.88	136.59	129.10	141.46
32	37.35	46.60	46.49	48.70	42.78	37.50	34.73
33	156.56	93.55	73.46	74.40	79.72	75.70	76.28
34	56.68	54.79	42.99	46.69	47.95	46.36	45.34
35	25.40	20.31	18.17	20.02	19.69	216.07	20.18
36	249.45	256.81	213.98	236.09	237.97	45.35	217.27
37	111.18	104.61	91.88	101.14	107.46	113.02	143.29

续表

行业代码	2010	2011	2012	2013	2014	2015	2016
38	199.98	196.40	175.38	174.68	205.92	209.30	236.31
39	17.90	14.40	11.86	13.16	12.98	10.32	11.51
40	31.08	23.73	4.94	4.28	4.51	4.20	4.19
41	2.99	3.85	0.98	1.10	0.96	3.75	3.60
42	0.00	0.00	8.97	7.16	7.75	7.07	9.04

数据来源：根据统计年鉴公布的能源消费量计算所得。

附表 10　　**2010—2016 年东莞规模以上工业企业碳排放量**（单位：万 tCO_2）

行业代码	2010	2011	2012	2013	2014	2015	2016
01	8191.30	8265.49	7746.20	8376.75	8334.99	7979.66	7998.02
02	4512.43	4410.86	4472.14	5138.08	5221.27	5128.96	5235.39
13	74.44	93.33	87.63	93.92	89.99	109.36	109.02
14	33.60	27.81	24.05	20.19	19.63	23.10	24.68
15	19.30	17.71	16.29	17.28	16.75	16.44	15.78
16	0.00	0.00	0.00	0.00	0.00	0.00	0.00
17	404.05	329.90	311.72	296.47	283.35	276.55	224.81
18	29.37	23.56	35.59	43.69	44.96	44.27	40.32
19	104.73	88.16	91.09	92.93	81.63	75.04	65.55
20	15.12	12.12	10.86	7.98	7.53	7.24	4.98
21	55.04	44.71	39.29	40.99	43.13	42.62	44.20
22	2247.17	2380.33	2521.06	3092.18	3141.59	3045.28	3124.68
23	28.48	24.77	24.73	23.47	31.90	36.63	38.99
24	65.50	55.45	60.44	71.19	75.74	74.57	73.17
25	0.72	0.69	0.63	0.60	0.74	0.57	0.50
26	94.13	88.16	71.00	60.13	61.04	54.32	53.05
27	2.56	2.27	2.25	2.93	2.74	2.94	3.00
28	3.93	3.31	3.52	6.30	6.90	5.95	6.57
29	249.51	203.42	183.05	201.09	216.15	213.29	225.19

续表

行业代码	2010	2011	2012	2013	2014	2015	2016
30	238.69	233.54	189.00	180.00	177.79	164.58	191.88
31	7.15	6.20	9.90	7.90	8.99	11.31	12.88
32	17.70	15.52	11.59	23.34	18.96	15.78	16.54
33	70.63	56.70	55.20	68.96	86.48	98.17	107.00
34	37.81	35.44	44.40	40.03	52.79	54.29	52.97
35	40.70	38.74	37.04	29.39	35.00	43.82	58.22
36	23.90	24.59	26.26	27.70	30.62	35.56	34.12
37	151.29	135.28	141.86	141.97	152.13	153.21	166.13
38	415.64	394.68	395.40	458.00	486.40	484.85	506.05
39	39.32	34.54	31.84	27.43	29.50	30.96	28.16
40	41.96	39.92	46.19	61.32	18.74	8.17	6.37
41	0.00	0.00	0.21	0.03	0.05	0.04	0.07
42	0.00	0.00	0.07	0.00	0.04	0.03	0.49

数据来源：根据统计年鉴公布的能源消费量计算所得。

附表 11　　**2010—2016 年佛山规模以上工业企业碳排放量**（单位：万 tCO_2）

行业代码	2010	2011	2012	2013	2014	2015	2016
01	6584.12	6745.58	6764.85	6677.95	6593.75	6322.68	6481.08
02	4715.20	4518.70	4170.90	4096.49	4346.69	4244.06	4337.09
13	69.02	62.72	53.45	32.87	34.73	36.93	34.51
14	48.05	43.51	46.24	46.83	45.06	44.99	45.61
15	37.39	45.73	46.72	49.29	48.96	39.12	34.63
16	0.00	0.13	0.00	0.00	0.00	0.00	0.00
17	484.73	437.98	443.00	471.56	498.55	505.86	543.47
18	139.71	142.16	117.65	117.08	124.85	124.56	116.78
19	23.86	24.54	27.83	25.71	25.46	23.86	22.11
20	46.13	42.28	13.58	14.62	14.18	15.41	15.66
21	42.00	43.39	32.03	32.41	36.14	37.47	39.88

续表

行业代码	2010	2011	2012	2013	2014	2015	2016
22	117. 13	117. 69	99. 55	94. 06	69. 03	54. 88	54. 87
23	30. 95	31. 30	23. 74	23. 75	25. 84	28. 42	27. 97
24	14. 13	13. 91	21. 20	21. 51	22. 04	20. 92	21. 62
25	557. 48	483. 93	516. 89	428. 37	410. 40	517. 01	553. 42
26	116. 40	130. 46	111. 83	139. 56	391. 63	355. 35	375. 97
27	12. 55	11. 87	10. 44	10. 89	11. 79	10. 81	10. 55
28	7. 67	12. 57	13. 81	13. 32	10. 39	9. 66	12. 66
29	227. 56	223. 48	190. 61	206. 97	219. 54	215. 29	222. 60
30	1504. 40	1379. 98	1312. 51	1258. 04	1263. 16	1115. 10	1069. 15
31	142. 66	173. 31	152. 27	137. 77	117. 17	92. 15	81. 66
32	271. 93	253. 15	273. 21	250. 24	249. 88	242. 86	230. 40
33	244. 41	246. 10	178. 62	221. 04	210. 29	222. 22	257. 60
34	75. 40	86. 19	63. 45	50. 27	48. 94	50. 05	56. 13
35	47. 84	51. 12	34. 83	35. 50	38. 55	39. 83	43. 99
36	67. 65	68. 83	58. 53	71. 06	81. 47	85. 78	89. 32
37	282. 60	279. 42	250. 94	257. 30	260. 14	260. 25	274. 13
38	59. 94	65. 78	56. 51	65. 56	66. 49	69. 20	74. 57
39	20. 64	20. 69	11. 70	12. 12	13. 54	17. 87	18. 87
40	18. 38	17. 81	3. 73	2. 92	2. 36	2. 21	1. 96
41	4. 59	8. 69	6. 01	5. 86	6. 10	5. 96	6. 98
42	0. 00	0. 00	0. 00	0. 00	0. 00	0. 04	0. 02

数据来源：根据统计年鉴公布的能源消费量计算所得。

附表 12　　**2010—2016 年珠海规模以上工业企业碳排放量**（单位：万 tCO_2）

行业代码	2010	2011	2012	2013	2014	2015	2016
01	963. 16	978. 03	934. 25	1027. 70	1039. 39	1100. 45	1129. 69
02	875. 39	892. 95	857. 34	957. 29	947. 81	990. 99	1007. 31
13	7. 35	10. 68	10. 55	11. 06	11. 13	12. 05	9. 40

续表

行业代码	2010	2011	2012	2013	2014	2015	2016
14	23.93	17.27	4.91	4.83	4.86	5.69	6.30
15	10.41	8.93	7.24	5.14	4.50	4.59	4.19
16	0.00	0.00	0.00	0.00	0.00	0.00	0.00
17	17.46	13.10	11.64	12.08	11.44	12.94	11.45
18	6.12	4.45	6.15	5.72	5.37	4.69	4.19
19	5.35	5.24	5.61	4.19	3.92	3.48	2.30
20	2.05	3.72	4.03	0.75	0.99	1.26	1.49
21	0.77	0.56	2.93	3.30	3.83	3.64	3.47
22	76.68	65.42	56.98	65.83	64.63	60.16	59.97
23	2.30	1.65	2.57	2.53	2.17	2.48	2.27
24	3.91	2.71	2.16	2.33	1.91	1.91	1.96
25	13.72	4.11	4.89	5.23	5.14	7.64	15.50
26	55.89	53.45	52.76	80.33	65.91	68.28	73.24
27	15.77	15.81	18.50	18.98	21.12	22.28	23.25
28	31.05	29.76	27.72	32.82	31.95	37.45	38.26
29	38.85	32.09	27.65	34.71	36.01	30.13	35.39
30	35.99	44.70	46.18	48.86	39.31	37.39	33.87
31	296.27	351.76	336.70	368.03	388.45	402.91	398.00
32	15.01	14.16	13.15	17.39	2.87	1.99	11.56
33	14.76	13.96	18.56	19.39	20.00	29.09	21.29
34	26.99	22.32	21.43	19.56	19.54	23.12	21.00
35	10.65	10.03	9.29	9.73	9.92	11.94	13.54
36	5.44	5.06	5.80	6.20	6.25	8.89	8.33
37	46.58	51.42	48.67	54.92	57.14	59.17	64.21
38	106.43	105.11	108.74	120.46	126.70	134.95	139.65
39	4.84	4.73	1.21	1.42	1.36	1.32	1.69
40	0.58	0.29	0.15	0.36	0.41	0.40	0.43

续表

行业代码	2010	2011	2012	2013	2014	2015	2016
41	0.23	0.47	0.13	0.27	0.04	0.15	0.11
42	0.00	0.00	1.04	0.85	0.94	1.01	0.99

数据来源：根据统计年鉴公布的能源消费量计算所得。

附表 13　**2010—2016 年深圳规模以上工业企业碳排放量**（单位：万 tCO_2）

行业代码	2010	2011	2012	2013	2014	2015	2016
01	10409.74	5393.07	3855.85	3770.42	3880.38	3713.51	3791.26
02	3652.50	3092.35	1840.61	1846.57	1915.86	1941.40	1974.24
13	34.69	38.04	13.95	13.62	13.35	13.58	13.92
14	35.64	32.40	12.80	13.15	11.61	11.89	10.87
15	47.03	31.65	17.25	14.57	16.65	15.67	11.52
16	5.71	4.23	2.53	1.46	1.48	1.50	1.48
17	45.62	36.41	11.04	14.05	14.52	13.92	13.40
18	73.88	60.80	30.57	23.99	23.71	24.85	22.25
19	27.31	17.83	14.38	11.90	12.63	10.62	10.07
20	11.75	7.40	2.34	2.14	3.52	2.59	2.43
21	52.26	42.67	17.33	18.26	17.45	15.63	15.76
22	63.00	58.31	23.47	22.22	19.54	19.55	24.57
23	82.71	70.62	31.55	35.54	37.56	38.10	33.63
24	103.27	84.64	45.90	43.36	45.28	46.24	42.29
25	3.31	3.65	0.28	0.30	0.62	0.33	0.26
26	79.04	73.17	24.91	26.45	27.31	31.54	30.08
27	42.91	37.24	12.35	14.14	15.63	16.30	20.07
28	1.30	1.76	1.01	2.63	2.61	2.33	2.18
29	412.72	341.38	187.08	189.86	202.83	190.35	186.51
30	161.36	136.41	105.05	106.18	90.71	91.50	80.42
31	14.11	13.86	13.38	9.76	11.09	8.92	8.83
32	32.88	26.25	11.06	11.45	12.55	13.34	13.99

续表

行业代码	2010	2011	2012	2013	2014	2015	2016
33	200. 13	158. 08	88. 43	86. 34	18. 40	99. 67	94. 15
34	81. 62	66. 20	50. 39	56. 19	54. 88	53. 92	54. 54
35	137. 60	118. 75	76. 78	80. 97	85. 28	90. 15	68. 90
36	138. 87	100. 34	60. 29	59. 62	59. 62	72. 08	68. 69
37	513. 41	436. 76	208. 50	198. 14	221. 39	221. 26	228. 01
38	1093. 31	952. 85	745. 63	755. 92	777. 43	800. 27	877. 69
39	106. 63	91. 82	22. 20	25. 74	29. 86	11. 19	29. 35
40	50. 40	48. 82	8. 68	7. 54	8. 00	8. 26	9. 36
41	0. 02	0. 01	0. 16	0. 16	0. 21	0. 11	0. 09
42	0. 00	0. 00	1. 33	0. 92	1. 09	1. 24	2. 29

数据来源：根据统计年鉴公布的能源消费量计算所得。

附表 14　　**2010—2016 年惠州规模以上工业企业碳排放量**（单位：万 tCO_2）

行业代码	2010	2011	2012	2013	2014	2015	2016
01	6855. 98	7784. 94	9416. 85	9278. 53	8428. 50	5914. 06	8818. 66
02	6423. 66	6177. 69	7374. 19	7462. 41	6705. 76	7478. 88	7383. 02
13	4. 90	4. 75	5. 83	7. 09	9. 26	8. 42	8. 42
14	0. 96	0. 81	0. 64	3. 05	4. 59	4. 74	4. 58
15	5. 82	5. 10	5. 26	5. 01	6. 29	7. 78	6. 74
16	0. 00	0. 00	0. 00	0. 00	0. 00	0. 00	0. 00
17	35. 71	29. 40	20. 27	19. 66	19. 16	19. 81	19. 50
18	10. 85	9. 86	17. 31	19. 69	21. 41	22. 05	17. 80
19	22. 61	19. 95	20. 47	18. 74	18. 80	21. 00	20. 80
20	6. 27	6. 66	6. 89	6. 70	7. 42	8. 16	7. 88
21	8. 18	7. 68	8. 99	9. 50	10. 00	12. 43	14. 08
22	24. 34	26. 31	23. 95	19. 28	26. 76	10. 62	8. 92
23	3. 66	2. 55	4. 56	7. 64	8. 95	8. 51	7. 75
24	11. 57	10. 57	13. 98	14. 07	14. 70	14. 19	14. 92

续表

行业代码	2010	2011	2012	2013	2014	2015	2016
25	4179. 51	3641. 53	4767. 30	4829. 03	3511. 56	4119. 09	3789. 04
26	1344. 73	1633. 45	1652. 04	1602. 99	2040. 10	2110. 36	2308. 47
27	6. 14	5. 41	5. 87	5. 51	6. 01	5. 85	5. 75
28	1. 46	1. 34	1. 30	1. 04	0. 55	0. 54	0. 54
29	79. 16	70. 07	73. 02	77. 38	79. 08	77. 65	78. 54
30	364. 10	373. 67	366. 57	389. 81	430. 29	481. 73	495. 62
31	13. 89	13. 69	11. 26	25. 11	21. 29	17. 74	12. 64
32	6. 96	7. 07	4. 34	4. 12	4. 39	4. 56	6. 54
33	21. 72	19. 62	26. 06	31. 58	37. 50	32. 79	33. 64
34	7. 26	7. 21	6. 81	7. 67	9. 07	8. 22	8. 67
35	7. 29	7. 52	8. 45	6. 30	7. 87	7. 07	8. 47
36	18. 03	18. 53	32. 39	34. 91	41. 10	40. 45	36. 90
37	39. 83	42. 93	34. 35	35. 08	41. 35	46. 71	49. 14
38	177. 41	190. 71	235. 42	274. 83	319. 81	378. 02	407. 48
39	4. 80	4. 07	2. 85	1. 75	4. 87	4. 27	3. 91
40	6. 39	4. 43	1. 92	1. 65	2. 18	1. 95	1. 83
41	10. 10	13. 87	12. 68	3. 19	3. 13	4. 16	5. 12
42	0. 00	0. 00	0. 20	0. 00	0. 00	0. 00	0. 00

数据来源：根据统计年鉴公布的能源消费量计算所得。

附表 15 **2010—2016 年江门规模以上工业企业碳排放量**（单位：万 tCO_2）

行业代码	2010	2011	2012	2013	2014	2015	2016
01	3992. 09	4525. 37	4052. 28	4570. 61	4249. 86	3920. 88	3732. 93
02	1427. 44	1426. 50	1344. 11	1350. 84	1250. 69	1341. 01	1345. 19
13	11. 25	13. 68	20. 70	19. 30	0. 00	21. 73	21. 70
14	20. 81	20. 95	20. 24	22. 64	0. 00	18. 89	18. 42
15	2. 50	2. 54	3. 04	3. 86	0. 00	5. 79	5. 51
16	0. 00	0. 00	0. 00	0. 00	0. 00	0. 00	0. 00

续表

行业代码	2010	2011	2012	2013	2014	2015	2016
17	229.41	204.26	166.89	200.50	6.34	197.09	187.96
18	54.27	51.58	62.42	26.09	0.00	27.26	25.10
19	18.55	18.92	16.98	16.57	23.17	17.71	15.61
20	10.43	13.22	11.07	13.05	24.92	9.01	9.19
21	8.48	8.59	7.96	6.82	3.84	7.21	8.02
22	139.03	124.86	109.59	197.64	0.00	211.57	218.43
23	13.61	11.87	11.34	13.41	187.49	15.18	16.84
24	1.45	3.10	5.62	4.20	26.43	4.00	4.15
25	1.32	1.41	0.70	0.45	17.29	0.12	0.13
26	148.09	127.42	131.25	157.18	10.47	160.44	152.22
27	11.59	14.13	8.78	8.63	9.30	4.22	7.27
28	51.05	45.83	43.13	28.45	206.65	12.75	8.95
29	55.34	61.53	349.23	358.43	18.91	326.31	329.39
30	315.01	338.87	45.18	61.93	0.19	14.66	16.26
31	18.92	25.68	23.45	8.02	158.33	21.44	23.29
32	17.40	16.25	78.61	83.64	7.75	107.38	110.97
33	106.37	110.46	5.80	5.80	26.86	9.55	11.08
34	28.45	35.75	7.12	6.06	53.29	17.08	18.10
35	6.33	8.61	12.40	13.94	280.76	21.43	24.53
36	45.98	54.14	28.26	28.09	42.79	26.89	25.55
37	47.19	50.16	57.29	63.24	18.55	79.09	83.71
38	55.31	52.09	0.18	0.17	88.98	0.05	0.06
39	0.88	0.82	2.24	1.95	6.21	3.04	2.10
40	7.49	8.85	0.54	0.78	17.40	1.01	0.55
41	0.96	0.96	114.12	0.00	14.75	0.12	0.12
42	0.00	0.00	0.00	0.00	0.00	0.00	0.00

数据来源：根据统计年鉴公布的能源消费量计算所得。

附表 16　　**2010—2016 年肇庆规模以上工业企业碳排放量**（单位：万 tCO_2）

行业代码	2010	2011	2012	2013	2014	2015	2016
01	1171.66	1424.33	1807.54	2104.82	1997.53	2207.98	2196.54
02	1123.13	1408.97	1807.54	2081.61	1962.37	1815.44	1802.58
13	4.81	4.64	8.41	6.23	5.00	6.42	5.87
14	1.72	2.20	4.80	6.58	6.16	6.61	7.17
15	4.04	3.68	5.35	6.08	5.36	5.59	5.65
16	0.00	0.00	0.00	0.00	0.00	0.00	0.00
17	91.77	84.34	105.21	99.67	94.52	83.53	59.88
18	5.71	5.00	7.69	7.84	5.05	5.49	5.29
19	10.55	6.64	9.04	9.52	6.93	6.77	6.03
20	18.11	13.72	20.85	20.24	2.17	16.73	16.10
21	2.72	2.72	4.07	6.48	5.78	4.43	4.86
22	58.26	50.71	51.21	55.88	48.92	48.93	53.85
23	2.30	2.15	2.74	3.54	2.65	2.24	1.91
24	2.83	3.04	8.68	9.34	7.50	8.72	9.83
25	0.07	0.04	0.10	0.11	0.13	0.17	0.08
26	81.12	20.78	30.62	33.16	25.72	22.60	21.71
27	69.45	73.45	61.85	65.54	61.94	48.59	33.04
28	4.37	6.44	6.94	7.30	5.49	4.44	3.72
29	17.81	11.43	18.30	20.62	24.66	33.84	29.54
30	572.85	935.54	1205.00	1435.79	1418.10	1294.02	1336.95
31	5.13	2.90	13.06	8.96	6.91	4.90	11.16
32	44.12	35.40	68.08	87.73	68.19	62.12	42.57
33	61.61	81.34	90.84	103.26	76.50	69.44	64.23
34	7.11	6.84	7.00	4.33	3.43	8.77	12.47
35	2.62	2.88	6.36	8.02	6.81	8.60	9.27
36	7.16	14.96	22.82	2.41	12.61	11.53	9.95
37	10.96	11.88	15.52	14.24	10.76	12.83	12.28

续表

行业代码	2010	2011	2012	2013	2014	2015	2016
38	24.40	17.83	22.80	46.04	41.66	28.52	29.63
39	0.62	0.60	0.75	0.39	0.34	0.24	0.58
40	3.34	3.00	0.48	2.06	1.69	0.36	0.49
41	7.57	4.82	8.98	10.23	7.40	9.02	8.48
42	0.00	0.00	0.00	0.00	0.00	0.00	0.00

数据来源：根据统计年鉴公布的能源消费量计算所得。

附表 17　　**2010—2016 年珠三角规模以上工业企业碳排放量**

（单位：万 tCO_2）

行业代码	2010	2011	2012	2013	2014	2015	2016
01	47570.90	50780.55	42557.24	60468.18	42239.39	38432.55	41233.43
02	26992.18	25759.99	25018.61	26056.73	25268.93	25841.28	25859.60
13	327.93	343.84	311.17	304.43	290.38	327.37	323.45
14	265.99	223.56	174.26	178.75	156.40	177.21	175.39
15	219.13	195.63	164.83	169.49	169.01	157.62	122.59
16	9.99	10.27	8.31	6.49	6.62	6.52	6.49
17	1856.11	1629.23	1505.83	1528.32	1343.99	1487.74	1378.16
18	515.20	516.43	438.77	356.36	312.64	329.37	299.44
19	280.49	242.93	239.68	224.82	217.19	200.95	183.02
20	124.90	111.51	79.87	74.26	68.08	67.47	64.57
21	189.90	165.46	124.66	132.49	136.95	140.27	146.95
22	3180.17	3109.82	3083.37	3723.92	3528.91	3635.51	3712.27
23	185.39	164.44	118.31	132.26	319.44	153.67	150.45
24	237.87	205.31	199.88	217.51	244.58	217.84	217.76
25	5031.37	4415.41	5526.88	5521.85	4152.73	4889.78	4580.82
26	2292.04	2495.43	2389.27	2427.91	2908.86	3085.08	3283.82
27	218.04	203.85	160.82	165.30	161.33	145.97	138.82
28	107.47	108.67	101.19	95.99	268.96	78.08	79.32

续表

行业代码	2010	2011	2012	2013	2014	2015	2016
29	1338.43	1166.35	1202.94	1262.75	972.60	1257.96	1261.70
30	3573.64	3768.93	3534.57	3745.19	3656.05	3441.27	3458.60
31	845.22	934.72	816.84	793.44	848.82	688.48	689.91
32	443.34	414.39	506.54	526.60	407.38	485.54	467.31
33	876.18	779.81	536.97	610.78	555.75	636.62	665.26
34	321.33	314.72	243.60	230.80	289.89	261.80	269.23
35	278.43	257.96	203.32	203.87	483.89	438.91	247.09
36	556.47	543.26	448.33	466.08	512.43	326.54	490.13
37	1203.04	1112.46	849.02	866.03	868.93	945.53	1020.90
38	2132.41	1975.45	1740.06	1895.68	2113.38	2105.17	2271.44
39	195.62	171.68	84.64	83.96	98.66	79.22	96.17
40	159.62	146.83	66.63	80.92	55.31	26.55	25.18
41	26.45	32.67	143.26	20.83	32.63	23.32	24.56
42	0.00	0.00	11.61	8.93	9.82	9.39	12.84

注：由于中山市未公布能源数据，珠三角工业碳排放量由珠三角 8 市碳排放量加和所得。

附表 18　　**2010—2016 年珠三角单位工业增加值 CO_2 排放量**

（单位：CO_2/万元）

行业代码	2010	2011	2012	2013	2014	2015	2016
01	3.17	2.84	3.42	4.18	1.77	2.36	2.38
02	1.93	1.54	2.20	1.94	1.19	1.76	1.66
13	1.70	1.15	1.78	1.60	1.33	2.20	1.88
14	0.95	0.69	0.55	0.48	0.37	0.49	0.46
15	1.55	1.07	1.14	0.86	0.60	0.74	0.53
16	0.09	0.06	0.06	0.04	0.04	0.04	0.04
17	2.12	1.77	1.86	1.45	1.08	1.41	1.08
18	1.08	0.79	1.03	0.69	0.50	0.68	0.64

续表

行业代码	2010	2011	2012	2013	2014	2015	2016
19	0.72	0.43	0.95	0.79	0.34	0.61	0.56
20	0.51	0.37	0.48	0.36	0.15	0.27	0.24
21	0.82	0.53	0.63	0.52	0.32	0.45	0.43
22	8.85	8.18	13.78	15.61	9.42	14.39	12.63
23	1.32	0.76	1.05	0.87	1.18	0.92	0.86
24	1.52	0.68	0.79	0.72	0.50	0.61	0.57
25	16.15	10.56	11.20	10.54	8.92	9.73	9.50
26	1.94	1.56	2.43	2.31	1.63	2.57	2.87
27	0.81	0.60	0.86	0.77	0.52	0.64	0.52
28	1.85	2.15	3.57	2.43	4.58	1.81	2.37
29	2.84	1.70	3.53	3.13	1.38	2.64	2.48
30	4.21	3.19	7.78	6.65	2.20	5.36	5.15
31	3.68	2.99	4.47	3.59	3.28	4.11	3.93
32	0.66	0.43	1.73	1.66	0.36	1.44	1.30
33	0.75	0.54	0.91	0.86	0.31	0.76	0.74
34	0.74	0.57	0.63	0.48	0.49	0.50	0.48
35	1.21	0.61	1.02	0.88	1.39	1.56	0.75
36	0.39	0.35	0.38	0.33	0.31	0.21	0.31
37	0.75	0.54	0.61	0.53	0.45	0.51	0.50
38	2.01	0.48	1.36	1.28	0.97	1.28	1.35
39	1.65	0.55	1.48	1.20	1.16	1.04	0.62
40	0.97	0.64	4.10	4.36	1.36	1.05	1.31
41	0.17	0.12	1.38	0.18	0.06	0.15	0.16
42	0	0.00	0.54	0.67	0.45	0.28	0.34

注：由于中山市未公布能源及深圳市未公布工业增加值等数据，珠三角单位工业增加值 CO_2 排放量由珠三角 7 市的碳排放量总和及珠三角工业增加值计算所得。

附表 19　　**2010—2016 年广州单位工业增加值 CO_2 排放量**

（单位：CO_2/万元）

行业代码	2010	2011	2012	2013	2014	2015	2016
01	2. 63	2. 29	1. 95	1. 84	1. 63	1. 49	1. 45
02	1. 27	1. 03	0. 87	0. 77	0. 74	0. 71	0. 70
13	2. 47	1. 21	1. 34	1. 38	4. 42	3. 88	3. 21
14	0. 85	0. 57	0. 38	0. 34	0. 36	0. 39	0. 36
15	1. 72	1. 70	1. 36	0. 72	0. 62	0. 63	0. 33
16	0. 04	0. 04	0. 04	0. 03	0. 03	0. 03	0. 03
17	8. 17	6. 51	7. 81	5. 98	7. 75	7. 62	6. 60
18	1. 88	1. 58	1. 08	0. 64	0. 61	0. 54	0. 51
19	1. 16	0. 99	0. 74	0. 52	0. 52	0. 49	0. 56
20	1. 95	1. 54	1. 91	1. 66	1. 23	0. 92	0. 73
21	0. 91	0. 47	0. 36	0. 31	0. 33	0. 30	0. 26
22	16. 18	6. 39	6. 13	5. 29	7. 90	9. 43	5. 65
23	0. 99	0. 92	1. 01	0. 81	0. 83	0. 77	0. 63
24	1. 16	0. 97	0. 51	0. 52	0. 50	0. 47	0. 49
25	2. 04	2. 52	2. 09	1. 83	1. 65	1. 23	1. 03
26	0. 68	0. 55	0. 53	0. 57	0. 53	0. 53	0. 66
27	0. 99	0. 67	0. 53	0. 46	0. 40	0. 44	0. 38
28	1. 53	2. 04	2. 14	1. 96	2. 72	2. 79	2. 99
29	3. 14	2. 77	2. 37	2. 04	2. 14	1. 89	1. 58
30	9. 22	9. 07	6. 58	5. 35	5. 14	6. 54	6. 08
31	5. 46	4. 29	5. 31	6. 18	4. 13	8. 29	5. 58
32	1. 24	1. 27	1. 29	1. 10	0. 59	0. 97	0. 67
33	2. 28	1. 16	0. 82	0. 84	0. 98	0. 95	0. 96
34	0. 58	0. 52	0. 35	0. 28	0. 29	0. 27	0. 28
35	0. 62	0. 45	0. 43	0. 41	0. 37	4. 01	0. 34
36	0. 26	0. 25	0. 24	0. 22	0. 22	0. 04	0. 19

续表

行业代码	2010	2011	2012	2013	2014	2015	2016
37	0. 75	0. 75	0. 59	0. 53	0. 54	0. 59	0. 66
38	0. 59	0. 60	0. 45	0. 45	0. 53	0. 49	0. 68
39	0. 62	0. 39	0. 49	0. 53	0. 55	0. 45	0. 42
40	0. 99	0. 52	1. 36	1. 29	1. 17	1. 08	1. 41
41	1. 46	1. 98	0. 10	(0. 29)	0. 35	0. 49	1. 06
42	0. 00	0. 00	0. 56	1. 16	1. 79	0. 29	0. 33

附表 20　　**2010—2016 年东莞单位工业增加值 CO_2 排放量**

（当年价 单位：CO_2/万元）

行业代码	2010	2011	2012	2013	2014	2015	2016
01	4. 79	5. 03	3. 92	3. 45	3. 35	3. 06	2. 69
02	2. 84	2. 92	2. 45	2. 28	2. 26	2. 12	1. 90
13	2. 43	3. 60	2. 65	2. 77	5. 26	4. 76	3. 28
14	1. 37	1. 10	0. 65	0. 65	0. 68	0. 64	0. 69
15	0. 92	0. 72	0. 50	0. 92	0. 85	0. 75	1. 02
16	0	0	0	0	0	0	0
17	0. 97	0. 76	0. 55	0. 39	0. 39	0. 36	0. 23
18	0. 49	0. 30	0. 31	0. 30	0. 33	0. 33	0. 33
19	1. 24	1. 77	2. 04	1. 90	1. 81	1. 62	1. 54
20	0. 13	0. 13	0. 10	0. 06	0. 05	0. 05	0. 03
21	1. 08	0. 89	0. 76	0. 67	0. 74	0. 66	0. 63
22	22. 12	32. 54	25. 61	31. 09	28. 46	27. 12	23. 00
23	0. 88	0. 69	0. 69	0. 50	0. 69	0. 73	0. 76
24	1. 66	1. 77	1. 76	1. 59	1. 33	0. 90	0. 75
25	0. 01	0. 01	0. 01	0. 01	0. 01	0. 00	0. 00
26	1. 75	1. 52	0. 96	0. 62	0. 66	0. 49	0. 49
27	0. 06	0. 05	0. 05	0. 06	0. 06	0. 06	0. 05

续表

行业代码	2010	2011	2012	2013	2014	2015	2016
28	0.36	0.47	0.40	0.39	0.28	0.30	0.57
29	2.19	2.14	1.67	1.46	1.43	1.37	1.25
30	6.27	7.13	6.43	4.74	4.24	3.56	3.65
31	1.50	1.29	2.82	1.02	1.01	1.17	1.19
32	4.39	4.19	2.93	5.15	5.61	3.81	2.67
33	1.36	1.19	0.88	0.82	0.86	0.84	0.71
34	0.91	0.61	0.72	0.46	0.58	0.63	0.50
35	2.23	3.37	2.81	2.26	2.90	4.49	5.81
36	0.81	0.68	0.71	0.64	0.56	0.65	0.73
37	0.94	0.89	0.83	0.68	0.67	0.68	0.69
38	8.85	14.78	10.24	10.38	10.14	10.22	9.88
39	37.43	141.91	27.92	5.64	5.52	13.17	11.66
40	10.96	8.57	8.02	9.47	2.08	0.82	0.81
41	0	0	1.00	0.06	0.15	0.11	0.47
42	0	0	0	0	0.25	0.09	0.90

附表 21　　**2010—2016 年佛山单位工业增加值 CO_2 排放量**

（单位：CO_2/万元）

行业代码	2010	2011	2012	2013	2014	2015	2016
01	1.69	1.90	2.05	1.72	1.59	1.45	1.39
02	1.27	1.32	1.31	1.10	1.10	1.01	0.97
13	1.32	1.21	1.59	0.90	0.87	0.82	0.70
14	0.97	1.14	0.99	0.63	0.53	0.42	0.40
15	1.32	1.03	1.11	0.88	0.88	0.68	0.54
16	0.00	0.00	0.00	0.00	0.00	0.00	0.00
17	2.75	2.73	3.32	2.98	3.14	3.19	3.33
18	1.17	1.15	1.24	1.01	1.07	1.19	1.09

续表

行业代码	2010	2011	2012	2013	2014	2015	2016
19	0. 41	0. 39	0. 50	0. 42	0. 38	0. 35	0. 34
20	1. 42	1. 01	0. 58	0. 52	0. 49	0. 51	0. 50
21	0. 47	0. 50	0. 44	0. 36	0. 36	0. 34	0. 35
22	1. 52	1. 88	2. 19	1. 75	1. 23	0. 93	0. 91
23	0. 73	0. 68	0. 75	0. 63	0. 63	0. 67	0. 62
24	0. 38	0. 32	0. 21	0. 19	0. 17	0. 18	0. 17
25	8. 51	10. 78	17. 06	14. 92	14. 89	17. 40	22. 35
26	0. 78	0. 87	0. 87	0. 89	2. 29	1. 94	1. 92
27	0. 64	0. 61	0. 53	0. 42	0. 41	0. 38	0. 31
28	1. 82	2. 52	2. 79	2. 47	1. 73	1. 49	1. 74
29	1. 02	1. 13	1. 07	1. 03	1. 02	0. 97	0. 99
30	5. 42	4. 73	5. 28	4. 44	4. 01	3. 26	2. 98
31	1. 46	2. 52	2. 01	1. 27	1. 15	1. 02	0. 91
32	1. 31	1. 36	1. 72	1. 42	1. 25	1. 22	1. 16
33	0. 81	1. 11	0. 70	0. 73	0. 72	0. 68	0. 74
34	0. 55	0. 58	0. 44	0. 32	0. 30	0. 31	0. 31
35	0. 47	0. 44	0. 34	0. 29	0. 28	0. 26	0. 26
36	0. 47	0. 76	0. 52	0. 52	0. 49	0. 45	0. 42
37	0. 33	0. 37	0. 32	0. 29	0. 28	0. 26	0. 25
38	0. 32	0. 38	0. 32	0. 30	0. 31	0. 28	0. 27
39	0. 37	0. 42	0. 64	0. 53	0. 61	0. 62	0. 62
40	0. 33	0. 31	1. 17	0. 80	0. 57	0. 63	0. 64
41	0. 08	0. 10	0. 10	0. 08	0. 07	0. 07	0. 08
42	0. 00	0. 00	0. 00	0. 00	0. 00	1. 10	0. 34

附表 22　**2010—2016 年珠海单位工业增加值 CO_2 排放量**

（单位：CO_2/万元）

行业代码	2010	2011	2012	2013	2014	2015	2016
01	1.41	1.45	1.41	1.31	1.18	1.20	1.10
02	1.44	1.31	1.43	1.34	1.25	1.28	1.13
13	1.47	1.86	2.49	2.56	2.47	2.46	1.32
14	2.85	1.83	0.47	0.34	0.31	0.35	0.36
15	2.48	2.77	1.74	1.22	1.02	0.91	1.01
16	0.00	0.00	0.00	0.00	0.00	0.00	0.00
17	2.34	3.34	3.09	2.96	2.90	3.02	2.57
18	0.62	0.37	0.45	0.32	0.38	0.38	0.37
19	1.13	0.87	0.87	0.56	0.59	0.60	0.47
20	1.45	1.90	3.68	0.65	0.81	0.95	0.73
21	0.60	0.45	0.87	0.85	0.97	0.91	0.72
22	8.27	7.10	10.30	8.61	8.30	7.44	7.47
23	0.44	0.25	0.74	0.58	0.56	0.64	0.48
24	0.80	0.37	0.52	0.49	0.43	0.50	0.41
25	4.27	0.58	0.29	0.33	0.37	0.58	0.67
26	1.05	0.99	1.91	2.89	2.37	3.26	1.87
27	0.60	0.48	0.59	0.50	0.54	0.50	0.49
28	3.40	3.35	3.86	3.35	2.90	3.50	4.36
29	2.16	1.93	1.76	2.00	2.34	1.92	1.92
30	5.41	6.06	9.27	6.52	5.24	5.51	4.63
31	12.78	15.34	16.13	11.09	27.75	33.88	29.22
32	0.95	0.63	0.82	6.44	1.07	0.16	0.81
33	1.01	0.85	1.25	1.03	0.59	1.47	1.11
34	1.51	0.78	0.63	0.55	0.44	0.55	0.55
35	0.54	0.40	0.43	0.41	0.40	0.43	0.33
36	0.32	0.38	0.35	0.28	0.33	0.44	0.26

续表

行业代码	2010	2011	2012	2013	2014	2015	2016
37	0.26	0.24	0.28	0.25	0.22	0.23	0.22
38	0.90	0.80	0.88	0.80	0.81	0.73	0.70
39	0.22	0.39	0.13	0.11	0.10	0.10	0.10
40	1.70	0.83	0.30	1.35	1.86	1.05	1.49
41	2.56	6.22	0.16	0.48	0.18	0.63	1.90
42	0.00	0.00	0.23	0.13	0.14	0.14	0.12

附表23　　**2010—2016年惠州单位工业增加值 CO_2 排放量**

（单位：CO_2/万元）

行业代码	2010	2011	2012	2013	2014	2015	2016
01		14.09	8.02	18.10	5.71	3.66	5.00
02		6.60	6.80	5.62	4.91	4.96	4.47
13		0.89	0.84	0.65	0.71	0.62	0.59
14		0.88	0.58	0.97	0.96	0.80	0.71
15		0.91	0.67	0.66	0.57	0.66	0.50
16		0.00	0.00	0.00	0.00	0.00	0.00
17		2.53	2.02	1.85	1.45	1.24	1.06
18		0.72	1.03	0.77	0.72	0.66	0.50
19		0.67	0.57	0.49	0.41	0.34	0.26
20		1.43	1.13	0.72	0.59	0.49	0.55
21		0.47	0.47	0.29	0.33	0.32	0.31
22		4.57	4.50	3.58	4.28	2.07	1.39
23		0.61	0.69	0.92	0.91	0.89	0.76
24		0.70	1.08	0.81	0.71	0.61	0.56
25		23.56	21.97	22.62	22.75	30.95	36.44
26		15.00	22.83	18.21	25.44	16.73	15.15
27		2.09	1.92	1.31	1.16	0.98	0.79

续表

行业代码	2010	2011	2012	2013	2014	2015	2016
28		4. 03	4. 30	3. 23	1. 11	0. 94	0. 74
29		2. 18	2. 10	1. 66	1. 40	1. 26	1. 00
30		15. 81	13. 24	9. 70	8. 73	9. 57	9. 09
31		2. 08	0. 68	1. 68	1. 25	0. 72	0. 60
32		2. 07	1. 61	1. 22	1. 02	1. 12	0. 98
33		0. 75	1. 17	0. 94	0. 88	0. 64	0. 55
34		0. 87	0. 72	0. 56	0. 48	0. 34	0. 28
35		0. 84	1. 08	0. 86	0. 69	0. 45	0. 41
36		0. 72	0. 84	0. 81	0. 78	0. 72	0. 56
37		0. 82	0. 66	0. 52	0. 51	0. 48	0. 45
38		0. 53	0. 53	0. 48	0. 55	0. 62	0. 62
39		1. 52	1. 20	0. 50	0. 88	0. 69	0. 48
40		3. 98	1. 80	0. 75	0. 96	0. 69	0. 68
41		1. 83	3. 51	0. 85	1. 34	1. 46	1. 39
42		0. 00	2. 27	0. 00	0. 00	0. 00	0. 00

附表 24　　　　**2010—2016 年江门单位工业增加值 CO_2 排放量**

（单位：CO_2/万元）

行业代码	2010	2011	2012	2013	2014	2015	2016
01	3. 79	3. 52	7. 11	6. 56	5. 02	4. 06	3. 50
02	1. 44	1. 18	2. 70	2. 25	1. 69	1. 54	1. 38
13	0. 74	0. 57	2. 93	2. 28	0. 00	1. 08	1. 06
14	0. 39	0. 36	0. 36	0. 37	0. 00	0. 74	0. 65
15	0. 79	0. 44	0. 43	0. 44	0. 00	0. 59	0. 79
16	0. 00	0. 00	0. 00	0. 00	0. 00	0. 00	0. 00
17	3. 70	3. 01	8. 10	8. 16	0. 25	5. 80	4. 94
18	1. 02	0. 66	2. 81	0. 94	0. 00	0. 73	0. 58
19	0. 84	0. 57	1. 60	1. 33	1. 38	0. 78	0. 69

续表

行业代码	2010	2011	2012	2013	2014	2015	2016
20	1. 14	1. 13	2. 39	2. 79	4. 13	1. 65	1. 45
21	0. 42	0. 32	0. 80	0. 61	0. 27	0. 37	0. 34
22	4. 14	3. 18	4. 47	7. 87	0. 00	6. 56	5. 38
23	0. 96	0. 61	0. 84	0. 74	10. 26	0. 81	0. 82
24	0. 23	0. 17	1. 47	0. 69	4. 66	0. 56	0. 63
25	0. 25	0. 17	0. 19	0. 07	28. 16	0. 10	0. 07
26	2. 47	2. 00	3. 74	4. 24	0. 08	1. 14	0. 95
27	2. 21	2. 21	1. 73	1. 63	1. 43	0. 53	0. 76
28	2. 86	2. 56	9. 36	5. 88	43. 66	5. 72	7. 28
29	1. 10	1. 10	18. 90	12. 53	0. 54	8. 48	7. 86
30	7. 21	5. 67	1. 73	1. 46	0. 00	0. 30	0. 32
31	0. 58	0. 49	2. 11	0. 60	14. 60	2. 85	2. 90
32	0. 75	0. 63	18. 98	11. 76	0. 67	7. 66	8. 78
33	0. 67	0. 59	0. 09	0. 07	0. 31	0. 08	0. 08
34	1. 20	1. 33	0. 76	0. 49	4. 02	0. 71	0. 70
35	0. 60	0. 54	2. 11	1. 69	28. 12	1. 93	1. 46
36	0. 47	0. 47	0. 63	0. 53	0. 66	0. 33	0. 96
37	0. 46	0. 44	1. 18	1. 12	0. 27	1. 02	1. 39
38	1. 11	0. 77	0. 00	0. 00	1. 85	0. 00	0. 00
39	0. 49	0. 40	7. 31	4. 56	29. 28	14. 59	0. 03
40	0. 64	1. 96	0. 54	0. 42	6. 00	0. 35	7. 38
41	0. 94	0. 43	932. 37	0. 00	23. 88	0. 25	0. 02
42	0. 00	0. 00	0. 00	0. 00	0. 00	0. 00	0. 00

附表 25　　**2010—2016 年肇庆单位工业增加值 CO_2 排放量**

（单位：CO_2/万元）

行业代码	2010	2011	2012	2013	2014	2015	2016
01	0. 29	0. 25	2. 72	2. 61	0. 22	2. 30	2. 38
02	0. 30	0. 28	3. 06	2. 92	0. 24	2. 13	2. 18

续表

行业代码	2010	2011	2012	2013	2014	2015	2016
13	0. 12	0. 08	1. 15	0. 71	0. 05	0. 58	0. 62
14	0. 07	0. 06	0. 73	1. 08	0. 07	0. 59	0. 59
15	0. 13	0. 12	1. 38	0. 99	0. 08	0. 60	0. 52
16	0. 00	0. 00	0. 00	0. 00	0. 00	0. 00	0. 00
17	0. 63	0. 58	5. 64	5. 06	0. 38	3. 32	4. 54
18	0. 04	0. 04	0. 55	0. 56	0. 04	0. 33	0. 32
19	0. 07	0. 03	0. 35	0. 31	0. 02	0. 17	0. 14
20	0. 22	0. 10	1. 20	0. 95	0. 01	0. 57	0. 59
21	0. 06	0. 04	0. 47	0. 62	0. 03	0. 22	0. 22
22	0. 53	0. 44	4. 19	4. 09	0. 33	3. 07	4. 08
23	0. 09	0. 06	0. 55	0. 36	0. 02	0. 16	0. 19
24	0. 07	0. 03	0. 63	0. 64	0. 04	0. 43	0. 46
25	0. 14	0. 01	0. 23	0. 15	0. 01	0. 26	0. 06
26	0. 26	0. 05	0. 56	0. 48	0. 03	0. 28	0. 27
27	0. 60	0. 77	8. 34	6. 82	0. 62	4. 78	2. 28
28	0. 38	0. 91	10. 35	10. 31	0. 55	3. 43	2. 24
29	0. 18	0. 08	0. 94	0. 88	0. 08	0. 72	0. 64
30	1. 30	1. 41	15. 59	14. 10	1. 24	11. 70	12. 37
31	0. 63	0. 04	1. 98	1. 41	0. 10	0. 61	1. 71
32	0. 11	0. 05	0. 96	1. 11	0. 08	0. 96	0. 61
33	0. 11	0. 11	1. 08	0. 96	0. 07	0. 56	0. 59
34	0. 06	0. 07	0. 85	0. 47	0. 03	0. 68	0. 91
35	0. 07	0. 06	0. 91	1. 01	0. 07	0. 70	0. 68
36	0. 05	0. 08	1. 58	0. 13	0. 06	0. 49	0. 42
37	0. 07	0. 05	1. 05	0. 84	0. 06	0. 62	0. 65
38	0. 08	0. 05	0. 38	0. 69	0. 06	0. 43	0. 48
39	0. 07	0. 08	0. 70	0. 32	0. 02	0. 12	0. 21

续表

行业代码	2010	2011	2012	2013	2014	2015	2016
40	0.06	0.39	0.44	2.55	0.09	0.19	0.22
41	0.08	0.03	0.32	0.27	0.02	0.17	0.15
42	0.00	0.00	0.00	0.00	0.00	0.00	0.00

附表 26　**广东省单位工业增加值 CO_2 排放量**　（单位：tCO_2/万元）

行业代码	2010	2011	2012	2013	2014	2015
全部工业	3.57	4.09	3.77	3.38	3.17	3.00
制造业	2.43	2.66	2.48	2.25	2.17	2.07
农副食品加工业	1.78	1.83	1.70	1.57	1.81	1.62
食品制造业	0.90	0.90	0.59	0.52	0.56	0.52
饮料制造业	1.39	1.49	1.08	0.85	0.78	0.71
烟草制品业	0.09	0.09	0.09	0.07	0.07	0.06
纺织业	3.37	4.06	3.75	3.32	3.40	3.23
纺织服装、鞋、帽制造业	1.00	0.91	0.75	0.58	0.56	0.54
皮革、毛皮、羽毛（绒）等	0.72	0.57	0.67	0.58	0.50	0.52
木材加工及木、竹、藤等	1.57	1.39	1.47	1.05	0.88	0.78
家具制造业	0.79	0.70	0.51	0.45	0.45	0.39
造纸及纸制品业	8.72	10.40	10.28	11.47	11.24	10.25
印刷业和记录媒介的复制	0.96	0.94	0.73	0.66	0.68	0.65
文教体育用品制造业	1.07	0.55	0.54	0.50	0.49	0.46
石油加工炼焦及核燃料加工业	21.43	23.32	20.76	18.27	20.96	21.22
化学原料及化学制品制造业	1.54	2.06	1.99	1.85	2.12	2.11
医药制造业	1.01	0.95	0.67	0.62	0.60	0.51
化学纤维制造业	2.84	4.34	4.42	3.38	2.94	2.80
橡胶及塑料制品业	2.21	0.29	1.46	1.27	1.23	1.12
非金属矿物制品业	9.23	10.55	9.24	7.85	7.11	6.72
黑色金属冶炼及压延加工业	13.36	16.92	22.17	19.39	20.41	21.80

续表

行业代码	2010	2011	2012	2013	2014	2015
有色金属冶炼及压延加工业	1.74	1.70	2.16	2.07	1.77	2.05
金属制品业	1.15	1.09	0.89	0.85	0.83	0.82
通用设备制造业	1.10	0.81	0.51	0.40	0.40	0.40
专用设备制造业	0.79	0.80	0.57	0.49	0.47	0.44
交通运输设备制造业	0.38	0.41	0.39	0.35	0.36	0.37
电气机械及器材制造业	0.59	0.65	0.49	0.44	0.43	0.42
通信设备、计算机及其他	0.54	0.53	0.43	0.39	0.40	0.39
仪器仪表及文化、办公用	0.70	1.23	0.53	0.44	0.46	0.44
工艺品及其他制造业	0.77	3.78	3.27	3.23	1.80	1.67
废弃资源和废旧材料回收	0.32	0.53	0.42	0.37	0.34	0.34
金属制品、机械和设备修理业	0.00	0.00	0.99	0.60	0.72	0.29

附表 27　**2008—2016 年东莞市制造业区位商（基于从业人员数）**

行业代码	2008	2009	2010	2011	2012	2013	2014	2015	2016
13	0.32	0.44	0.46	0.58	0.62	0.58	0.63	0.56	0.60
14	0.63	0.63	0.65	0.59	0.55	0.51	0.55	0.62	0.67
15	0.59	0.74	0.58	1.09	0.61	0.67	0.64	0.64	0.53
16	0.00	0.00	0.00	0.00	0.00	0.00	0.00	0.00	0.00
17	1.05	1.19	1.41	1.48	0.98	0.98	0.97	0.88	0.81
18	1.02	0.99	0.72	0.91	1.13	1.18	1.18	1.17	1.17
19	1.54	1.02	1.90	2.01	1.89	1.91	1.85	1.77	1.61
20	0.67	0.95	0.62	0.66	0.58	0.53	0.44	0.47	0.47
21	1.46	1.50	1.51	1.59	1.37	1.29	1.35	1.29	1.26
22	1.26	1.27	1.33	1.55	1.52	1.50	1.53	1.46	1.49
23	0.97	1.02	0.98	1.19	1.01	1.06	1.10	1.26	1.26
24	1.62	1.76	1.65	1.44	1.54	1.53	1.57	1.55	1.53
25	0.18	0.24	0.21	0.18	0.08	0.09	0.06	0.07	0.08

续表

行业代码	2008	2009	2010	2011	2012	2013	2014	2015	2016
26	0.41	0.48	0.55	0.54	0.46	0.45	0.43	0.45	0.47
27	0.19	0.15	0.13	0.17	0.14	0.15	0.16	0.16	0.16
28	1.60	0.42	0.39	0.34	0.72	0.76	0.89	1.37	1.26
29	1.02	1.59	1.30	1.41	1.24	1.15	1.26	1.25	1.27
30	0.47	0.45	0.40	0.13	0.37	0.39	0.40	0.45	0.47
31	0.30	0.19	0.25	0.27	0.32	0.39	0.44	0.52	0.67
32	0.31	0.52	0.48	0.07	0.38	0.55	0.32	0.34	0.35
33	0.71	0.71	0.63	1.01	0.70	0.71	0.82	0.84	0.92
34	0.62	0.73	0.84	1.63	0.87	0.93	1.00	0.92	0.97
35	0.92	1.06	0.90	0.99	0.77	0.73	0.84	1.02	1.05
36	0.20	0.27	0.24	0.28	0.30	0.30	0.32	0.34	0.33
37	0.95	0.81	0.70	0.75	0.66	0.70	0.70	0.73	0.74
38	1.12	1.09	1.13	1.17	1.12	1.11	1.07	1.08	1.10
39	1.28	1.22	1.13	1.35	1.39	1.29	1.29	1.18	1.14
40	0.67	0.90	0.60	2.05	1.65	1.36	1.45	1.14	1.15
41	0.00	0.00	0.00	0.09	0.02	0.03	0.03	0.03	0.03
42				0.05	0.00	0.03	0.05	0.06	0.06

附表 28　**2008—2016 年东莞市制造业区位商（基于工业增加值）**

行业代码	2008	2009	2010	2011	2012	2013	2014	2015	2016
13	1.38	1.69	1.57	1.27	1.47	1.34	1.02	1.12	1.37
14	0.93	0.80	0.81	0.87	0.88	0.59	0.59	0.70	0.62
15	1.82	1.64	1.39	1.76	1.67	0.67	0.63	0.72	0.46
16	0.00	0.00	0.00	0.00	0.00	0.00	0.00	0.00	0.00
17	1.48	1.50	1.77	1.41	1.22	1.10	1.06	1.06	0.94
18	1.71	1.52	1.18	1.39	1.77	1.78	1.85	1.88	1.71
19	1.92	2.20	2.64	2.60	2.60	2.34	2.49	2.27	2.00

续表

行业代码	2008	2009	2010	2011	2012	2013	2014	2015	2016
20	0. 65	0. 94	0. 59	0. 52	0. 55	0. 47	0. 32	0. 35	0. 49
21	1. 73	2. 02	2. 16	2. 11	1. 91	1. 68	1. 54	1. 53	1. 44
22	2. 56	2. 80	3. 15	2. 79	3. 29	2. 96	3. 34	3. 18	3. 25
23	1. 49	1. 81	1. 88	2. 17	1. 87	1. 80	1. 74	1. 80	1. 72
24	2. 30	2. 69	2. 80	1. 58	1. 57	1. 68	1. 56	1. 85	1. 67
25	0. 12	0. 09	0. 03	0. 01	0. 03	0. 09	0. 13	0. 05	0. 05
26	0. 32	0. 44	0. 43	0. 41	0. 38	0. 38	0. 36	0. 37	0. 42
27	0. 19	0. 20	0. 19	0. 22	0. 21	0. 20	0. 27	0. 28	0. 19
28	1. 46	0. 17	0. 18	0. 29	0. 56	0. 38	0. 50	0. 63	0. 67
29	1. 23	1. 64	1. 62	0. 88	1. 58	1. 53	1. 62	1. 57	1. 60
30	0. 65	0. 75	0. 76	1. 47	0. 50	0. 49	0. 50	0. 55	0. 58
31	0. 44	0. 18	0. 19	0. 14	0. 17	0. 29	0. 40	0. 49	0. 50
32	0. 21	0. 64	0. 30	0. 09	0. 23	0. 36	0. 51	0. 49	0. 26
33	0. 79	0. 62	0. 65	1. 04	0. 76	0. 81	0. 94	1. 00	1. 17
34	0. 66	0. 73	1. 04	1. 78	1. 05	1. 12	1. 12	1. 01	1. 10
35	1. 15	1. 17	1. 16	0. 31	0. 78	0. 83	0. 94	1. 18	1. 16
36	0. 14	0. 23	0. 22	1. 32	0. 26	0. 24	0. 30	0. 29	0. 21
37	1. 07	0. 84	0. 79	0. 85	0. 81	0. 81	0. 84	0. 80	0. 73
38	1. 03	1. 08	1. 12	1. 16	1. 13	1. 20	1. 10	1. 09	1. 21
39	1. 41	1. 76	1. 72	1. 95	2. 00	1. 82	1. 95	1. 77	1. 61
40		1. 15	0. 68	2. 84	2. 78	2. 34	2. 05	1. 51	1. 38
41		0. 00	0. 00	0. 00	0. 02	0. 03	0. 02	0. 02	0. 01
42				0. 00	0. 00	0. 00	0. 08	0. 08	0. 10

附表 29　**2008—2016 年东莞市制造业区位商（基于全员劳动生产率）**

行业代码	2008	2009	2010	2011	2012	2013	2014	2015	2016
13	4. 35	3. 83	3. 41	2. 20	2. 36	2. 29	1. 62	2. 02	2. 30
14	1. 48	1. 27	1. 24	1. 46	1. 58	1. 15	1. 07	1. 14	0. 93
15	3. 06	2. 23	2. 40	1. 61	2. 75	1. 00	0. 98	1. 12	0. 86

续表

行业代码	2008	2009	2010	2011	2012	2013	2014	2015	2016
16									
17	1.41	1.26	1.25	0.95	1.25	1.12	1.10	1.21	1.16
18	1.68	1.54	1.64	1.53	1.57	1.51	1.56	1.60	1.46
19	1.24	2.15	1.39	1.30	1.38	1.22	1.35	1.28	1.24
20	0.97	0.99	0.96	0.79	0.95	0.88	0.72	0.75	1.05
21	1.18	1.35	1.43	1.33	1.39	1.31	1.14	1.19	1.14
22	2.03	2.20	2.36	1.80	2.16	1.97	2.18	2.18	2.18
23	1.55	1.77	1.92	1.83	1.85	1.70	1.58	1.43	1.37
24	1.42	1.53	1.70	1.10	1.02	1.10	1.00	1.19	1.09
25	0.67	0.37	0.13	0.04	0.32	1.11	2.13	0.73	0.67
26	0.79	0.91	0.79	0.76	0.83	0.84	0.84	0.82	0.90
27	0.97	1.29	1.38	1.29	1.56	1.33	1.71	1.77	1.18
28	0.91	0.40	0.46	0.83	0.78	0.50	0.56	0.46	0.53
29	1.20	1.03	1.24	1.15	1.27	1.33	1.28	1.25	1.26
30	1.37	1.68	1.89	4.95	1.35	1.24	1.26	1.24	1.24
31	1.44	0.96	0.74	0.79	0.54	0.75	0.90	0.94	0.75
32	0.70	1.23	0.63	2.78	0.60	0.66	1.61	1.43	0.74
33	1.11	0.87	1.02	0.64	1.09	1.14	1.14	1.19	1.27
34	1.06	1.00	1.24	0.77	1.21	1.20	1.11	1.10	1.13
35	1.26	1.11	1.29	0.98	1.02	1.12	1.12	1.16	1.11
36	0.73	0.86	0.93	1.00	0.90	0.83	0.95	0.85	0.66
37	1.12	1.04	1.13	1.13	1.22	1.15	1.19	1.09	0.99
38	0.92	0.99	0.99	0.99	1.01	1.09	1.04	1.01	1.10
39	1.10	1.44	1.53	1.44	1.44	1.41	1.52	1.51	1.41
40		1.28	1.12	1.38	1.68	1.72	1.41	1.32	1.20
41					0.81	1.00	0.69	0.67	0.32
42							1.61	1.35	1.63

附表 30 **2005—2016 年东莞市制造业规上企业工业增加值可比价增速** （单位:%）

行业名称	行业代码	2006	2007	2008	2009	2010	2011	2012	2013	2014	2015	2016
工业合计	01	1. 23	1. 07	0. 96	1. 09	1. 15	0. 94	1. 17	1. 20	1. 00	1. 02	1. 11
制造业总计	02	1. 23	1. 06	0. 96	1. 12	1. 18	0. 93	1. 18	1. 21	0. 99	1. 03	1. 11
农副食品加工业	13	0. 81	1. 03	1. 52	1. 24	0. 96	0. 83	1. 25	1. 00	0. 49	1. 31	1. 41
食品制造业	14	0. 99	1. 26	0. 98	1. 13	1. 12	1. 00	1. 41	0. 83	0. 90	1. 22	0. 96
酒、饮料和精制茶制造业	15	0. 86	1. 05	1. 05	1. 12	0. 80	1. 14	1. 28	0. 56	1. 02	1. 09	0. 69
烟草制品业	16											
纺织业	17	1. 14	1. 01	0. 82	1. 12	1. 52	0. 58	0. 87	1. 07	0. 90	1. 00	0. 90
纺织服装、服饰业	18	1. 21	1. 67	1. 03	1. 02	0. 87	1. 27	1. 43	1. 23	0. 94	0. 95	0. 88
皮革、毛皮、羽毛及其制品和制鞋业	19	1. 30	1. 60	0. 94	1. 14	1. 65	0. 94	1. 11	1. 03	1. 10	0. 92	0. 86
木材加工和木、竹、藤、棕、草制品业	20	1. 10	0. 98	0. 80	1. 52	0. 86	0. 90	1. 04	1. 12	0. 73	1. 19	1. 46
家具制造业	21	1. 37	1. 00	0. 86	1. 17	1. 29	0. 96	1. 00	1. 15	0. 93	1. 09	1. 05
造纸和纸制品业	22	1. 43	1. 12	1. 01	0. 99	1. 39	0. 70	1. 31	0. 98	1. 08	0. 99	1. 18
印刷和记录媒介复制业	23	1. 17	1. 66	0. 99	1. 36	1. 06	1. 08	0. 96	1. 29	0. 96	1. 06	0. 99
文教、工美、体育和娱乐用品制造业	24	1. 20	1. 37	0. 94	1. 10	1. 13	1. 05	1. 24	1. 27	0. 94	1. 17	0. 95
石油加工、炼焦和核燃料加工业	25	47. 41	0. 33	0. 91	2. 54	0. 43	0. 23	4. 57	4. 15	1. 07	0. 43	1. 00
化学原料和化学制品制造业	26	1. 47	1. 01	0. 94	1. 39	1. 08	0. 98	0. 94	1. 09	0. 98	1. 06	1. 12
医药制造业	27	0. 85	1. 36	0. 96	1. 37	1. 17	1. 18	1. 21	1. 10	1. 35	1. 07	0. 77

续表

行业名称	行业代码	2006	2007	2008	2009	2010	2011	2012	2013	2014	2015	2016
化学纤维制造业	28	2.01	1.56	0.81	0.12	1.37	0.99	2.07	0.80	1.36	1.14	1.04
橡胶和塑料制品业	29	1.33	1.26	0.92	1.43	1.13	0.81	1.13	1.22	1.07	1.00	1.13
非金属矿物制品业	30	1.18	1.62	1.01	1.11	1.15	0.84	0.87	1.26	1.08	1.07	1.11
黑色金属冶炼和压延加工业	31	1.16	0.83	1.04	0.44	1.42	0.98	0.71	2.16	1.12	1.06	1.09
有色金属冶炼和压延加工业	32	1.97	0.68	0.82	3.15	0.58	0.63	1.23	1.80	1.48	0.79	0.56
金属制品业	33	1.33	1.04	0.99	0.85	1.19	0.90	1.28	1.30	1.17	1.13	1.26
通用设备制造业	34	1.50	1.33	1.00	1.23	1.62	1.36	1.03	1.38	1.02	0.93	1.19
专用设备制造业	35	1.19	1.38	0.92	0.99	1.13	0.77	1.07	1.27	1.24	1.42	1.14
交通运输设备制造业	36	1.26	1.51	1.09	1.92	1.21	1.19	1.00	1.15	1.22	0.98	0.83
电气机械和器材制造业	37	1.30	1.11	1.02	0.85	1.09	0.92	1.10	1.18	1.00	1.03	1.05
计算机、通信和其他电子设备制造业	38	1.18	0.85	0.93	1.16	1.21	1.01	1.27	1.33	0.93	1.02	1.26
仪器仪表制造业	39	1.20	0.66	0.98	1.12	1.09	0.55	1.41	1.11	1.06	0.96	1.05
其他制造业	40	1.60	1.05	0.96	1.60	0.86	0.61	1.12	0.96	0.90	0.79	1.00
废弃资源综合利用业	41	0.00	0.00	0.00	0.00	0.00	0.00	0.00	2.06	0.78	0.99	0.40
金属制品、机械和设备修理业	42	0.00	0.00	0.00	0.00	0.00	0.00	0.00	0.00	0.00	2.27	1.57

数据来源：东莞市历年统计年鉴原始数据，并使用分行业可比价增长速度=（工业增加值可比价增长速度/工业增加值现价发展速度）*分行业现价增长速度计算得到。

附表 31 **2005—2016 年东莞市制造业规上企业工业增加值可比价** （单位：万元）

行业名称	行业代码	2005	2006	2007	2008	2009	2010	2011	2012	2013	2014	2015	2016
工业合计	01	10624190	13091212	14001565	13392956	14653284	16904028	16007059	18788545	22453284	22471046	22964818	28927168
制造业总计	02	9509133	11709015	12397403	11960877	13356423	15715866	14707087	17317583	20884444	20718522	21278149	26843238
农副食品加工业	13	199112	162019	166295	252527	313995	302749	252420	314676	314390	154376	202008	324342
食品制造业	14	154571	153452	193842	190932	216399	243345	246921	349377	289188	260591	319115	347778
酒、饮料和精制茶制造业	15	245875	210543	220718	232011	259141	208093	240711	307189	172965	176928	192699	150197
烟草制品业	16	0	0	0	0	0	0	0	0	0	0	0	0
纺织业	17	517337	588897	595023	489987	548404	834827	486640	424641	453606	407332	406488	414206
纺织服装、服饰业	18	315803	383380	640965	661708	677439	587164	755538	1083442	1329107	1245016	1188555	1196015
皮革、毛皮、羽毛及其制品和制鞋业	19	272906	355413	567449	534864	611270	1010711	956095	1064445	1096333	1209583	1109427	1084789
木材加工和木、竹、藤、棕、草制品业	20	35453	38980	38080	30569	46427	39869	36099	37526	41917	30470	36393	60409
家具制造业	21	282269	385440	385498	331508	388914	503505	489612	490617	563361	524906	571927	684794
造纸和纸制品业	22	447377	640994	720963	728405	720926	1005458	712820	935012	920647	995774	987161	1324019
印刷和记录媒介复制业	23	116345	136119	226182	224751	304640	321975	351183	337968	434938	417405	440969	498375
文教、工美、体育和娱乐用品制造业	24	277128	331366	454467	427598	471254	532168	565905	699533	891033	838581	980702	1058696

续表

行业名称	行业代码	2005	2006	2007	2008	2009	2010	2011	2012	2013	2014	2015	2016
石油加工、炼焦和核燃料加工业	25	670	31762	10395	9432	23931	10394	2372	10833	44990	48170	20665	23543
化学原料和化学制品制造业	26	211615	311178	315064	295606	411383	443112	440523	412337	448022	438295	463174	587544
医药制造业	27	21429	18257	24863	23756	32446	37891	45373	54699	59945	81218	87192	76728
化学纤维制造业	28	16121	32477	50748	40885	4748	6513	6494	13463	10791	14654	16720	19746
橡胶和塑料制品业	29	450417	596860	754824	693523	992860	1126545	925354	1041427	1272051	1364376	1367742	1752849
非金属矿物制品业	30	153403	180575	292593	296697	328493	376970	319271	279246	351583	378119	406114	512662
黑色金属冶炼和压延加工业	31	75619	87732	72471	75157	33370	47317	46768	33386	72078	80454	85192	105818
有色金属冶炼和压延加工业	32	53779	106064	72571	59771	188022	108253	68408	84290	151393	223997	176941	112827
金属制品业	33	375171	497634	516302	509878	433753	514019	465825	596383	774213	905118	1023834	1472557
通用设备制造业	34	102872	154750	205593	204832	252355	410058	562929	581764	801372	816479	757699	1028231
专用设备制造业	35	232856	276026	379860	350179	346606	391198	305299	327022	413717	514532	728729	947873
交通运输设备制造业	36	60497	76411	115008	125303	240033	291421	350601	348929	402976	490778	481770	456630
电气机械和器材制造业	37	1164562	1519657	1681777	1712868	1452160	1587899	1475140	1622544	1920671	1925382	1985081	2362726
计算机、通信和其他电子设备制造业	38	3157478	3716957	3169846	2946637	3420841	4129003	4226444	5372804	7120434	6629807	6732760	9636536

续表

行业名称	行业代码	2005	2006	2007	2008	2009	2010	2011	2012	2013	2014	2015	2016
仪器仪表制造业	39	487048	585640	388514	379523	426001	464838	260167	366755	408344	432933	417240	498976
其他制造业	40	81420	130433	137491	131971	210612	180572	112176	125320	120339	108772	85750	97609
废弃资源综合利用业	41	0	0	0	0	0	0	0	2061	4253	3326	3283	1422
金属制品、机械和设备修理业	42	0	0	0	0	0	0	0	0	0	1458	3307	5342

数据来源：根据原始计算得到，2005—2010 年按 2005 年不变价，2011—2015 年按 2010 年不变价，2016 年按 2015 年不变价计算工业增加值。

附表 32　**2005—2016 年东莞市制造业规上单位企业工业增加值（当年价）**　（单位：万元/个企业）

行业名称	行业代码	2005	2006	2007	2008	2009	2010	2011	2012	2013	2014	2015	2016
工业合计	01	2358	2879	2869	2790	2505	2896	3881	4371	4524	4632	4592	5057
制造业总计	02	2138	2607	2562	2519	2301	2718	3600	4076	4250	4337	4299	4743
农副食品加工业	13	10480	7771	6068	9368	7786	7285	6816	7705	7383	3641	4689	6279
食品制造业	14	3595	3594	4306	4311	4472	5123	7918	12684	10078	8753	10082	8110
酒、饮料和精制茶制造业	15	30734	26508	20502	21909	19771	17525	24699	24878	12457	13075	15655	11008
烟草制品业	16												
纺织业	17	11694	13970	10619	10035	10189	9912	23698	42214	51281	55674	62258	88284
纺织服装、服饰业	18	1294	1563	2519	2644	2301	2881	3139	3375	3427	3557	3219	3229

续表

行业名称	行业代码	2005	2006	2007	2008	2009	2010	2011	2012	2013	2014	2015	2016
皮革、毛皮、羽毛及其制品和制鞋业	19	2037	2299	2203	1844	1801	2628	1870	1569	1467	1344	1364	1316
木材加工和木、竹、藤、棕、草制品业	20	10475	14663	18363	17152	20097	27768	39562	37809	37140	54013	50182	58018
家具制造业	21	1798	2505	2238	1957	1562	1892	2617	2495	2254	2246	2235	2358
造纸和纸制品业	22	1676	2331	2567	2722	2527	3288	3340	4375	4232	5464	5531	6725
印刷和记录媒介复制业	23	1265	1558	2382	2407	2477	2854	4869	4562	4433	4023	4145	4261
文教、工美、体育和娱乐用品制造业	24	1147	1426	1931	1810	1482	1830	1684	1784	1902	2263	3151	3589
石油加工、炼焦和核燃料加工业	25	136453	89496	115957	111116	86611	145917	163505	280172	296091	335196	420612	278270
化学原料和化学制品制造业	26	1848	2225	2920	2776	2554	2445	4005	4603	5408	5373	5997	5299
医药制造业	27	23513	31343	32191	30706	34002	40710	41092	43412	48400	48584	52680	50239
化学纤维制造业	28	2830	5342	4119	3449	20721	9945	11699	11093	16355	20691	12578	8269
橡胶和塑料制品业	29	30	59	87	71	6	9	15	30	21	29	32	32
非金属矿物制品业	30	1686	1935	2820	2907	2715	2886	3900	3128	3391	3709	3817	4208
黑色金属冶炼和压延加工业	31	4726	4418	2848	3003	1504	1494	1333	1212	2433	2787	3126	4021
有色金属冶炼和压延加工业	32	1043	958	794	662	708	560	699	581	620	497	575	898

续表

行业名称	行业代码	2005	2006	2007	2008	2009	2010	2011	2012	2013	2014	2015	2016
金属制品业	33	1162	1552	1486	1492	1097	1463	1967	2573	2698	3059	3337	3945
通用设备制造业	34	872	1247	1511	1531	1264	1720	3282	3384	3831	3987	3503	4058
专用设备制造业	35	420	664	636	620	819	849	834	916	703	621	401	360
交通运输设备制造业	36	1592	2199	2938	3254	4492	5454	6918	5831	6219	6975	6447	5206
电气机械和器材制造业	37	2297	2966	3096	3200	2393	2753	3448	3522	3596	3840	3624	3776
计算机、通信和其他电子设备制造业	38	782	905	537	534	491	506	350	472	459	490	464	481
仪器仪表制造业	39	7	323	98	93	201	101	40	163	586	621	283	247
其他制造业	40	268	222	279	271	222	358	1012	1371	1245	1699	1983	1514
废弃资源综合利用业	41									2182	1751	1182	729
金属制品、机械和设备修理业	42									0	729	1131	1827

数据来源：计算所得。单位企业工业增加值（当年价）= 工业增加值（当年价）/企业个数。

附表 33 **2005—2016 年东莞市制造业规上企业能源强度（当年价）** （单位：tce/万元）

行业名称	行业代码	2005	2006	2007	2008	2009	2010	2011	2012	2013	2014	2015	2016
工业合计	01	1.13	1.01	1.01	1.04	0.94	0.88	0.90	0.70	0.60	0.58	0.51	0.47
制造业总计	02	0.55	0.54	0.59	0.66	0.59	0.55	0.55	0.46	0.40	0.40	0.35	0.32

续表

行业名称	行业代码	2005	2006	2007	2008	2009	2010	2011	2012	2013	2014	2015	2016
农副食品加工业	13	0. 30	0. 58	0. 82	0. 56	0. 54	0. 62	0. 89	62. 30	0. 66	1. 19	1. 13	0. 84
食品制造业	14	0. 34	0. 49	0. 43	0. 43	0. 28	0. 41	0. 33	0. 20	0. 20	0. 19	0. 18	0. 19
酒、饮料和精制茶制造业	15	0. 14	0. 23	0. 27	0. 25	0. 21	0. 30	0. 24	0. 18	0. 29	0. 27	0. 22	0. 29
烟草制品业	16												
纺织业	17	1. 69	1. 42	1. 53	1. 68	1. 39	0. 96	1. 29	1. 37	1. 17	1. 20	1. 13	1. 05
纺织服装、服饰业	18	0. 52	0. 37	0. 21	0. 15	0. 12	0. 10	0. 06	0. 06	0. 06	0. 06	0. 06	0. 06
皮革、毛皮、羽毛及其制品和制鞋业	19	0. 34	0. 51	0. 35	0. 29	0. 23	0. 18	0. 16	0. 15	0. 15	0. 11	0. 11	0. 10
木材加工和木、竹、藤、棕、草制品业	20	0. 24	0. 29	0. 32	0. 54	0. 38	0. 79	0. 67	0. 61	0. 41	0. 49	0. 37	0. 19
家具制造业	21	0. 38	0. 27	0. 25	0. 26	0. 20	0. 19	0. 16	0. 14	0. 12	0. 13	0. 12	0. 11
造纸和纸制品业	22	3. 25	3. 48	3. 92	4. 60	5. 19	4. 09	5. 86	4. 48	5. 05	4. 60	4. 03	3. 49
印刷和记录媒介复制业	23	0. 33	0. 30	0. 22	0. 27	0. 19	0. 15	0. 12	0. 12	0. 08	0. 12	0. 12	0. 13
文教、工美、体育和娱乐用品制造业	24	0. 54	0. 41	0. 29	0. 32	0. 23	0. 22	0. 17	0. 15	0. 13	0. 14	0. 11	0. 11
石油加工、炼焦和核燃料加工业	25	0. 10	0. 94	8. 69	5. 72	0. 03	0. 22	0. 93	0. 18	0. 04	0. 06	0. 12	0. 10
化学原料和化学制品制造业	26	0. 71	0. 50	0. 50	0. 57	0. 41	0. 48	0. 45	0. 38	0. 29	0. 29	0. 24	0. 20

续表

行业名称	行业代码	2005	2006	2007	2008	2009	2010	2011	2012	2013	2014	2015	2016
医药制造业	27	0.23	0.33	0.25	0.29	0.22	0.18	0.14	0.13	0.14	0.11	0.10	0.13
化学纤维制造业	28	1.07	0.79	0.43	0.10	0.89	1.28	1.03	0.52	0.98	0.81	0.67	0.83
橡胶和塑料制品业	29	0.82	0.60	0.50	0.67	0.44	0.40	0.39	0.31	0.27	0.26	0.25	0.23
非金属矿物制品业	30	2.17	2.25	1.81	1.99	2.02	1.88	2.05	2.09	1.57	1.39	1.07	1.17
黑色金属冶炼和压延加工业	31	0.30	0.31	0.38	0.27	0.31	0.36	0.31	0.59	0.21	0.20	0.23	0.23
有色金属冶炼和压延加工业	32	0.49	0.32	0.56	0.90	0.18	0.38	0.52	0.32	0.33	0.19	0.19	0.33
金属制品业	33	0.48	0.34	0.34	0.26	0.27	0.26	0.23	0.18	0.16	0.16	0.15	0.13
通用设备制造业	34	0.44	0.31	0.27	0.38	0.23	0.17	0.12	0.13	0.08	0.10	0.11	0.08
专用设备制造业	35	0.45	0.29	0.23	0.31	0.30	0.19	0.21	0.20	0.12	0.11	0.10	0.10
交通运输设备制造业	36	0.24	0.18	0.14	0.40	0.16	0.15	0.13	0.14	0.13	0.11	0.13	0.14
电气机械和器材制造业	37	0.24	0.20	0.19	0.17	0.18	0.17	0.16	0.14	0.12	0.13	0.12	0.12
计算机、通信和其他电子设备制造业	38	0.18	0.18	0.22	0.23	0.17	0.17	0.16	0.12	0.10	0.10	0.11	0.08
仪器仪表制造业	39	0.16	0.12	0.18	0.17	0.15	0.15	0.21	0.13	0.10	0.09	0.10	0.08
其他制造业	40	0.33	0.24	0.23	0.48	0.25	0.24	0.28	0.25	0.19	0.14	0.14	0.10
废弃资源综合利用业	41								0.19	0.01	0.03	0.01	0.07
金属制品、机械和设备修理业	42										0.07	0.01	0.14

数据来源：根据东莞市统计年鉴整理得到。

附表 34　**2005—2016 年东莞市制造业规上企业能源强度（可比价）**　（单位：tce/万元）

行业名称	行业代码	2005	2006	2007	2008	2009	2010	2011	2012	2013	2014	2015	2016
全市单位 GDP 能耗（当量值）		0. 825	0. 772	0. 70	0. 65	0. 626	0. 599	0. 548	0. 52	0. 50	0. 47	0. 43	0. 41
工业合计	01	1. 13	1. 02	1. 03	1. 08	0. 93	0. 89	0. 93	0. 74	0. 65	0. 64	0. 58	0. 48
制造业总计	02	0. 55	0. 54	0. 60	0. 68	0. 59	0. 56	0. 57	0. 48	0. 43	0. 44	0. 40	0. 33
农副食品加工业	13	0. 30	0. 58	0. 84	0. 58	0. 54	0. 63	0. 92	0. 66	0. 71	1. 32	1. 29	0. 86
食品制造业	14	0. 34	0. 49	0. 43	0. 45	0. 28	0. 41	0. 33	0. 21	0. 21	0. 21	0. 20	0. 20
酒、饮料和精制茶制造业	15	0. 14	0. 23	0. 27	0. 26	0. 21	0. 30	0. 24	0. 19	0. 32	0. 30	0. 25	0. 29
烟草制品业	16												
纺织业	17	1. 69	1. 43	1. 57	1. 75	1. 38	0. 97	1. 33	1. 44	1. 26	1. 33	1. 29	1. 08
纺织服装、服饰业	18	0. 52	0. 38	0. 22	0. 15	0. 12	0. 10	0. 06	0. 06	0. 07	0. 07	0. 07	0. 07
皮革、毛皮、羽毛及其制品和制鞋业	19	0. 34	0. 52	0. 36	0. 30	0. 23	0. 19	0. 17	0. 16	0. 16	0. 12	0. 12	0. 10
木材加工和木、竹、藤、棕、草制品业	20	0. 24	0. 29	0. 33	0. 56	0. 38	0. 80	0. 69	0. 64	0. 45	0. 54	0. 42	0. 20
家具制造业	21	0. 38	0. 27	0. 26	0. 27	0. 19	0. 19	0. 16	0. 14	0. 13	0. 15	0. 13	0. 12
造纸和纸制品业	22	3. 25	3. 50	4. 01	4. 77	5. 14	4. 13	6. 02	4. 72	5. 46	5. 09	4. 58	3. 58
印刷和记录媒介复制业	23	0. 33	0. 30	0. 22	0. 28	0. 19	0. 16	0. 12	0. 12	0. 09	0. 13	0. 14	0. 13

续表

行业名称	行业代码	2005	2006	2007	2008	2009	2010	2011	2012	2013	2014	2015	2016
文教、工美、体育和娱乐用品制造业	24	0.54	0.42	0.30	0.34	0.23	0.22	0.18	0.16	0.14	0.16	0.13	0.11
石油加工、炼焦和核燃料加工业	25	0.10	0.94	8.88	5.94	0.03	0.22	0.95	0.19	0.05	0.07	0.13	0.10
化学原料和化学制品制造业	26	0.71	0.50	0.51	0.59	0.40	0.49	0.46	0.39	0.31	0.32	0.27	0.20
医药制造业	27	0.23	0.33	0.26	0.30	0.21	0.18	0.14	0.14	0.16	0.12	0.11	0.13
化学纤维制造业	28	1.07	0.80	0.44	0.11	0.88	1.29	1.06	0.55	1.06	0.89	0.76	0.85
橡胶和塑料制品业	29	0.82	0.61	0.51	0.70	0.44	0.41	0.40	0.32	0.29	0.29	0.28	0.24
非金属矿物制品业	30	2.17	2.27	1.84	2.06	2.00	1.90	2.11	2.20	1.70	1.54	1.21	1.20
黑色金属冶炼和压延加工业	31	0.30	0.31	0.39	0.28	0.31	0.36	0.32	0.62	0.22	0.22	0.26	0.24
有色金属冶炼和压延加工业	32	0.49	0.32	0.58	0.93	0.18	0.39	0.54	0.33	0.36	0.21	0.21	0.34
金属制品业	33	0.48	0.34	0.35	0.27	0.27	0.26	0.23	0.19	0.17	0.18	0.17	0.13
通用设备制造业	34	0.44	0.32	0.28	0.40	0.23	0.17	0.12	0.13	0.08	0.11	0.12	0.09
专用设备制造业	35	0.45	0.29	0.24	0.32	0.30	0.19	0.22	0.21	0.12	0.12	0.11	0.10
交通运输设备制造业	36	0.24	0.18	0.14	0.41	0.16	0.16	0.13	0.15	0.14	0.13	0.15	0.15
电气机械和器材制造业	37	0.24	0.20	0.19	0.18	0.17	0.17	0.16	0.15	0.13	0.14	0.13	0.12
计算机、通信和其他电子设备制造业	38	0.18	0.18	0.22	0.24	0.17	0.17	0.16	0.13	0.11	0.11	0.12	0.09

续表

行 业 名 称	行业代码	2005	2006	2007	2008	2009	2010	2011	2012	2013	2014	2015	2016
仪器仪表制造业	39	0.16	0.12	0.19	0.17	0.15	0.15	0.22	0.14	0.10	0.10	0.11	0.08
其他制造业	40	0.33	0.24	0.23	0.49	0.25	0.24	0.29	0.27	0.20	0.16	0.16	0.11
废弃资源综合利用业	41								0.19	0.01	0.03	0.01	0.08
金属制品、机械和设备修理业	42										0.07	0.01	0.14

数据来源：根据东莞市统计年鉴整理得到，东莞市单位 GDP 能耗（当量值）2005—2011 年数据来自东莞市统计年鉴，2012—2016 年数据通过增减率计算得到。

附表 35　**2005—2016 年东莞市制造业规上企业单位企业能源消费量**　（单位：tce/个）

行 业 名 称	行业代码	2005	2006	2007	2008	2009	2010	2011	2012	2013	2014	2015	2016
工业合计	01	2672	2902	2883	2913	2358	2536	3503	3061	2709	2694	2337	2366
制造业总计	02	1186	1407	1516	1651	1363	1496	1996	1863	1703	1723	1520	1533
农副食品加工业	13	3140	4494	4965	5236	4237	4540	6094	4800	4846	4343	5308	5250
食品制造业	14	1208	1748	1830	1862	1243	2089	2583	2476	2000	1645	1783	1580
酒、饮料和精制茶制造业	15	4346	6113	5459	5379	4211	5188	5852	4454	3640	3500	3433	3150
烟草制品业	16												
纺织业	17	3247	3143	3056	2810	2279	1922	3526	4566	3817	4114	4261	3997
纺织服装、服饰业	18	678	586	533	385	287	282	194	208	215	230	200	206

续表

行业名称	行业代码	2005	2006	2007	2008	2009	2010	2011	2012	2013	2014	2015	2016
皮革、毛皮、羽毛及其制品和制鞋业	19	363	710	738	583	471	587	597	595	516	441	392	344
木材加工和木、竹、藤、棕、草制品业	20	202	276	297	405	358	778	1037	828	505	586	494	383
家具制造业	21	681	682	570	503	305	360	420	337	267	295	261	267
造纸和纸制品业	22	5438	8109	10066	12509	13104	13449	19584	19606	21381	25114	22282	23454
印刷和记录媒介复制业	23	422	471	513	654	477	439	588	536	368	479	517	556
文教、工美、体育和娱乐用品制造业	24	742	710	681	713	467	541	538	566	528	518	473	446
石油加工、炼焦和核燃料加工业	25	34	7485	18462	11203	99	329	376	525	525	825	917	600
化学原料和化学制品制造业	26	997	1046	1020	1092	906	980	1411	1018	780	816	675	574
医药制造业	27	550	608	644	711	578	634	587	750	930	980	988	823
化学纤维制造业	28	910	1299	1244	243	464	766	1149	925	1140	1092	796	1204
橡胶和塑料制品业	29	677	656	648	817	577	597	800	706	672	695	654	656
非金属矿物制品业	30	3662	4361	5091	5775	5480	5428	8007	6529	5324	5140	4068	4903
黑色金属冶炼和压延加工业	31	1400	1373	1094	801	468	532	411	717	503	544	706	941
有色金属冶炼和压延加工业	32	777	831	854	1164	508	581	691	413	745	676	518	556

续表

行业名称	行业代码	2005	2006	2007	2008	2009	2010	2011	2012	2013	2014	2015	2016
金属制品业	33	558	530	509	391	295	375	446	453	430	496	508	494
通用设备制造业	34	388	391	411	586	292	289	382	428	301	401	371	343
专用设备制造业	35	540	406	406	511	406	346	484	467	278	309	327	353
交通运输设备制造业	36	381	388	410	1295	724	842	907	816	783	797	863	750
电气机械和器材制造业	37	560	593	574	542	419	464	539	505	438	456	424	442
计算机、通信和其他电子设备制造业	38	929	1012	951	945	680	755	888	822	802	731	790	789
仪器仪表制造业	39	806	706	667	625	531	658	927	730	511	521	572	430
其他制造业	40	331	378	348	717	364	402	710	793	465	326	271	201
废弃资源综合利用业	41								400	15	50	16	54
金属制品、机械和设备修理业	42									0	50	16	255

数据来源：根据东莞市统计年鉴整理得到。

附表 36　**2008—2016 年东莞市制造业规上分行业碳排放量**　（单位：万吨 CO_2）

行业名称	行业代码	2008	2009	2010	2011	2012	2013	2014	2015	2016
工业合计	01	7720. 17	7372. 37	8191. 30	8265. 49	7746. 20	8376. 75	8334. 99	7979. 66	7998. 02
制造业总计	02	3938. 19	3852. 70	4512. 43	4410. 86	4472. 14	5138. 08	5221. 27	5128. 96	5235. 39

续表

行业名称	行业代码	2008	2009	2010	2011	2012	2013	2014	2015	2016
农副食品加工业	13	58.67	67.39	74.44	93.33	87.63	93.92	89.99	109.36	109.02
食品制造业	14	30.59	31.62	33.60	27.81	24.05	20.19	19.63	23.10	24.68
酒、饮料和精制茶制造业	15	21.73	18.02	19.30	17.71	16.29	17.28	16.75	16.44	15.78
烟草制品业	16	0.00	0.00	0.00	0.00	0.00	0.00	0.00	0.00	0.00
纺织业	17	370.22	332.54	404.05	329.90	311.72	296.47	283.35	276.55	224.81
纺织服装、服饰业	18	52.51	45.02	29.37	23.56	35.59	43.69	44.96	44.27	40.32
皮革、毛皮、羽毛及其制品和制鞋业	19	83.59	77.18	104.73	88.16	91.09	92.93	81.63	75.04	65.55
木材加工和木、竹、藤、棕、草制品业	20	9.26	9.64	15.12	12.12	10.86	7.98	7.53	7.24	4.98
家具制造业	21	52.06	42.61	55.04	44.71	39.29	40.99	43.13	42.62	44.20
造纸和纸制品业	22	1751.24	1856.91	2247.17	2380.33	2521.06	3092.18	3141.59	3045.28	3124.68
印刷和记录媒介复制业	23	32.46	32.11	28.48	24.77	24.73	23.47	31.90	36.63	38.99
文教、工美、体育和娱乐用品制造业	24	76.10	61.17	65.50	55.45	60.44	71.19	75.74	74.57	73.17
石油加工、炼焦和核燃料加工业	25	24.04	0.24	0.72	0.69	0.63	0.60	0.74	0.57	0.50
化学原料和化学制品制造业	26	74.85	69.85	94.13	88.16	71.00	60.13	61.04	54.32	53.05
医药制造业	27	2.99	2.77	2.56	2.27	2.25	2.93	2.74	2.94	3.00
化学纤维制造业	28	2.30	2.32	3.93	3.31	3.52	6.30	6.90	5.95	6.57
橡胶和塑料制品业	29	251.12	238.47	249.51	203.42	183.05	201.09	216.15	213.29	225.19
非金属矿物制品业	30	208.86	219.37	238.69	233.54	189.00	180.00	177.79	164.58	191.88

续表

行业名称	行业代码	2008	2009	2010	2011	2012	2013	2014	2015	2016
黑色金属冶炼和压延加工业	31	9.81	4.76	7.15	6.20	9.90	7.90	8.99	11.31	12.88
有色金属冶炼和压延加工业	32	18.16	13.64	17.70	15.52	11.59	23.34	18.96	15.78	16.54
金属制品业	33	72.66	61.20	70.63	56.70	55.20	68.96	86.48	98.17	107.00
通用设备制造业	34	39.44	29.51	37.81	35.44	44.40	40.03	52.79	54.29	52.97
专用设备制造业	35	57.93	54.94	40.70	38.74	37.04	29.39	35.00	43.82	58.22
交通运输设备制造业	36	19.63	19.40	23.90	24.59	26.26	27.70	30.62	35.56	34.12
电气机械和器材制造业	37	164.95	142.55	151.29	135.28	141.86	141.97	152.13	153.21	166.13
计算机、通信和其他电子设备制造业	38	383.61	337.06	415.64	394.68	395.40	458.00	486.40	484.85	506.05
仪器仪表制造业	39	36.76	36.63	39.32	34.54	31.84	27.43	29.50	30.96	28.16
其他制造业	40	32.68	45.79	41.96	39.92	46.19	61.32	18.74	8.17	6.37
废弃资源综合利用业	41	0.00	0.00	0.00	0.00	0.21	0.03	0.05	0.04	0.07
金属制品、机械和设备修理业	42	0.00	0.00	0.00	0.00	0.07	0.00	0.04	0.03	0.49

数据来源：根据东莞市统计年鉴能源品种消费量计算得到。

附表 37　**2008—2016 年东莞市制造业规上企业碳排放强度（可比价）**　（单位：CO_2/万元）

行业名称	行业代码	2008	2009	2010	2011	2012	2013	2014	2015	2016
工业合计	01	5.76	5.03	4.85	5.16	4.12	3.73	3.71	3.47	2.76
制造业总计	02	3.29	2.88	2.87	3.00	2.58	2.46	2.52	2.41	1.95

续表

行业名称	行业代码	2008	2009	2010	2011	2012	2013	2014	2015	2016
农副食品加工业	13	2. 32	2. 15	2. 46	3. 70	2. 78	2. 99	5. 83	5. 41	3. 36
食品制造业	14	1. 60	1. 46	1. 38	1. 13	0. 69	0. 70	0. 75	0. 72	0. 71
酒、饮料和精制茶制造业	15	0. 94	0. 70	0. 93	0. 74	0. 53	1. 00	0. 95	0. 85	1. 05
烟草制品业	16									
纺织业	17	7. 56	6. 06	4. 84	6. 78	7. 34	6. 54	6. 96	6. 80	5. 43
纺织服装、服饰业	18	0. 79	0. 66	0. 50	0. 31	0. 33	0. 33	0. 36	0. 37	0. 34
皮革、毛皮、羽毛及其制品和制鞋业	19	0. 82	0. 67	0. 55	0. 92	0. 86	0. 85	0. 67	0. 68	0. 60
木材加工和木、竹、藤、棕、草制品业	20	0. 34	0. 23	0. 43	3. 36	2. 89	1. 90	2. 47	1. 99	0. 83
家具制造业	21	1. 57	1. 10	1. 09	0. 91	0. 80	0. 73	0. 82	0. 75	0. 65
造纸和纸制品业	22	24. 04	25. 76	22. 35	33. 39	26. 96	33. 59	31. 55	30. 85	23. 60
印刷和记录媒介复制业	23	1. 44	1. 05	0. 88	0. 71	0. 73	0. 54	0. 76	0. 83	0. 78
文教、工美、体育和娱乐用品制造业	24	1. 56	1. 14	1. 08	0. 98	0. 86	0. 80	0. 90	0. 76	0. 69
石油加工、炼焦和核燃料加工业	25	0. 06	0. 00	0. 00	2. 92	0. 58	0. 13	0. 15	0. 28	0. 21
化学原料和化学制品制造业	26	1. 93	1. 30	1. 62	2. 00	1. 72	1. 34	1. 39	1. 17	0. 90
医药制造业	27	1. 26	0. 85	0. 68	0. 50	0. 41	0. 49	0. 34	0. 34	0. 39
化学纤维制造业	28	0. 56	4. 89	6. 03	5. 10	2. 61	5. 84	4. 71	3. 56	3. 33
橡胶和塑料制品业	29	3. 62	2. 40	2. 21	2. 20	1. 76	1. 58	1. 58	1. 56	1. 28
非金属矿物制品业	30	7. 04	6. 68	6. 33	7. 31	6. 77	5. 12	4. 70	4. 05	3. 74

续表

行业名称	行业代码	2008	2009	2010	2011	2012	2013	2014	2015	2016
黑色金属冶炼和压延加工业	31	1.30	1.43	1.51	1.32	2.96	1.10	1.12	1.33	1.22
有色金属冶炼和压延加工业	32	4.61	1.10	2.48	2.27	1.38	1.54	0.85	0.89	1.47
金属制品业	33	1.42	1.41	1.37	1.22	0.93	0.89	0.96	0.96	0.73
通用设备制造业	34	1.93	1.17	0.92	0.63	0.76	0.50	0.65	0.72	0.52
专用设备制造业	35	1.65	1.59	1.04	1.27	1.13	0.71	0.68	0.60	0.61
交通运输设备制造业	36	1.57	0.81	0.82	0.70	0.75	0.69	0.62	0.74	0.75
电气机械和器材制造业	37	0.96	0.98	0.95	0.92	0.87	0.74	0.79	0.77	0.70
计算机、通信和其他电子设备制造业	38	1.30	0.99	1.01	0.93	0.74	0.64	0.73	0.72	0.53
仪器仪表制造业	39	0.97	0.86	0.85	1.33	0.87	0.67	0.68	0.74	0.56
其他制造业	40	2.48	2.17	2.32	3.56	3.69	5.10	1.72	0.95	0.65
废弃资源综合利用业	41					1.00	0.06	0.16	0.12	0.48
金属制品、机械和设备修理业	42							0.25	0.09	0.92

数据来源：根据东莞市统计年鉴整理得到。

附表 38 **2008—2016 年东莞市制造业规上企业单位企业碳排放量** （单位：t CO_2/个）

行业名称	行业代码	2008	2009	2010	2011	2012	2013	2014	2015	2016
工业合计	01	15481	12709	13886	19531	17115	15622	15501	14029	13628
制造业总计	02	7985	6692	7723	10522	9998	9678	9807	9110	9016

续表

行业名称	行业代码	2008	2009	2010	2011	2012	2013	2014	2015	2016
农副食品加工业	13	20955	16848	17724	24559	20380	20418	19146	22318	20570
食品制造业	14	6650	6587	7000	8691	8292	6514	5949	6417	5610
酒、饮料和精制茶制造业	15	19754	13859	16085	17714	12534	11519	11165	11743	11273
烟草制品业	16	0	0	0	0	0	0	0	0	0
纺织业	17	12138	9986	9597	18028	23263	19765	21466	22484	20072
纺织服装、服饰业	18	2020	1542	1426	954	1053	1043	1159	1054	1061
皮革、毛皮、羽毛及其制品和制鞋业	19	3029	2555	3262	3302	3196	2782	2430	2214	2029
木材加工和木、竹、藤、棕、草制品业	20	2204	1968	3687	5050	3745	2156	2690	2337	1608
家具制造业	21	2958	1725	2046	2329	1898	1518	1665	1465	1483
造纸和纸制品业	22	62994	65615	72724	108691	112047	131582	155524	150014	154687
印刷和记录媒介复制业	23	3346	2632	2498	3347	3170	2215	2774	3027	3249
文教、工美、体育和娱乐用品制造业	24	3786	2637	3033	2981	3132	3029	3006	2835	2700
石油加工、炼焦和核燃料加工业	25	48075	339	1027	1153	1567	1496	1850	1911	1239
化学原料和化学制品制造业	26	4678	3817	4278	6080	4437	3378	3529	2920	2588
医药制造业	27	2989	2307	2329	2062	2252	2928	2738	2941	2499
化学纤维制造业	28	1277	2579	3568	5524	4397	6301	5749	3722	4695
橡胶和塑料制品业	29	4228	3159	3236	4432	3829	3697	3812	3591	3569
非金属矿物制品业	30	19704	18281	18083	27803	20106	16071	15733	13602	15351

续表

行 业 名 称	行业代码	2008	2009	2010	2011	2012	2013	2014	2015	2016
黑色金属冶炼和压延加工业	31	3772	2163	2234	1721	3413	2470	2810	3649	4770
有色金属冶炼和压延加工业	32	3783	2099	2458	2929	1705	3197	2788	2191	2397
金属制品业	33	2047	1561	1990	2333	2262	2225	2637	2813	2794
通用设备制造业	34	2837	1490	1569	2014	2453	1771	2325	2207	2037
专用设备制造业	35	2621	2155	1893	2807	2572	1589	1804	1803	2094
交通运输设备制造业	36	4907	3660	4425	4729	4168	3957	3926	4183	3791
电气机械和器材制造业	37	2967	2368	2595	3082	2925	2460	2587	2459	2588
计算机、通信和其他电子设备制造业	38	5198	3919	4474	5179	4834	4761	4963	4744	4756
仪器仪表制造业	39	3501	3104	3780	5662	4548	3305	3430	3730	2873
其他制造业	40	3591	3158	3922	8678	10997	11793	3537	1635	1225
废弃资源综合利用业	41	0	0	0	0	2066	130	269	131	343
金属制品、机械和设备修理业	42	0	0	0	0	0	0	179	104	1647

数据来源：根据东莞市统计年鉴能源品种消费量计算得到。

附表 39　**2008—2016 年东莞市制造业规上企业人均碳排放量**　（单位：t CO_2/人）

行 业 名 称	行业代码	2008	2009	2010	2011	2012	2013	2014	2015	2016
工业合计	01	31.51	27.82	29.18	32.75	30.41	31.47	32.45	31.39	31.87
制造业总计	02	16.14	15.84	16.24	17.67	17.77	19.51	20.56	20.42	21.12

续表

行 业 名 称	行业代码	2008	2009	2010	2011	2012	2013	2014	2015	2016
农副食品加工业	13	149. 71	119. 45	116. 86	138. 06	109. 34	116. 31	108. 68	140. 76	123. 83
食品制造业	14	21. 17	20. 75	19. 55	19. 17	15. 90	12. 41	12. 57	13. 12	12. 68
酒、饮料和精制茶制造业	15	33. 28	20. 52	27. 35	12. 83	19. 28	16. 36	15. 64	15. 06	21. 43
烟草制品业	16	0. 00	0. 00	0. 00	0. 00	0. 00	0. 00	0. 00	0. 00	0. 00
纺织业	17	34. 30	28. 21	22. 21	32. 13	50. 26	49. 05	53. 19	60. 09	56. 28
纺织服装、服饰业	18	2. 91	2. 54	2. 36	1. 66	1. 96	2. 26	2. 50	2. 69	2. 65
皮革、毛皮、羽毛及其制品和制鞋业	19	3. 24	4. 91	3. 19	3. 06	3. 34	3. 24	3. 32	3. 41	3. 71
木材加工和木、竹、藤、棕、草制品业	20	10. 80	8. 36	19. 55	18. 26	18. 89	14. 48	16. 91	15. 12	10. 47
家具制造业	21	5. 53	4. 73	5. 07	4. 92	4. 63	4. 65	4. 88	5. 04	5. 29
造纸和纸制品业	22	277. 02	312. 47	310. 27	361. 51	363. 88	471. 50	508. 59	505. 80	525. 98
印刷和记录媒介复制业	23	8. 12	7. 90	6. 91	6. 56	6. 74	5. 09	6. 93	7. 23	7. 80
文教、工美、体育和娱乐用品制造业	24	4. 46	3. 62	3. 81	3. 37	3. 28	3. 63	4. 03	4. 15	4. 38
石油加工、炼焦和核燃料加工业	25	551. 31	3. 72	10. 56	13. 23	24. 29	22. 16	34. 90	24. 40	20. 40
化学原料和化学制品制造业	26	36. 16	27. 52	27. 68	31. 81	26. 65	21. 92	24. 52	20. 95	19. 61
医药制造业	27	11. 58	11. 39	11. 09	8. 85	8. 94	10. 24	8. 88	9. 20	8. 82
化学纤维制造业	28	4. 48	18. 88	30. 15	36. 50	19. 41	32. 60	30. 07	18. 05	23. 04
橡胶和塑料制品业	29	14. 17	8. 53	10. 00	10. 37	9. 96	11. 09	11. 40	11. 61	12. 01
非金属矿物制品业	30	60. 72	72. 59	75. 22	84. 08	64. 56	55. 44	55. 10	46. 93	53. 21

续表

行业名称	行业代码	2008	2009	2010	2011	2012	2013	2014	2015	2016
黑色金属冶炼和压延加工业	31	33.31	26.48	24.01	9.43	20.00	14.02	16.83	19.19	18.10
有色金属冶炼和压延加工业	32	23.36	11.36	13.31	17.54	10.86	14.31	21.55	17.63	17.63
金属制品业	33	7.20	6.19	7.09	6.66	6.04	6.95	7.61	8.16	8.15
通用设备制造业	34	10.43	6.65	6.24	3.80	5.83	4.40	5.42	6.25	5.56
专用设备制造业	35	8.95	7.64	6.27	7.46	7.75	5.95	5.91	5.48	6.69
交通运输设备制造业	36	13.87	9.38	11.04	10.43	9.44	9.30	9.16	9.89	9.57
电气机械和器材制造业	37	5.34	5.30	5.59	5.29	5.77	5.35	5.92	5.92	6.44
计算机、通信和其他电子设备制造业	38	6.47	5.63	5.57	5.58	5.21	5.90	6.62	6.46	6.63
仪器仪表制造业	39	4.36	4.65	4.72	7.08	5.44	4.47	5.14	5.83	5.38
其他制造业	40	8.79	10.17	13.76	15.56	22.62	38.65	10.59	6.40	5.03
废弃资源综合利用业	41	0.00	0.00	0.00	0.00	21.98	1.80	3.84	2.58	5.57
金属制品、机械和设备修理业	42	0.00	0.00	0.00	0.00	0.00	0.00	3.70	1.45	19.68

数据来源：根据东莞市统计年鉴能源品种消费量计算得到。

附表 40　**2008—2016 年东莞市制造业分行业碳排放量加法分解结果（基于工业增加值）**

行业名称	经济规模 Q	产业结构 S	能源强度 I	能源结构 X	综合变化
制造业总计	2934. 09	-605. 6	-2005. 26	379. 09	702. 34
农副食品加工业	68. 46	-47. 3	33. 06	10. 94	65. 19
食品制造业	26. 14	-6. 7	-26. 14	10. 96	4. 22
酒、饮料和精制茶制造业	15. 80	-24. 3	2. 75	10. 29	4. 55
烟草制品业	0. 00	0. 0	0. 00	0. 00	0. 00
纺织业	205. 35	-248. 0	-122. 30	13. 03	-151. 95
纺织服装、服饰业	33. 66	-9. 0	-34. 86	9. 24	-0. 97
皮革、毛皮、羽毛及其制品和制鞋业	52. 27	-6. 5	-69. 72	14. 44	-9. 56
木材加工和木、竹、藤、棕、草制品业	5. 74	-0. 9	-7. 39	0. 33	-2. 22
家具制造业	35. 15	-3. 6	-36. 19	6. 06	1. 42
造纸和纸制品业	1333. 73	-347. 8	-475. 66	13. 22	523. 49
印刷和记录媒介复制业	26. 09	-0. 4	-24. 05	5. 37	7. 02
文教、工美、体育和娱乐用品制造业	54. 69	6. 6	-72. 85	10. 21	-1. 30
石油加工、炼焦和核燃料加工业	3. 37	0. 4	-16. 95	-34. 81	-47. 94
化学原料和化学制品制造业	49. 19	-7. 4	-65. 80	11. 32	-12. 68
医药制造业	2. 84	1. 3	-2. 96	1. 71	2. 87
化学纤维制造业	3. 71	-7. 0	9. 53	0. 91	7. 10
橡胶和塑料制品业	176. 16	25. 9	-236. 81	45. 42	10. 66
非金属矿物制品业	173. 51	-56. 1	-117. 13	90. 52	90. 78
黑色金属冶炼和压延加工业	-0. 73	0. 4	0. 13	16. 14	15. 96
有色金属冶炼和压延加工业	15. 34	-3. 3	-19. 20	6. 45	-0. 69
金属制品业	67. 42	21. 0	-62. 53	14. 61	40. 53
通用设备制造业	35. 23	35. 1	-66. 29	17. 93	21. 95

续表

行业名称	经济规模 Q	产业结构 S	能源强度 I	能源结构 X	综合变化
专用设备制造业	42. 87	9. 9	-60. 20	21. 49	14. 10
交通运输设备制造业	22. 36	13. 4	-28. 45	7. 56	14. 88
电气机械和器材制造业	123. 80	-74. 5	-58. 36	19. 55	10. 45
计算机、通信和其他电子设备制造业	328. 78	153. 1	-406. 34	53. 12	128. 70
仪器仪表制造业	22. 90	-15. 2	-20. 27	2. 92	-9. 60
其他制造业	10. 73	-14. 7	-20. 29	0. 15	-24. 15
废弃资源综合利用业	-0. 02	0. 0	0. 00	0. 00	-0. 02
金属制品、机械和设备修理业	-0. 44	0. 0	0. 00	0. 00	-0. 44

附表 41　**2008—2016 年相邻年份东莞市制造业分行业碳排放量经济规模因素加法分解结果（基于工业增加值）**

行业名称	2008—2009	2009—2010	2010—2011	2011—2012	2012—2013	2013—2014	2014—2015	2015—2016	2008—2016
制造业总计	367. 22	570. 80	-243. 00	592. 45	721. 06	-32. 48	106. 63	928. 65	2934. 09
农副食品加工业	6. 98	11. 97	-5. 77	14. 84	16. 83	-0. 72	2. 62	27. 09	68. 46
食品制造业	3. 19	5. 60	-2. 85	6. 01	6. 24	-0. 25	0. 83	8. 15	26. 14
酒、饮料和精制茶制造业	2. 12	3. 45	-1. 63	4. 38	5. 15	-0. 23	0. 73	5. 75	15. 80
烟草制品业	0. 00	0. 00	0. 00	0. 00	0. 00	0. 00	0. 00	0. 00	0. 00
纺织业	35. 49	51. 40	-19. 47	41. 71	45. 07	-1. 81	5. 78	46. 33	205. 35
纺织服装、服饰业	4. 49	5. 18	-1. 59	4. 49	7. 40	-0. 36	1. 21	10. 08	33. 66
皮革、毛皮、羽毛及其制品和制鞋业	7. 64	13. 08	-5. 95	14. 31	17. 24	-0. 69	2. 05	15. 64	52. 27
木材加工和木、竹、藤、棕、草制品业	0. 95	1. 79	-0. 85	1. 88	1. 98	-0. 07	0. 22	1. 65	5. 74
家具制造业	4. 58	7. 39	-3. 09	6. 49	7. 20	-0. 33	1. 14	10. 17	35. 15
造纸和纸制品业	159. 51	257. 79	-113. 47	288. 27	358. 64	-16. 38	51. 94	437. 37	1333. 73
印刷和记录媒介复制业	3. 23	4. 40	-1. 57	3. 57	3. 97	-0. 20	0. 85	8. 21	26. 09

续表

行业名称	2008—2009	2009—2010	2010—2011	2011—2012	2012—2013	2013—2014	2014—2015	2015—2016	2008—2016
文教、工美、体育和娱乐用品制造业	6.90	9.51	-3.70	8.87	11.59	-0.55	1.89	16.09	54.69
石油加工、炼焦和核燃料加工业	0.17	0.06	-0.04	0.11	0.13	-0.01	0.03	0.35	3.37
化学原料和化学制品制造业	7.68	12.83	-5.89	12.78	12.42	-0.51	1.66	13.69	49.19
医药制造业	0.28	0.39	-0.16	0.41	1.60	-0.07	0.15	1.29	2.84
化学纤维制造业	0.24	0.45	-0.22	0.53	0.84	-0.05	0.19	1.72	3.71
橡胶和塑料制品业	23.64	35.87	-13.86	29.67	34.91	-1.63	5.68	51.65	176.16
非金属矿物制品业	21.08	33.49	-14.43	36.97	46.28	-2.12	6.62	58.05	173.51
黑色金属冶炼和压延加工业	0.75	0.93	-0.43	1.27	1.61	-0.06	0.26	2.61	-0.73
有色金属冶炼和压延加工业	1.85	2.65	-1.21	2.59	3.92	-0.21	0.58	4.66	15.34
金属制品业	6.78	10.00	-3.93	8.83	11.70	-0.63	2.50	23.85	67.42
通用设备制造业	3.54	5.03	-2.23	6.23	7.26	-0.34	1.34	11.61	35.23
专用设备制造业	5.52	7.06	-2.41	5.74	5.96	-0.25	1.02	11.47	42.87
交通运输设备制造业	2.17	3.09	-1.41	3.89	5.10	-0.25	0.96	8.82	22.36

续表

行 业 名 称	2008—2009	2009—2010	2010—2011	2011—2012	2012—2013	2013—2014	2014—2015	2015—2016	2008—2016
电气机械和器材制造业	15.55	22.10	-8.77	21.00	25.47	-1.14	3.95	35.70	123.80
计算机、通信和其他电子设备制造业	36.64	56.41	-24.86	60.60	75.52	-3.35	11.52	109.09	328.78
仪器仪表制造业	3.72	5.66	-2.20	4.82	4.88	-0.20	0.70	5.95	22.90
其他制造业	2.54	3.22	-1.01	2.21	2.11	-0.06	0.22	1.55	10.73
废弃资源综合利用业	0.00	0.00	0.00	-0.03	0.02	0.00	0.00	0.01	-0.02
金属制品、机械和设备修理业	0.00	0.00	0.00	0.00	0.00	0.00	0.00	0.04	-0.44

附表 42　**2008—2016 年相邻年份东莞市制造业分行业碳排放量产业结构因素加法分解结果（基于工业增加值）**

行 业 名 称	2008—2009	2009—2010	2010—2011	2011—2012	2012—2013	2013—2014	2014—2015	2015—2016	2008—2016
制造业总计	-403.50	-485.35	692.32	-647.18	13.35	-94.84	-269.78	-856.67	-2005.26
农副食品加工业	-4.61	11.36	32.71	-30.48	6.99	56.17	-2.60	-47.35	33.06
食品制造业	-14.06	13.84	-8.92	-17.96	1.41	-0.88	-1.11	-0.20	-26.14
酒、饮料和精制茶制造业	-3.61	7.38	-5.09	-6.83	14.18	-1.75	-4.74	4.05	2.75

续表

行业名称	2008—2009	2009—2010	2010—2011	2011—2012	2012—2013	2013—2014	2014—2015	2015—2016	2008—2016
烟草制品业	0. 00	0. 00	0. 00	0. 00	0. 00	0. 00	0. 00	0. 00	0. 00
纺织业	-75. 36	-112. 44	91. 93	21. 22	-31. 86	12. 39	-7. 22	-35. 22	-122. 30
纺织服装、服饰业	-8. 16	-7. 15	-10. 65	0. 61	1. 70	2. 58	-0. 52	-3. 40	-34. 86
皮革、毛皮、羽毛及其制品和制鞋业	-17. 75	-17. 92	-9. 97	-3. 90	-1. 21	-21. 80	-1. 69	-10. 59	-69. 72
木材加工和木、竹、藤、棕、草制品业	-3. 34	8. 26	-1. 91	-0. 87	-3. 81	1. 72	-2. 07	-5. 39	-7. 39
家具制造业	-13. 31	-0. 33	-7. 28	-5. 78	-4. 12	5. 34	-3. 98	-5. 79	-36. 19
造纸和纸制品业	107. 92	-346. 80	642. 32	-429. 02	278. 89	-141. 34	-206. 65	-465. 45	-475. 66
印刷和记录媒介复制业	-11. 41	-5. 60	-5. 32	-0. 06	-6. 82	9. 65	2. 30	-2. 03	-24. 05
文教、工美、体育和娱乐用品制造业	-23. 62	-2. 69	-12. 03	-6. 75	-7. 12	7. 69	-14. 45	-7. 31	-72. 85
石油加工、炼焦和核燃料加工业	-8. 14	0. 79	0. 94	-1. 10	-0. 98	0. 37	0. 74	-0. 40	-16. 95
化学原料和化学制品制造业	-26. 61	14. 87	-4. 16	-12. 71	-16. 09	2. 45	-10. 75	-17. 77	-65. 80
医药制造业	-0. 86	-0. 36	-0. 60	-0. 10	1. 06	-2. 31	-0. 35	0. 71	-2. 96

续表

行业名称	2008—2009	2009—2010	2010—2011	2011—2012	2012—2013	2013—2014	2014—2015	2015—2016	2008—2016
化学纤维制造业	4.57	1.07	-0.66	-2.15	2.94	-1.08	-1.12	0.84	9.53
橡胶和塑料制品业	-100.11	-15.42	-6.11	-36.77	-22.44	1.07	-3.72	-41.14	-236.81
非金属矿物制品业	-5.77	-10.67	22.38	9.58	-64.03	-26.39	-58.83	-3.42	-117.13
黑色金属冶炼和压延加工业	0.73	0.89	-0.84	5.25	-8.83	-0.26	1.65	-0.76	0.13
有色金属冶炼和压延加工业	-28.07	12.84	5.96	-7.53	1.57	-14.71	0.56	9.59	-19.20
金属制品业	-1.17	-1.86	-6.36	-12.30	-4.63	3.54	-3.59	-30.52	-62.53
通用设备制造业	-17.68	-9.20	-11.87	4.15	-17.48	11.70	3.87	-16.33	-66.29
专用设备制造业	-3.80	-19.58	5.09	-2.22	-15.95	-2.07	-2.51	-2.54	-60.20
交通运输设备制造业	-18.68	-0.45	-3.14	2.16	-2.18	-2.17	6.63	-1.15	-28.45
电气机械和器材制造业	-1.77	-2.69	-8.04	-7.74	-18.68	8.19	-6.79	-15.62	-58.36
计算机、通信和其他电子设备制造业	-107.78	-2.45	-22.04	-91.56	-58.10	-1.03	44.81	-149.70	-406.34
仪器仪表制造业	-5.40	-0.01	12.92	-13.10	-7.66	-0.08	2.48	-7.61	-20.27
其他制造业	-15.64	-1.04	3.07	-1.24	-3.14	-1.87	-0.06	-2.58	-20.29

续表

行业名称	2008—2009	2009—2010	2010—2011	2011—2012	2012—2013	2013—2014	2014—2015	2015—2016	2008—2016
废弃资源综合利用业	0.00	0.00	0.00	0.00	-0.28	0.05	-0.03	0.07	0.00
金属制品、机械和设备修理业	0.00	0.00	0.00	0.00	0.00	0.00	-0.06	0.34	0.00

附表 43　**2008—2016 年相邻年份东莞市制造业分行业碳放量能源强度因素加法分解结果（基于工业增加值）**

行业名称	2008—2009	2009—2010	2010—2011	2011—2012	2012—2013	2013—2014	2014—2015	2015—2016	2008—2016
制造业总计	-110.5	308.1	-625.8	41.6	-421.0	142.3	-33.3	85.3	-605.6
农副食品加工业	6.8	-14.7	-10.0	5.2	-16.9	-63.4	23.8	28.1	-47.3
食品制造业	0.4	-1.6	3.5	6.8	-12.5	-3.0	5.5	-5.1	-6.7
酒、饮料和精制茶制造业	0.0	-8.1	5.2	2.2	-20.9	0.9	1.6	-11.9	-24.3
烟草制品业	0.0	0.0	0.0	0.0	0.0	0.0	0.0	0.0	0.0
纺织业	0.7	81.4	-138.9	-76.5	-29.2	-22.6	-6.2	-42.6	-248.0
纺织服装、服饰业	-3.5	-9.7	7.6	5.4	0.7	-2.6	-3.3	-9.8	-9.0
皮革、毛皮、羽毛及其制品和制鞋业	1.6	27.4	1.0	-4.9	-14.5	9.2	-8.7	-17.1	-6.5

续表

行业名称	2008—2009	2009—2010	2010—2011	2011—2012	2012—2013	2013—2014	2014—2015	2015—2016	2008—2016
木材加工和木、竹、藤、棕、草制品业	2.6	-3.5	-0.4	-1.4	-0.8	-2.9	1.3	1.9	-0.9
家具制造业	2.0	4.3	1.8	-6.4	-1.9	排-2.6	2.5	-2.3	-3.6
造纸和纸制品业	-174.4	269.4	-474.8	190.4	-388.3	177.4	-68.9	115.3	-347.8
印刷和记录媒介复制业	5.7	-2.9	3.6	-4.4	1.4	-0.8	0.9	-3.9	-0.4
文教、工美、体育和娱乐用品制造业	-0.8	-2.4	7.1	2.6	3.4	-3.7	9.2	-10.8	6.6
石油加工、炼焦和核燃料加工业	1.3	-0.4	-0.9	0.9	0.8	0.1	-1.0	-0.2	0.4
化学原料和化学制品制造业	15.3	-7.0	5.4	-18.0	-6.9	-0.9	1.8	0.3	-7.4
医药制造业	0.5	0.0	0.6	0.1	-0.8	2.9	0.2	-2.0	1.3
化学纤维制造业	-4.9	0.4	0.2	1.8	-1.8	2.0	0.7	-0.5	-7.0
橡胶和塑料制品业	53.2	-8.0	-27.2	-8.2	2.4	15.9	-5.2	3.5	25.9
非金属矿物制品业	-1.6	-5.2	-21.7	-67.3	10.6	21.5	11.1	0.2	-56.1
黑色金属冶炼和压延加工业	-6.3	1.1	0.4	-3.9	5.0	1.0	0.3	-0.2	0.4

续表

行业名称	2008—2009	2009—2010	2010—2011	2011—2012	2012—2013	2013—2014	2014—2015	2015—2016	2008—2016
有色金属冶炼和压延加工业	17.4	-11.6	-7.2	0.7	8.3	10.5	-5.7	-13.7	-3.3
金属制品业	-16.7	0.4	-1.9	4.5	4.6	13.1	9.1	13.5	21.0
通用设备制造业	3.1	10.0	12.9	-5.0	5.2	1.1	-5.1	3.6	35.1
专用设备制造业	-6.0	-1.8	-6.6	-3.3	1.5	7.0	12.4	1.5	9.9
交通运输设备制造业	10.6	0.6	5.3	-4.0	-1.2	6.3	-1.6	-10.9	13.4
电气机械和器材制造业	-38.8	-10.0	-1.0	-8.8	-2.5	1.5	0.6	-8.9	-74.5
计算机、通信和其他电子设备制造业	12.9	8.8	33.6	28.4	38.0	-26.6	-4.9	59.3	153.1
仪器仪表制造业	0.2	-2.6	-17.0	5.3	-2.1	1.6	-1.7	-1.4	-15.2
其他制造业	8.2	-6.3	-6.2	-0.7	-2.6	-0.7	-2.1	-0.7	-14.7
废弃资源综合利用业	0.0	0.0	0.0	0.0	0.0	0.0	0.0	0.0	0.0
金属制品、机械和设备修理业	0.0	0.0	0.0	0.0	0.0	0.0	0.0	0.0	0.0

附表 44 **2008—2016 年相邻年份东莞市制造业分行业碳排放量能源结构因素加法分解结果（基于工业增加值）**

行业名称	2008—2009	2009—2010	2010—2011	2011—2012	2012—2013	2013—2014	2014—2015	2015—2016	2008—2016
制造业总计	58.81	64.52	28.62	96.66	55.98	51.65	12.36	21.90	379.09
农副食品加工业	1.48	1.39	0.00	0.86	0.67	0.94	0.26	4.67	10.94
食品制造业	1.95	4.40	0.19	1.20	2.19	0.97	-0.91	1.20	10.96
酒、饮料和精制茶制造业	0.93	2.15	3.32	2.94	3.22	1.11	0.34	-0.75	10.29
烟草制品业	0.00	0.00	0.00	0.00	0.00	0.00	0.00	0.00	0.00
纺织业	4.98	1.69	1.48	0.55	-0.72	0.15	0.28	5.59	13.03
纺织服装、服饰业	1.29	0.40	-0.19	2.13	1.06	1.46	0.85	1.43	9.24
皮革、毛皮、羽毛及其制品和制鞋业	4.71	5.01	4.54	0.48	1.13	0.74	0.72	0.75	14.44
木材加工和木、竹、藤、棕、草制品业	0.31	-1.05	0.23	0.69	0.69	0.09	0.11	-0.30	0.33
家具制造业	3.01	0.25	-0.70	0.97	0.84	0.85	0.23	0.12	6.06
造纸和纸制品业	-7.36	14.98	-2.46	6.60	0.98	0.85	-1.53	1.74	13.22
印刷和记录媒介复制业	2.16	0.32	-0.04	0.55	0.99	-0.03	0.31	0.02	5.37
文教、工美、体育和娱乐用品制造业	3.92	0.19	-0.76	1.13	1.68	1.67	1.42	0.40	10.21

续表

行业名称	2008—2009	2009—2010	2010—2011	2011—2012	2012—2013	2013—2014	2014—2015	2015—2016	2008—2016
石油加工、炼焦和核燃料加工业	-3. 92	-0. 08	0. 08	0. 08	-0. 05	0. 31	0. 52	0. 00	-34. 81
化学原料和化学制品制造业	0. 59	2. 14	0. 50	1. 68	2. 53	1. 74	1. 75	2. 43	11. 32
医药制造业	-0. 10	-0. 13	0. 17	1. 17	-6. 48	6. 85	-0. 01	0. 01	1. 71
化学纤维制造业	0. 08	-0. 42	0. 09	0. 08	0. 59	0. 12	0. 29	-0. 68	0. 91
橡胶和塑料制品业	13. 81	10. 07	1. 60	5. 57	4. 11	0. 78	5. 73	1. 30	45. 42
非金属矿物制品业	-5. 11	3. 70	16. 96	38. 61	28. 28	23. 51	-10. 24	-1. 36	90. 52
黑色金属冶炼和压延加工业	-0. 09	-0. 61	-0. 03	1. 34	-0. 18	0. 49	-0. 34	-0. 34	16. 14
有色金属冶炼和压延加工业	2. 17	1. 60	0. 56	1. 44	0. 47	-0. 64	0. 47	0. 08	6. 45
金属制品业	1. 77	0. 63	-1. 17	1. 07	4. 35	2. 05	1. 69	1. 40	14. 61
通用设备制造业	1. 63	1. 02	-0. 29	11. 82	0. 76	0. 63	0. 59	0. 10	17. 93
专用设备制造业	2. 21	16. 26	0. 72	0. 44	1. 64	0. 21	-0. 25	0. 52	21. 49
交通运输设备制造业	2. 00	-0. 58	0. 78	1. 71	1. 30	0. 11	0. 61	0. 39	7. 56
电气机械和器材制造业	5. 36	-0. 61	1. 65	4. 33	1. 63	2. 57	1. 07	0. 83	19. 55

续表

行业名称	2008—2009	2009—2010	2010—2011	2011—2012	2012—2013	2013—2014	2014—2015	2015—2016	2008—2016
计算机、通信和其他电子设备制造业	20.86	4.18	0.11	8.39	4.72	3.09	1.56	2.24	53.12
仪器仪表制造业	1.61	−1.04	1.17	0.68	0.38	0.26	0.15	−0.01	2.92
其他制造业	−1.47	−1.34	0.12	0.17	−0.79	0.76	6.72	0.11	0.15
废弃资源综合利用业	0.00	0.00	0.00	0.00	0.00	0.00	0.00	0.00	0.00
金属制品、机械和设备修理业	0.00	0.00	0.00	0.00	0.00	0.00	0.00	0.00	0.00

附表 45　**2017—2030 年东莞市制造业分行业工业增加值预测（路径依赖模式）**　（单位：万元）

行业名称	2017	2018	2019	2020	2021	2022	2023	2024	2025	2026	2027	2028	2029	2030
制造业总计	27995593	30715040	33698650	36972083	40563492	44503765	48826789	53569746	58773425	64482582	70746317	77618501	85158238	93430373
农副食品加工业	338266	371124	407175	348797	490122	537731	589965	647274	710149	779132	854815	937851	1028952	1128903
食品制造业	362708	397941	436596	341669	525536	576586	632595	694044	761462	835430	916582	1005617	1103301	1210474
酒、饮料和精制茶制造业	156645	171861	188555	198432	226966	249013	273202	299740	328857	360801	395849	434301	476488	522774
烟草制品业	0	0	0	0	0	0	0	0	0	0	0	0	0	0
纺织业	431988	473951	519989	465178	625918	686719	753425	826612	906908	995003	1091656	1197698	1314040	1441684
纺织服装、服饰业	1247358	1368525	1501461	1207465	1807328	1982889	2175503	2386828	2618681	2873055	3152139	3458333	3794270	4162839

续表

行业名称	2017	2018	2019	2020	2021	2022	2023	2024	2025	2026	2027	2028	2029	2030
皮革、毛皮、羽毛及其制品和制鞋业	1131358	1241256	1361830	1116733	1639252	1798486	1973188	2164860	2375151	2605870	2859000	3136718	3441414	3775708
木材加工和木、竹、藤、棕、草制品业	63002	69122	75836	86889	91285	100152	109881	120555	132265	145113	159209	174674	191642	210258
家具制造业	714192	783568	859682	805164	1034810	1135330	1245614	1366611	1499361	1645007	1804800	1980116	2172461	2383490
造纸和纸制品业	1380858	1514992	1662156	1904348	2000758	2195109	2408338	2642280	2898947	3180546	3489500	3828464	4200355	4608371
印刷和记录媒介复制业	519770	570259	625653	582885	753107	826262	906524	994582	1091194	1197191	1313485	1441074	1581058	1734639
文教、工美、体育和娱乐用品制造业	1104145	1211399	1329073	1135848	1599822	1755226	1925726	2112788	2318021	2543189	2790231	3061269	3358636	3684889
石油加工、炼焦和核燃料加工业	24554	26939	29556	42602	35577	39033	42825	46984	51548	56556	62050	68077	74690	81945
化学原料和化学制品制造业	612766	672289	737594	664344	887852	974096	1068718	1172532	1286430	1411392	1548492	1698910	1863939	2045000
医药制造业	80022	87795	96323	129531	115945	127208	139565	153122	167996	184315	202219	221862	243414	267058
化学纤维制造业	20594	22595	24789	32550	29839	32738	35918	39407	43235	47435	52042	57098	62644	68729
橡胶和塑料制品业	1828097	2005675	2200503	2165301	2648774	2906072	3188363	3498075	3837873	4210677	4619696	5068446	5560786	6100952
非金属矿物制品业	534670	586608	643590	605793	774697	849950	932513	1023095	1122477	1231513	1351140	1482388	1626384	1784369

续表

行业名称	2017	2018	2019	2020	2021	2022	2023	2024	2025	2026	2027	2028	2029	2030
黑色金属冶炼和压延加工业	110361	121081	132842	126600	159904	175437	192478	211176	231689	254195	278887	305977	335700	368309
有色金属冶炼和压延加工业	117670	129101	141641	216968	170496	187057	205228	225163	247035	271032	297359	326244	357935	392705
金属制品业	1535773	1684955	1848629	1862786	2225218	2441372	2678523	2938710	3224172	3537363	3880977	4257969	4671581	5125371
通用设备制造业	1072372	1176541	1290828	1243286	1553786	1704718	1870312	2051991	2251318	2470008	2709940	2973179	3261989	3578854
专用设备制造业	988564	1084591	1189947	1287566	1432354	1571491	1724143	1891623	2075373	2276971	2498152	2740819	3007057	3299158
交通运输设备制造业	476233	522494	573248	645903	690026	757054	830593	911275	999795	1096913	1203466	1320368	1448627	1589344
电气机械和器材制造业	2464155	2703520	2966135	2852969	3570374	3917195	4297705	4715177	5173202	5675718	6227049	6831934	7495577	8223686
计算机、通信和其他电子设备制造业	10050224	11026486	12097582	12904503	14562012	15976543	17528479	19231167	21099252	23148800	25397437	27864504	30571217	33540856
仪器仪表制造业	520396	570947	626407	584891	754015	827258	907617	995781	1092510	1198635	1315068	1442812	1582964	1736731
其他制造业	101799	111688	122537	129566	147499	161827	177546	194793	213715	234475	257251	282240	309657	339736
废弃资源综合利用业	1483	1627	1785	3326	2149	2357	2586	2838	3113	3416	3747	4111	4511	4949
金属制品、机械和设备修理业	5572	6113	6706	6756	8073	8857	9717	10661	11697	12833	14079	15447	16948	18594

附表 46 **2017—2030 年东莞市制造业分行业工业增加值预测（路径优化模式）** （单位：万元）

行业名称	2017	2018	2019	2020	2021	2022	2023	2024	2025	2026	2027	2028	2029	2030
制造业总计	29904386	33432967	37507558	42221741	46764243	51955040	57896827	64710789	72540212	79992344	88488688	98199901	109328627	122115921
农副食品加工业	341019	358554	376991	396376	412231	428720	445869	463703	482251	496719	511621	526969	542778	559062
食品制造业	368645	390764	414209	439062	456624	474889	493885	513640	534186	544870	555767	566882	578220	589784
酒、饮料和精制茶制造业	136676	124373	113177	102989	91660	81578	72604	64618	57510	50609	44536	39191	34488	30350
烟草制品业	0	0	0	0	0	0	0	0	0	0	0	0	0	0
纺织业	397638	381733	366463	351805	328938	307557	287565	268874	251397	231285	212782	195760	180099	165691
纺织服装、服饰业	1219935	1244333	1269220	1294605	1307551	1320626	1333832	1347171	1360642	1347036	1333566	1320230	1307028	1293957
皮革、毛皮、羽毛及其制品和制鞋业	1052245	1020678	990057	960356	921941	885064	849661	815675	783048	743895	706701	671366	637797	605907
木材加工和木、竹、藤、棕、草制品业	58596	56838	55133	53479	51340	49287	47315	45422	43606	41425	39354	37386	35517	33741
家具制造业	719034	754986	792735	832372	865667	900293	936305	973757	1012708	1043089	1074382	1106613	1139811	1174006
造纸和纸制品业	1429941	1544336	1667883	1801313	1837339	1874086	1911568	1949799	1988795	1968907	1949218	1929726	1910429	1891325
印刷和记录媒介复制业	534516	573277	614850	659437	699004	740944	785401	832525	882476	926600	972930	1021576	1072655	1126288
文教、工美、体育和娱乐用品制造业	1199988	1360136	1541657	1747405	1922145	2114360	2325795	2558375	2814213	3039350	3282498	3545097	3828705	4135002

续表

行业名称	2017	2018	2019	2020	2021	2022	2023	2024	2025	2026	2027	2028	2029	2030
石油加工、炼焦和核燃料加工业	30606	39788	51725	67242	84053	105066	131333	164166	205207	246249	295499	354598	425518	510621
化学原料和化学制品制造业	622378	659278	698366	739771	781199	824946	871143	919927	971443	1020015	1071015	1124566	1180794	1239834
医药制造业	85228	94671	105159	116810	130827	146526	164109	183803	205859	236738	272248	313086	360048	414056
化学纤维制造业	24665	30810	38485	48071	60570	76318	96161	121163	152665	190831	238539	298174	372717	465896
橡胶和塑料制品业	1991236	2262044	2569682	2919159	3269458	3661793	4101208	4593354	5144556	5659012	6224913	6847404	7532144	8285359
非金属矿物制品业	558802	609094	663913	723665	759848	797840	837732	879619	923600	932836	942164	951586	961102	970713
黑色金属冶炼和压延加工业	124589	146690	172712	203350	233853	268931	309270	355661	409010	462181	522265	590159	666880	753574
有色金属冶炼和压延加工业	124702	137827	152334	168367	185204	203724	224097	246506	271157	295561	322162	351156	382760	417209
金属制品业	1853711	2333522	2937527	3697871	4548381	5594509	6881246	8463933	10410637	12700978	15495193	18904135	23063045	28136915
通用设备制造业	1159894	1308415	1475954	1664946	1831441	2014585	2216044	2437648	2681413	2922740	3185787	3472507	3785033	4125686
专用设备制造业	1165883	1434036	1763865	2169554	2581769	3072305	3656043	4350691	5177322	6005694	6966605	8081262	9374264	10874146
交通运输设备制造业	481410	507535	535077	564113	597960	633838	671868	712180	754911	815304	880528	950970	1027048	1109212
电气机械和器材制造业	2575371	2807155	3059798	3335180	3601995	3890154	4201367	4537476	4900474	5243507	5610553	6003291	6423522	6873168

续表

行业名称	2017	2018	2019	2020	2021	2022	2023	2024	2025	2026	2027	2028	2029	2030
计算机、通信和其他电子设备制造业	10985651	12523643	14276953	16275726	18228813	20416271	22866223	25610170	28683390	31264895	34078736	37145822	40488946	44132951
仪器仪表制造业	558853	625915	701025	785148	871514	967381	1073792	1191910	1323020	1442091	1571880	1713349	1867550	2035630
其他制造业	94931	92326	89793	87330	82963	78815	74874	71130	67574	63519	59708	56126	52758	49593
废弃资源综合利用业	1296	1181	1076	981	883	795	715	644	579	533	490	451	415	382
金属制品、机械和设备修理业	6945	9028	11737	15258	19072	23840	29800	37250	46563	55876	67051	80461	96553	115864

附表 47　**2017—2030 年东莞市制造业分行业工业增加值预测（路径突破模式）**　（单位：万元）

行业名称	2017	2018	2019	2020	2021	2022	2023	2024	2025	2026	2027	2028	2029	2030
制造业总计	30338591	34432267	39233543	44873295	49934213	55738998	62405690	70073210	78905329	87768065	97903592	109514485	122839599	138161046
农副食品加工业	341019	358554	376991	396376	408267	420515	433130	446124	459508	468698	478072	487633	497386	507334
食品制造业	368645	390764	414209	439062	456624	474889	493885	513640	534186	544870	555767	566882	578220	589784
酒、饮料和精制茶制造业	135177	121659	109493	98544	86719	76313	67155	59096	52005	44724	38463	33078	28447	24464
烟草制品业	0	0	0	0	0	0	0	0	0	0	0	0	0	0
纺织业	393496	373821	355130	337374	313758	291795	271369	252373	234707	211236	190113	171101	153991	138592
纺织服装、服饰业	1311090	1437237	1575522	1727112	1856645	1995893	2145585	2306504	2479492	2640659	2812302	2995102	3189783	3397119

续表

行业名称	2017	2018	2019	2020	2021	2022	2023	2024	2025	2026	2027	2028	2029	2030
皮革、毛皮、羽毛及其制品和制鞋业	1052245	1020678	990057	960356	921941	885064	849661	815675	783048	743895	706701	671366	637797	605907
木材加工和木、竹、藤、棕、草制品业	58596	56838	55133	53479	51340	49287	47315	45422	43606	41425	39354	37386	35517	33741
家具制造业	719034	754986	792735	832372	865667	900293	936305	973757	1012708	1043089	1074382	1106613	1139811	1174006
造纸和纸制品业	1403460	1487668	1576928	1671543	1654828	1638280	1621897	1605678	1589621	1541933	1495675	1450804	1407280	1365062
印刷和记录媒介复制业	534516	573277	614850	659437	699004	740944	785401	832525	882476	926600	972930	1021576	1072655	1126288
文教、工美、体育和娱乐用品制造业	1199988	1360136	1541657	1747405	1922145	2114360	2325795	2558375	2814213	3039350	3282498	3545097	3828705	4135002
石油加工、炼焦和核燃料加工业	30606	39788	51725	67242	84053	105066	131333	164166	205207	246249	295499	354598	425518	510621
化学原料和化学制品制造业	622378	659278	698366	739771	781199	824946	871143	919927	971443	1020015	1071015	1124566	1180794	1239834
医药制造业	86702	97974	110710	125103	142617	162583	185345	211294	240875	277006	318557	366340	421291	484485
化学纤维制造业	24665	30810	38485	48071	60570	76318	96161	121163	152665	190831	238539	298174	372717	465896
橡胶和塑料制品业	1998248	2278002	2596923	2960492	3360158	3813780	4328640	4913006	5576262	6301176	7120329	8045972	9091948	10273901
非金属矿物制品业	553675	597969	645807	697471	718396	739947	762146	785010	808561	800475	792470	784546	776700	768933

续表

行业名称	2017	2018	2019	2020	2021	2022	2023	2024	2025	2026	2027	2028	2029	2030
黑色金属冶炼和压延加工业	124589	146690	172712	203350	233853	268931	309270	355661	409010	462181	522265	590159	666880	753574
有色金属冶炼和压延加工业	124702	137827	152334	168367	185204	203724	224097	246506	271157	295561	322162	351156	382760	417209
金属制品业	1853711	2333522	2937527	3697871	4548381	5594509	6881246	8463933	10410637	12700978	15495193	18904135	23063045	28136915
通用设备制造业	1159894	1308415	1475954	1664946	1831441	2014585	2216044	2437648	2681413	2922740	3185787	3472507	3785033	4125686
专用设备制造业	1165883	1434036	1763865	2169554	2581769	3072305	3656043	4350691	5177322	6005694	6966605	8081262	9374264	10874146
交通运输设备制造业	481410	507535	535077	564113	603601	645853	691063	739438	791198	862406	940023	1024625	1116841	1217357
电气机械和器材制造业	2551744	2755883	2976354	3214462	3407330	3611770	3828476	4058185	4301676	4473743	4652692	4838800	5032352	5233646
计算机、通信和其他电子设备制造业	11371113	13417913	15833137	18683102	21111906	23856453	26957792	30462305	34422405	38208869	42411845	47077148	52255634	58003754
仪器仪表制造业	568832	648469	739254	842750	943880	1057145	1184003	1326083	1485213	1633735	1797108	1976819	2174501	2391951
其他制造业	94931	92326	89793	87330	82963	78815	74874	71130	67574	63519	59708	56126	52758	49593
废弃资源综合利用业	1296	1181	1076	981	883	795	715	644	579	533	490	451	415	382
金属制品、机械和设备修理业	6945	9028	11737	15258	19072	23840	29800	37250	46563	55876	67051	80461	96553	115864

附表 48 **2017—2030 年东莞市制造业分行业碳排放预测（路径依赖模式）** （单位：万吨）

行业名称	2017	2018	2019	2020	2021	2022	2023	2024	2025	2026	2027	2028	2029	2030
制造业总计	5739.31	5985.90	6242.31	6508.97	6786.36	7074.95	7375.23	7687.71	8012.90	8351.35	8703.63	9070.32	9452.03	9849.39
农副食品加工业	119.51	124.65	129.99	135.54	141.32	147.32	153.58	160.08	166.86	173.90	181.24	188.88	196.82	205.10
食品制造业	27.06	28.22	29.43	30.69	32.00	33.36	34.77	36.25	37.78	39.38	41.04	42.77	44.57	46.44
酒、饮料和精制茶制造业	17.30	18.04	18.82	19.62	20.46	21.33	22.23	23.17	24.15	25.18	26.24	27.34	28.49	29.69
烟草制品业	0.00	0.00	0.00	0.00	0.00	0.00	0.00	0.00	0.00	0.00	0.00	0.00	0.00	0.00
纺织业	246.45	257.03	268.04	279.50	291.41	303.80	316.69	330.11	344.07	358.61	373.73	389.48	405.87	422.93
纺织服装、服饰业	44.20	46.10	48.08	50.13	52.27	54.49	56.80	59.21	61.71	64.32	67.03	69.86	72.80	75.86
皮革、毛皮、羽毛及其制品和制鞋业	71.86	74.94	78.15	81.49	84.97	88.58	92.34	96.25	100.32	104.56	108.97	113.56	118.34	123.32
木材加工和木、竹、藤、棕、草制品业	5.46	5.70	5.94	6.20	6.46	6.74	7.02	7.32	7.63	7.95	8.29	8.64	9.00	9.38
家具制造业	48.46	50.54	52.70	54.96	57.30	59.73	62.27	64.91	67.65	70.51	73.49	76.58	79.80	83.16
造纸和纸制品业	3425.44	3572.62	3725.65	3884.81	4050.37	4222.61	4401.83	4588.32	4782.41	4984.41	5194.66	5413.52	5641.34	5878.50
印刷和记录媒介复制业	42.74	44.58	46.48	48.47	50.54	52.68	54.92	57.25	59.67	62.19	64.81	67.54	70.39	73.35
文教、工美、体育和娱乐用品制造业	80.22	83.66	87.25	90.97	94.85	98.88	103.08	107.45	111.99	116.72	121.65	126.77	132.11	137.66

续表

行业名称	2017	2018	2019	2020	2021	2022	2023	2024	2025	2026	2027	2028	2029	2030
石油加工、炼焦和核燃料加工业	0.54	0.57	0.59	0.62	0.64	0.67	0.70	0.73	0.76	0.79	0.82	0.86	0.89	0.93
化学原料和化学制品制造业	58.16	60.66	63.26	65.96	68.77	71.69	74.74	77.90	81.20	84.63	88.20	91.91	95.78	99.81
医药制造业	3.29	3.43	3.58	3.73	3.89	4.05	4.22	4.40	4.59	4.78	4.98	5.19	5.41	5.64
化学纤维制造业	7.21	7.51	7.84	8.17	8.52	8.88	9.26	9.65	10.06	10.48	10.93	11.39	11.87	12.36
橡胶和塑料制品业	246.87	257.48	268.51	279.98	291.91	304.32	317.24	330.68	344.67	359.22	374.38	390.15	406.57	423.66
非金属矿物制品业	210.35	219.39	228.79	238.56	248.73	259.30	270.31	281.76	293.68	306.09	319.00	332.44	346.43	360.99
黑色金属冶炼和压延加工业	14.12	14.73	15.36	16.01	16.69	17.40	18.14	18.91	19.71	20.54	21.41	22.31	23.25	24.23
有色金属冶炼和压延加工业	18.13	18.91	19.72	20.56	21.44	22.35	23.30	24.29	25.32	26.39	27.50	28.66	29.86	31.12
金属制品业	117.29	122.33	127.57	133.02	138.69	144.59	150.73	157.11	163.76	170.68	177.88	185.37	193.17	201.29
通用设备制造业	58.07	60.57	63.16	65.86	68.66	71.58	74.62	77.78	81.08	84.50	88.06	91.77	95.64	99.66
专用设备制造业	63.82	66.57	69.42	72.38	75.47	78.68	82.02	85.49	89.11	92.87	96.79	100.87	105.11	109.53
交通运输设备制造业	37.40	39.01	40.68	42.42	44.22	46.10	48.06	50.10	52.22	54.42	56.72	59.11	61.59	64.18
电气机械和器材制造业	182.12	189.95	198.08	206.55	215.35	224.51	234.03	243.95	254.27	265.01	276.19	287.82	299.94	312.54

续表

行业名称	2017	2018	2019	2020	2021	2022	2023	2024	2025	2026	2027	2028	2029	2030
计算机、通信和其他电子设备制造业	554.76	578.59	603.38	629.15	655.96	683.86	712.88	743.09	774.52	807.23	841.29	876.73	913.63	952.03
仪器仪表制造业	30.87	32.20	33.58	35.01	36.50	38.05	39.67	41.35	43.10	44.92	46.82	48.79	50.84	52.98
其他制造业	6.98	7.28	7.60	7.92	8.26	8.61	8.98	9.36	9.75	10.16	10.59	11.04	11.50	11.99
废弃资源综合利用业	0.08	0.08	0.08	0.09	0.09	0.09	0.10	0.10	0.10	0.11	0.11	0.12	0.12	0.13
金属制品、机械和设备修理业	0.54	0.56	0.59	0.61	0.64	0.67	0.70	0.73	0.76	0.79	0.82	0.86	0.89	0.93

附表 49　**2017—2030 年东莞市制造业分行业碳排放量预测（路径优化模式）**　（单位：万吨）

行业名称	2017	2018	2019	2020	2021	2022	2023	2024	2025	2026	2027	2028	2029	2030
制造业总计	52291266	54453207	56702956	59033664	60224454	61576689	63107789	64837553	66788362	68424855	70417248	72812742	75666652	79043756
农副食品加工业	1035924	1041834	1045613	1047027	1056240	1064516	1071764	1077888	1082788	1092966	1102780	1112200	1121192	1129723
食品制造业	232727	235965	238754	241027	243148	245054	246722	248132	249260	249160	248957	248645	248222	247683
酒、饮料和精制茶制造业	120948	105275	91444	79250	68416	59007	50841	43756	37616	32440	27964	24096	20753	17866
烟草制品业	0	0	0	0	0	0	0	0	0	0	0	0	0	0
纺织业	2107582	1935310	1773448	1621438	1470563	1332452	1206081	1090509	984866	887956	800247	720889	649107	584197
纺织服装、服饰业	362777	353944	344613	334767	327971	321006	313868	306556	299067	290154	281391	272773	264300	255968

续表

行业名称	2017	2018	2019	2020	2021	2022	2023	2024	2025	2026	2027	2028	2029	2030
皮革、毛皮、羽毛及其制品和制鞋业	546303	506874	469319	433562	403733	375596	349065	324055	300487	279754	260342	242172	225169	209260
木材加工和木、竹、藤、棕、草制品业	49386	45822	42427	39194	36498	33954	31556	29295	27164	25290	23535	21893	20355	18917
家具制造业	431686	433563	434548	434548	438372	441807	444815	447357	449390	453614	457687	461597	465329	468870
造纸和纸制品业	31364994	32401402	33402900	34357269	33993082	33600584	33178790	32726683	32243221	31282373	30337517	29408431	28494892	27596684
印刷和记录媒介复制业	375899	385630	394795	403261	414633	425918	437064	448015	458706	472009	485495	499149	512955	526894
文教、工美、体育和娱乐用品制造业	725834	786933	851412	919086	980664	1045368	1113206	1184157	1258167	1331644	1408825	1489833	1574785	1663794
石油加工、炼焦和核燃料加工业	7401	9203	11420	14140	17144	20767	25131	30378	36678	43133	50703	59576	69971	82139
化学原料和化学制品制造业	500649	507274	512925	517462	530047	542418	554513	566261	577587	594337	611318	628511	645895	663447
医药制造业	32141	34150	36209	38306	41615	45167	48973	53042	57381	64669	72851	82034	92331	103873
化学纤维制造业	92815	110895	132223	157296	192247	234740	286333	348885	424609	520147	636914	779556	953713	1166225
橡胶和塑料制品业	2300537	2499783	2710674	2932691	3186076	3458042	3749400	4060889	4393143	4735809	5103075	5496438	5917441	6367681
非金属矿物制品业	1990254	2075056	2159002	2241249	2282713	2322719	2361019	2397342	2431395	2406595	2381056	2354765	2327710	2299879

续表

行业名称	2017	2018	2019	2020	2021	2022	2023	2024	2025	2026	2027	2028	2029	2030
黑色金属冶炼和压延加工业	131989	148646	167059	187328	208964	232877	259261	288321	320266	354663	392590	434384	480410	531062
有色金属冶炼和压延加工业	164636	174053	183628	193291	206241	219849	234115	249037	264602	282648	301799	322107	343627	366411
金属制品业	1165761	1403700	1686711	2022187	2412671	2875805	3424349	4073094	4839113	5785644	6914435	8259869	9862635	11770840
通用设备制造业	519789	560853	603911	648800	692270	737945	785833	835919	888164	948737	1013019	1081187	1153419	1229896
专用设备制造业	623292	733317	860981	1008578	1164201	1342552	1546649	1779836	2045800	2325665	2642715	3001684	3407869	3867190
交通运输设备制造业	311307	313931	315923	317207	326152	335029	343796	352410	360820	381892	404026	427258	451620	477147
电气机械和器材制造业	1604998	1673385	1741081	1807408	1893441	1981671	2071900	2163884	2257324	2367030	2481034	2599400	2722180	2849412
计算机、通信和其他电子设备制造业	5157295	5623694	6119602	6644139	7218193	7834344	8494429	9200120	9952857	10631642	11351990	12115884	12925328	13782334
仪器仪表制造业	282688	302845	323769	345354	371842	399980	429808	461359	494650	528385	564186	602151	642379	684972
其他制造业	45171	42021	39011	36134	33297	30654	28192	25899	23766	21893	20159	18555	17071	15698
废弃资源综合利用业	575	501	436	378	330	288	251	218	190	171	154	139	125	113
金属制品、机械和设备修理业	5909	7348	9118	11289	13688	16581	20065	24254	29284	34438	40483	47567	55866	65582

附表 50　**2017—2030 年东莞市制造业分行业碳排放量预测（路径突破模式）**　（单位：吨）

行业名称	2017	2018	2019	2020	2021	2022	2023	2024	2025	2026	2027	2028	2029	2030
制造业总计	51095987	52405940	53780206	55215939	55062330	55157750	55522410	56179149	57153610	58942122	61201664	63984673	67352559	71377085
农副食品加工业	1013404	1006317	995822	981587	960483	937229	911716	883828	853447	844400	834650	824173	812942	800933
食品制造业	232727	235965	238754	241027	243148	245054	246722	248132	249260	249160	248957	248645	248222	247683
酒、饮料和精制茶制造业	119621	102978	88468	75829	64728	55199	47025	40018	34015	28668	24151	20337	17118	14401
烟草制品业	0	0	0	0	0	0	0	0	0	0	0	0	0	0
纺织业	2040288	1830592	1636765	1457743	1287916	1134722	996664	872374	760601	664005	579122	504575	439147	381758
纺织服装、服饰业	389884	408814	427778	446607	465699	485143	504885	524858	544988	568803	593413	618818	645019	672012
皮革、毛皮、羽毛及其制品和制鞋业	546303	506874	469319	433562	403733	375596	349065	324055	300487	279754	260342	242172	225169	209260
木材加工和木、竹、藤、棕、草制品业	49386	45822	42427	39194	36498	33954	31556	29295	27164	25290	23535	21893	20355	18917
家具制造业	431686	433563	434548	434548	438372	441807	444815	447357	449390	453614	457687	461597	465329	468870
造纸和纸制品业	30114940	30148401	30077463	29889479	28111055	26365211	24651472	22969372	21318448	20058528	18855016	17705662	16608300	15560845
印刷和记录媒介复制业	375899	385630	394795	403261	414633	425918	437064	448015	458706	472009	485495	499149	512955	526894
文教、工美、体育和娱乐用品制造业	725834	786933	851412	919086	980664	1045368	1113206	1184157	1258167	1331644	1408825	1489833	1574785	1663794

续表

行业名称	2017	2018	2019	2020	2021	2022	2023	2024	2025	2026	2027	2028	2029	2030
石油加工、炼焦和核燃料加工业	7401	9203	11420	14140	17144	20767	25131	30378	36678	43133	50703	59576	69971	82139
化学原料和化学制品制造业	500649	507274	512925	517462	530047	542418	554513	566261	577587	594337	611318	628511	645895	663447
医药制造业	32697	35341	38121	41025	45365	50117	55310	60975	67142	75669	85243	95987	108037	121541
化学纤维制造业	92815	110895	132223	157296	192247	234740	286333	348885	424609	520147	636914	779556	953713	1166225
橡胶和塑料制品业	2308637	2517418	2739409	2974215	3274463	3601571	3957322	4343487	4761795	5273211	5837122	6458532	7142862	7895968
非金属矿物制品业	1929125	1967708	2000117	2025119	1981579	1933604	1880967	1823431	1760751	1690849	1622169	1554694	1488406	1423288
黑色金属冶炼和压延加工业	131989	148646	167059	187328	208964	232877	259261	288321	320266	354663	392590	434384	480410	531062
有色金属冶炼和压延加工业	164636	174053	183628	193291	206241	219849	234115	249037	264602	282648	301799	322107	343627	366411
金属制品业	1165761	1403700	1686711	2022187	2412671	2875805	3424349	4073094	4839113	5785644	6914435	8259869	9862635	11770840
通用设备制造业	519789	560853	603911	648800	692270	737945	785833	835919	888164	948737	1013019	1081187	1153419	1229896
专用设备制造业	623292	733317	860981	1008578	1164201	1342552	1546649	1779836	2045800	2325665	2642715	3001684	3407869	3867190
交通运输设备制造业	311307	313931	315923	317207	329229	341380	353619	365898	378164	403955	431325	460349	491105	523667
电气机械和器材制造业	1590273	1642822	1693600	1741988	1791112	1839860	1888010	1935314	1981497	2019542	2057460	2095180	2132626	2169715

续表

行业名称	2017	2018	2019	2020	2021	2022	2023	2024	2025	2026	2027	2028	2029	2030
计算机、通信和其他电子设备制造业	5338253	6025263	6786637	7626888	8359832	9154447	10014380	10943186	11944239	12992943	14127837	15355193	16681621	18114064
仪器仪表制造业	287736	313758	341425	370690	402718	437094	473922	513294	555291	598603	645026	694746	747961	804871
其他制造业	45171	42021	39011	36134	33297	30654	28192	25899	23766	21893	20159	18555	17071	15698
废弃资源综合利用业	575	501	436	378	330	288	251	218	190	171	154	139	125	113
金属制品、机械和设备修理业	5909	7348	9118	11289	13688	16581	20065	24254	29284	34438	40483	47567	55866	65582